독일

인사노무 담당자를 위한 실무 지침서

노동법 실무

2007년 봄

독 일

인사노무 담당자를 위한 실무 지침서

노동법 실무

하 성 식

Das deutsche Arbeitsrecht in der Praxis

한국학술정보㈜

세상을 함께 살아가면서, 사랑하고,
존경하는 아내 서영숙에게 이 책을 바친다.

추천사

　대부분의 법영역이 그렇지만 특히 노동법은 이론으로만 존재하기 위해서가 아니라 실무와 같이 움직이면서 실무를 적절히 규율하기 위하여 만들어진 법제도이다. 그렇기 때문에 노동법은 현실적용관계를 통할 때에 비로소 실천적인 의미가 제대로 파악될 수 있고, 이를 기초로 전체 노동법의 체계와 목적 등이 올바르게 이해될 수 있다. 이런 점에서 한 나라의 노동법제를 실무적용과 연계시켜 전체를 소개한다는 것은 아무나 할 수 있는 손쉬운 작업이 아니다. 우리나라에도 노무관리 실무 지침서가 많이 출간되기는 하였지만, 정확하고도 간략한 내용으로 법률관계에 기초하여 작성되어 있는 책은 그리 흔치 않다. 우리의 법제에 대해서도 그러할진대, 외국의 법제도의 실무내용에 대해서는 서술의 어려움이 더욱 커지는 것은 당연한 일이다. 그런 가운데 우리나라의 노동법과 노동법학에 상당한 영향을 미치고 있는 독일 노동법제 및 노무관리 실무를 연계한 지침서가 국내에서 출판되어 실무전반에 관하여 쉽게 알 수 있는 귀한 기회를 갖게 된다는 점에서 노동법 전공자의 한 사람으로 기쁜 마음을 금할 길이 없다.

　한 국가의 노동법제에 관하여 정확하게 안다는 것은 매우 어려운 일이다. 왜냐하면 노동법이야말로 각국의 경제사회환경의 변화와 필요에 따라 새로운 내용들을 형성해 나가면서 체계화되기 때문에 외부자, 특히 외국인이 그 내용을 제대로 파악하기가 매우 어렵다. 설사 그 나라의 법제를 상당기간 연구한 전문가라 하더라도 실무의 구체적인 운용 모습에 접목된 구체적인 경험이 없는 상태에서는 노동법의 완전한 모습을 이해하고 있다고 하기 어려운 것이 사실이다.

이 책의 저자는 독일에서 경영학(Mannheim 대학교)을 전공하였고, 그 후 독일 및 오스트리아의 여러 회사에서 10여 년 이상 인사노무 관련 부서에서 근무한 경험을 가지고 있으며, 지금도 당해 업무를 수행하고 있다. 저자 본인이 직접적으로 체득한 경험과 전공지식, 나아가 이를 토대로 관련 법규정의 정확한 이해 위에서 기술된 이 책은 실무가들이 이해하여야 할 전문적이면서도 어려운 내용들을 누구나 쉽게 접근하여 이해할 수 있도록 항목별로 평이하게 서술하고 있는, 독일의 노사관계제도 및 노무관리의 전문서라 할 수 있다. 이는 저자 스스로가 이러한 내용들을 완전하게 이해하고 있을 때만 가능한 작업일 것이다. 이 책의 추천사를 요청받고 내용들을 두루 살펴보았을 때 전혀 주저할 필요가 없었다. 왜냐하면 독일에서 노동법을 전공으로 공부를 한 필자로서도 구체적으로 알지 못했던 세부적인 사항들을 배울 수 있는 좋은 기회도 함께 가졌기 때문이다. 그만큼 이 책은 적은 분량임에도 불구하고 전문적인 내용을 평이하게 개괄적으로 잘 소개 정리하고 있는 좋은 지침서이다.

이러한 성격에서 이 책은 독일에 진출한 한국기업의 실무가들에게 매우 유용한 지침서가 될 수 있음은 물론이며, 법학이나 경영학을 전공하는 이에게도 독일 노동법 및 노무관리실제가 어떻게 실현되고 있는지를 알 수 있는 전문서로서의 내용도 함께 갖추고 있는 것으로 평가된다.

앞으로도 노동법 분야에서 이 책과 같은 우수한 책자들이 많이 출간되기를 바라 마지않으며, 이 책에 담긴 저자의 노고에 경의를 표하면서 추천사에 갈음하고자 한다.

2007년 6월 15일
고려대학교 법과대학 교수 박 종 희

서 문

이 책은 제목 그대로 실무에 관한 지침서이다.

독일의 노동 관련 법규정이 복잡하고, 이해하기가 수월치 않다는 것은 익히 듣는 얘기다. 이는 비단 우리에게만 해당되는 것이 아니라, 인근 유럽의 다른 나라 사람들에게도 해당되는 것이다. 그만큼 까다롭다는 얘기다. 게다가 잦은 개정으로 인해 인사노무 담당자는 한 해에도 서너 번은 노동소법전을 새로 구입해야 한다. 내용 파악도 여의치 않은데, 그 잦은 개정도 좇아가야 하니 그야말로 이중고라 아니 할 수 없다. 이 책을 쓰게 된 먼 동기 중의 하나다.

현대의 인사관리는 현장 관리직에서 시작된다고 한다. 독일에서 현지 법인 등을 설립하여 기업 활동을 하는 한국계 기업의 인사담당자 및 임원들 뿐 아니라, 각 부서의 책임자들도 현지 법규정을 잘 알아두어야 하는 까닭이다. 그들은 일선 현장에서 현지 직원을 직접 관리해야 하는 위치에 있기 때문이다. 이러한 관리자들이 쉽게 참조할 수 있도록, 독일의 인사노무에 관한 노동법 관련 실무서가 있으면 좋겠다는 바람을 가져 보았다. 관련 법규정에 대한 정확한 이해와 그 규정들이 현장에서 어떻게 적용되는지에 대한 실무 경험이 함께 어우러진 실무서라면 더더욱 바람직할 것이다. 이 책을 쓰게 된 가까운 동기 중의 하나다.

그동안 한국기업의 독일 진출 역사도 꽤 되었다. 그러나 그 연륜에 걸맞게 인사노무와 관련된 현지의 법규정들을 제대로 꿰고 있는지에 대해서는, 자신 있게 '그렇다'라고 답할 수 있는 기업이 별로 없을 것이라는 것이 저자의 생각이다.

우선 기업실무와 관련하여, 독일의 노동법 관련 규정의 내용이 어떠한지에 대한 공부가 선행되어야 하겠으며, 그 이해의 바탕 위에서 비로소 각 기업의 실력과 자체 기업문화에 적합한 인사노무관리가 이루어질 수 있을 것이다.

이 책이 한국계 기업의 관리자로 하여금 현지에 적합한 인사노무관리 시스템을 구축하는 데 도움을 주고, 그로 인하여 적절하고 건전한 노사관계가 확립되어, 현지 직원들에게는 일에 대한 만족을 그리고 회사에게는 경영성과의 향상이라는 결과를 안겨주는 선순환의 구조를 만드는 데 조그만 보탬이 된다면, 그보다 더한 기쁨이 없겠다.

끝으로, 책을 마무리하는 과정에서 원고를 읽고, 격려와 조언을 아끼지 않은 프랑크푸르트의 윤재왕 씨에게 감사의 인사를 꼭 전하고 싶다.

쾨닉슈타인 Königstein에서
저자 하성식

목 차

제 1 장

채용을 위한 사전 준비

Das deutsche Arbeitsrecht in der Praxis

회사에 적합하고 또한 우수한 인력을 채용하는 것은 인사관리의 출발점이다. 확보된 인력을 다듬고 훈련시켜서 회사의 장래를 책임질 재목으로 만드는 것도 우선 유능한 인재를 채용하고 난 이후의 일이므로, 적합한 인재의 모집과 선발의 중요성이 실무에서 먼저 강조되는 것이다.

회사는 인력운영계획 Personalplanung에 따라 필요한 인력을 수시로 충원하게 된다. 인력을 충원하기 위해서는 우선 충원될 직위와 직무에 대한 사전 분석이 되어 있어야 할 것이고, 그에 맞추어 작성된 직무기술서와 직무명세서에 따라 모집 광고를 내고, 입사지원서류를 검토하여 지원자를 사전 선별하고, 채용 면접을 진행해서 최종 인력을 선발하게 될 것이다.

이 장에서는 이러한 일련의 과정을 거치면서 마주치게 될 노동법상의 규정들과 그 규정들이 요구하고 있는 사항들에 대해 살펴보고자 한다. 특히 2006년 8월부터 시행되고 있는 일반균등대우법으로 인해 많은 회사들이 이 새로운 환경에 어떻게 대처해야 할지 난감해하고 있을 것이다. 현장과 관련성이 높은 법조문을 중심으로 새로이 시행되고 있는 일반균등대우법의 적용범위와 그 구체적인 내용에 대해서 상세히 살펴볼 것이다.

01

직무기술서와 직무명세서의 작성

1) 직무분석

우리나라의 기업은 소위 공채라고 하여 일정한 학력 이상의 사원들을 공개적으로 모집, 채용하여 기업 내 주요 부서에 순환 근무시키면서, 그 기업의 인재로 육성하고 개발하는 인력운영시스템을 여전히 많이 채택하고 있다. 이러한 채용 및 인력운영시스템은 소위 기업중심주의라고 하여, 전문화 혹은 능력본위로 대표되는 직무중심주의와는 구별되는 인력관리시스템이라고 할 수 있다. 기업의 문화와 행동양식에 적합한 인재를 선택하고, 학력과 연공에 기초하여 인사관리를 하는 것은 나름의 장점이 없지는 않다. 이와는 달리 구미의 기업들은 채용 시 철저하게 직무중심주의를 취하고 있다. 사전에 작성된 직무기술서에 따라, 필요한 직무에 요청되는 자격요건이 정해지고, 이 요건을 갖춘 인력을 모집하게 되므로, 구직자 또한 학력 중심이 아니고, 자격요건을 기준으로 모집에 응하게 되는 것이다.

회사는 인력충원계획 Personalbedarfsplanung에 따라 모집을 하게 되는데, 이러한 계획의 출발점으로서 직무분석이 자리매김하게 된다. 직무분석이란 직위 혹은 직무의 범위 및 내용, 직무수행에 따른 책임의

소재, 직무수행에 필요한 자격요건 등에 관해 체계적으로 정리하고 기록하는 것이다. 그 직무의 담당자가 수행해야 하고 또한 수행해 주기를 바라는 것을 중심으로 분석하게 된다.

> * 직무의 단위와 관련하여 여러 가지 용어가 사용되는데, 직위 Stelle는 한 사람에게 부과된 일(과업)의 집합으로서, 그 과업을 누가 담당하느냐와 무관하게 조직구조상의 최소 단위가 되는 것이다. 직무는 유사한 직위의 집합으로서 한 직무에 하나의 직위만이 존재할 수도 있고 또는 여러 개의 직위가 한 직무를 구성하기도 한다. 여기서는 직위라고 기술해야 할 것이나, 직무라는 표현이 널리 쓰이고 있기 때문에, 직무분석, 직무기술서 등으로 통일해서 쓰기로 한다. 그리고 보수관리와 관련하여 직군이란 용어가 사용되는데, 직군은 유사한 직무의 집합을 말한다.

오늘날 직무분석과 관련해서는 개별 직무의 내용 및 범위에 대한 미시적인 접근을 넘어, 직무를 조직의 목표에 정렬시키고 또한 기업의 경영전략에 바탕을 둔 거시적이고도 전략적 차원의 접근이 필요하다는 것이 점점 더 설득력을 얻고 있다.

직무분석의 결과가 바로 직무기술서 Stellenbeschreibung(Job description)와 직무명세서 Anforderungsprofil(Role profile)이다. 직무분석을 기초로 하여 직무평가를 하고 또한 직무설계를 하게 된다. 직무평가란 각 직무의 상대적인 가치를 결정하는 것을 말하는데, 이를 통해 기업내부의 각 직무 간 급여의 차등을 판단하는 기준으로 삼는다. 분석의 마지막 단계로서 직무설계 Aufgabengestaltung(Job design)를 하게 되는데, 직무에 대한 분석과 평가를 통해 효율적인 업무 수행방식을 설계하고, 직무담당자에게 직무만족을 주고 또한 기존의 업무 수행방식에 변화를 주는 일련의 작업을 직무설계라고 한다.

전통적인 직무설계가 인간을 직무에 맞추는 것이었다고 한다면, 현대의 직무설계는 직무를 인간에 맞추는 것이라고 하겠다. 노동의 인간화 Humanisierung der Arbeit 혹은 노동의 질의 개선 Verbesserung der Qualität des Arbeitslebens이라고 하는 용어는 바로 이러한 추세를 말하는 것이다. 직무설계(혹은 업무의 수행방식에 변화를 준다는 의미에서 직무재설계라고도 한다)의 방법으로는 직무교차 Arbeitsplatzwechsel(Job rotation), 직무확대 Aufgabenerweiterung(Job enlargement), 직무충실 Aufgabenbereicherung(Job enrichment) 및 준자율적 작업집단 teilautonome Arbeitsgruppe(semi-autonomous work group)이 있다. 한편으로는 이러한 직무설계 방법의 다양한 혼합과 다른 한편으로는 기업의 시스템이 기술시스템(기계설비, 기술 및 경영지식)과 사회시스템(근로자의 사회심리적 면을 강조)으로 구성되어 있다는 사회기술시스템론에 입각하여, 조직 내의 기술적 요구와 인간적 요구를 동시에 만족시킬 수 있는 직무설계 방법을 통하여, 어찌 보면 양립할 수 없는 사용자 측의 관심인 노동의 합리화 Rationalisierung der Arbeit 목표와 근로자 측의 관심인 노동의 인간화 Humanisierung der Arbeit 목표를 최대한 조화롭게 달성할 수 있을 것으로 본다.

2) 직무기술서와 직무명세서

인력의 모집, 선발 및 평가에 이르기까지, 실무에서 가장 기본적이고도 널리 사용되는 것이 바로 직무기술서 Stellenbeschreibung(Job description)와 직무명세서 Anforderungsprofil(Role profile)이다.

직무기술서는 수행해야 할 업무의 내용과 범위에 관하여 필요한 정보를 포함하는 것으로서, 대략 아래의 세 가지 부분으로 구성되는 것이

일반적이다:

- **조직 구조에 관한 부분**: 직위의 명칭, 소속 부서, 업무담당자, 상 사와 부하직원과의 관계 설정, 부재 시 업무 담당자, 업무회의, 보고 채널 등에 관한 사항을 명시하는 것으로서, 조직 내 담당자 의 업무상의 좌표를 정한다.
- **업무에 관한 부분**: 업무에 관한 기술, 목표 설정, 업무 수단 준수 및 참조해야 할 규정들에 관한 사항을 명시하는 부분으로서 좁은 의미의 직무기술서라고도 할 수 있다.
- **역할과 관련된 부분**: 업무의 책임소재, 전결권 등 업무수행에 필 요한 권한 설정에 관한 사항을 명시한다.

이 밖에도 인사평가와 연계시켜 직무기술서를 작성할 수도 있는데, 이때 언급되는 것이 소위 핵심성과지표 Key Performance Index(KPI)이 다. 즉 영업 KPI, 품질 KPI 등과 같이 분야별로 전사적인 목표에 기여 할 수 있는 핵심 경영성과를 지표로 만들어 각 직무기술서에 포함시키 고, 이를 인사평가에 반영한다. 이렇게 함으로써 업무담당자는 명확하 고 투명한 목표 설정이 가능해지고, 공정한 평가가 이루어지는 기반이 제공되는 것이다. 방법론적으로는 각각의 업무를 BSC(Balanced Score Card) 관점에 따라 영역을 구분하고(예: 재무적 관점 / 고객 관점 / 내부 프로세스 관점 / 학습 및 성장 관점 등 네 가지 영역), 각 영역 내의 주 요 과업을 지정하고, 이 과업을 성공적으로 수행하기 위한 핵심성공요 인(CSF: Critical Success Factors)을 도출해 내고, 마지막으로 핵심성공 요인을 평가할 수 있는 기준인 핵심성과지표(KPI)를 도출하는 것이다. BSC 관점에 따른 분류가 너무 세분화되어 복잡하다고 판단되면, BSC 관점에 따른 영역 구분을 제외하고, 좀 더 단순하게 각 업무별로 핵심 성공요인과 핵심성과지표만을 도출하여 사용할 수도 있다.

- **Key Performance Index(KPI)**: 고객관리팀장의 KPI 예 - 목표대비 신규 거래선 발굴 건수 / 목표대비 시장관련 정보수집 건수 / 목표대비 신규 입찰참여 건수 / 목표대비 신규 Vendor 발굴 건수 / 전년대비 클레임 건수 등

마찬가지로 직무역량 Competency도 직무기술서에 포함시킬 수 있는데, 조직 내에서 성과 달성에 공헌하는 직원들의 특성을 파악하여, 이를 직무기술서에 제시함으로써 개인의 역량을 높이는 기준으로 삼도록 하고, 이를 인력개발과 인사평가에 연계시키는 방안도 생각해 볼 수 있겠다.

- **Competency**: 회사가 요구하는 직무역량(전문성, 혁신마인드, 고객지향, 팀워크, 부하육성 등)을 정리하고, 각 직위에 따라 필요로 하는 역량의 수준을 책정하여 이를 기준으로 평가를 하고, 필요한 역량을 개발하도록 한다. 예를 들어 각 역량의 수준을 1점(최저)에서 5점(최고)까지 나누고, 전문성의 경우 팀장은 최소 4점 이상이어야 하고, 팀원의 경우는 최소 2점이 되어야 한다는 식으로 기준을 설정한다.

직무기술서는 충원계획의 기초가 되고, 업무담당자 및 신입사원에 대한 교육(오리엔테이션)의 도구로서 활용이 가능하며, 조직 내 역할분담을 명확하게 하고, 책임과 권한에 관한 기본적인 토대를 제공할 뿐만 아니라, 자기개발과 조직개발의 기준이 되고, 객관적인 업무평가를 가능하게 한다는 점에서 많은 장점이 있다. 직무기술서를 통해 업무담당자와 관리자가 서로를 명확하게 이해할 수 있고, 각 직무의 책임과 권한에 대해 사전에 약속을 함으로써 투명하고 효율적인 업무 수행이 가능해지는 것이다.

모집과 선발에 있어서 충원될 직원에게 구체적으로 요구되는 스킬은 어떤 것인가 하는 것은 직무명세서에 구체화된다. 직무기술서가 업무 그 자체에 초점을 맞춘 것이라면, 직무명세서는 업무를 수행하는 인적 요건에 초점을 맞춘 것이다. 구체적으로 업무 수행을 위해 요구되는 신체적 조건은 어떠해야 하고, 어느 분야의 어떠한 전문지식이 어느 정도여야 하는지 등에 대해 구체적으로 명세서를 작성해 놓은 것이다. 즉 직무가 요구하는 기술적, 신체적, 정신적 스킬의 개별 요소들과 그 개별 요소들에게 요구되는 수준과 정도에 관해 명시해 놓은 자료라고 이해하면 될 것이다. 직무명세서는 직무분석을 통해 직접적으로 작성할 수도 있으나, 간접적으로 직무기술서를 토대로 유추하여 그 직무가 요구하는 스킬에 대해 작성하는 방법도 있다.

규모가 크지 않은 조직의 경우, 직무기술서와 직무명세서를 따로 작성해 둘 필요는 없을 것이다. 개인적인 의견으로는, 위에서 기술한 직무기술서의 일반적인 세 가지 영역 이외에 핵심성과지표와 직무역량을 추가하여, 보다 범위가 넓은 직무기술서를 작성해 두고, 채용 시 이를 토대로 필요하다면 몇 가지 인적 요건을 간추려서 모집 광고와 선발에 활용하는 것이 효율적일 것이다.

●●●● *02*

모집 경로의 결정

1) 웹사이트를 통한 모집

구인 및 구직 웹사이트로서 대표적인 것이 Stepstone(www.stepstone.de)과 Jobpilot(www.jobpilot.de)이다. 이 매체의 장점은 토요일에만 간행되는 일간지의 구인광고란과 달리, 시간의 제약 없이 수시로(약 4주 동안) 지원자들이 회사의 모집 광고를 볼 수 있다는 데 있다. 구직자는 다양한 검색기능을 통해 원하는 광고를 검색해 볼 수 있기 때문에 점점 더 많은 기업들이 웹사이트를 통해 구인을 하고 있는 실정이다. 구인광고를 의뢰하는 데 대략 600-800유로의 비용이 든다.

회사 자체의 홈페이지를 통해서도 구인을 직접할 수 있는데, 자사의 홈페이지에 채용란 Job Börse을 만들어 구인하는 방식이 이제는 거의 일반화되었다고 볼 수 있다.

2) 일간지를 통한 모집 광고

고급인력을 충원할 경우라면, 일간지의 구인광고란 Stellenmarkt을 이

용하는 것이 좋다. 한 연구자료에 의하면, 고급 직종의 구직자들은 여
전히 전통적인 방식의 일간지 구인광고란을 더 선호한다고 한다. 지금
당장 이직을 생각하고 있지 않은 사람들도 토요일에 간행되는 일간지
의 구인광고란을 가벼운 마음으로 읽을 것이므로, 잠재적인 구직자까지
겨냥하고자 한다면 일간지의 구인광고가 더 적합할 것이다. 일간지의
구인광고는 일회 게재인데도 불구하고, 비용이 비싼 편이다. 광고란의
크기에 따라 다르나, 약 1,500-4,000유로의 비용을 예상해야 한다.

3) 노동사무소를 통한 모집

노동사무소 Der Agentur für Arbeit의 온라인 구인시장을 통한 모집 Rekru-
tierung도 고려해 볼 만하다. 노동사무소의 웹사이트(www.arbeitsagentur.de)를
방문하여, 첫 화면의 왼쪽 상단에 보면 구직 및 구인시장 Stellen-,
Bewerberbörse이라고 적힌 것이 보이는데, 그 아래의 구인자 Arbeitgeber
를 클릭한 후, 구인란 Bewerber suchen을 클릭해서 들어가면, 다양한 검
색창을 통해 구직자를 검색할 수 있다. 사용자 또한 노동사무소의 웹사이
트에 구인 등록을 할 수 있다. 구인란 Bewerber suchen 바로 위에 있는
구인등록 Stellenangebot aufgeben을 클릭하면, 구인등록을 위한 신청서
가 보인다. 노동사무소를 통한 모집의 장점은 모든 과정이 온라인상에서
이루어진다는 것이다. 서류를 줄일 수 있고, 시간도 절약할 수 있는 장점
이 있다.

노동사무소는 구인자와 구직자를 연결하는 알선업무 이외에도 취업
을 진작시키기 위한 각종 보조금 지원제도를 운영하고 있다. 대표적인
것으로는,

- EGZ 프로그램: 사회법 3권 제217조 내지 제224조에 따른 보조금 지원제도 Eingliederungszuschuss로서, 노동사무소에 등록된 실업자 중에서 특히 재취업이 힘들다고 보이는 실업자를 채용할 경우, 급여의 최고 50%를 12개월 동안 지원해 준다. 장애인의 경우, 최고 70%까지 지원한다.
- EZN 프로그램: 사회법 3권 제225조 내지 228조에 따른 보조금 지원제도 Einstellungszuschuss로서, 창업한 지 2년 이내이며, 근로자 수가 5명 이하인 영세 사업자가 노동사무소에 등록된 실업자를 채용할 경우, 급여의 최고 50%를 12개월 동안 지원받을 수 있다.

4) 인력파견회사를 통한 충원

일시적, 간헐적으로 인력을 충원해야 할 경우, 인력파견회사 Zeitarbeit -unternehmen가 대안으로 떠오르게 된다. Personalleasing, Zeitarbeit 혹은 Leiharbeit라고 일반적으로 불리는데, 근로계약은 인력파견회사와 파견근로자 Leiharbeitnehmer 사이에 체결되고, 인력파견회사와 사용사업주 Entleiher 사이에 맺어지는 근로자파견계약 Arbeitnehmerüberlassungsvertrag에 따라 사용사업주의 지휘, 명령을 받아 근무를 하게 된다. 법률상의 사용자는 인력파견회사(파견사업주 Verleiher)이기 때문에, 그 근로자에 대한 급여 계산, 사회보험 납부의무 등 노동법상의 제반 의무는 인력파견회사가 부담해야 한다. 회사(사용사업주)는 다만 인력파견회사와의 계약에 따라 대개의 경우 월 단위로 용역 사용에 대한 대가를 지불하는 것이다.

2004년 이래로 파견근로자는 기간에 대한 제한 없이 동일한 사용사업주에게 파견되어 근무를 할 수 있다. 때로는 파견근로자를 회사가 정식 채용하는 경우도 있는데(파견근로자의 입장에서는 정식으로 채용되는 것을 가장 바랄 것이다), 이때 회사는 인력파견회사에 인력알선수수료를 지불해야 한다. 근로자파견계약서에 이에 관한 조건들이 상세하게 명시되어 있기 때문에 사전에 계약서를 꼼꼼히 살펴보는 것이 좋다. 예를 들어 계약기간 중에 혹은 계약 종료 후 2개월이 경과되지 않은 시점에 그 근로자를 정식 채용할 경우에, 사용사업주는 파견사업주에게 용역보수의 2개월분에 해당하는 인력알선수수료를 지불해야 한다는 것 등이다. 물론 근로자파견법 Arbeitnehmerüberlassungsgesetz 제9조 3항에 따라, 인력파견회사와 파견근로자 사이에 근로계약이 더 이상 존재하지 않는 시점에도 사용사업주가 파견근로자를 채용할 수 없다는 내용으로 약정을 맺었다면 그 약정은 무효이다. 그러나 같은 항에 따라 위에서 언급한 인력알선수수료를 지불해야 한다는 내용의 약정은, 계약서에 해당 조항이 있다면 유효하다.

5) 헤드헌터

일반 노동시장에서 구하기 어려운 고급인력을 찾기 위해서는 주로 헤드헌터에 의뢰를 하게 된다. 한국에서도 90년대 말에 『나는 고급두뇌를 사냥하는 여자(유순신)』라는 책이 나옴으로써, 헤드헌터라는 명칭이 비로소 일반에 널리 알려지게 되었는데, 정식 명칭은 Executive Search Firm이라고 하여 고급인력을 알선하는 회사이다. 서치 펌을 이용하는 주된 이유는 아래와 같다.

• 고급 자격요건을 갖춘 인력은 일반 노동시장에서 구하기 힘들다.

- 고급 자격요건을 선별해서 판단하기 위해서는 전문적인 지식과 경험이 필요하다.
- 핵심 포스트에 필요한 고급인력을 공개적으로 구인하게 될 경우, 경쟁회사에 자사의 향후 경영전략이 사전에 노출될 수 있다.

서치 펌을 이용할 경우, 대개 채용할 인력의 2-3개월 급여를 수수료로 부담해야 한다.

•••• *03*

모집 광고

1) 모집 광고 게재 시 유의할 사항

2006년 8월 14일에 발효된 일반균등대우법 Allgemeine Gleichbehandlungs-gesetz에 따라 모집 광고에 차별적인 요소가 포함되어 있어서는 안 된다. 그러면 어떠한 경우에 모집 광고가 차별적인 요소를 포함하고 있다고 간주되는가? 모집 광고에 객관적 사유 없이 특정한 지원자 그룹을 배제시키고 있다면, 이 모집 광고는 차별적인 요소를 포함하고 있다고 간주된다.

예를 들어, 업무의 특성상 굳이 연령을 제한하는 것이 불필요한데도 불구하고, 모집 광고에 몇 살 이하라는 단서를 단다든지 혹은 남녀를 구분하여 한쪽의 성별만 모집 광고에 표기한다든지 하는 경우가 이에 해당된다. 또한 입사지원 서류에 사진을 부착하여 제출하라고 하는 것도 차별적인 요소가 포함된다고 본다. 이를 통해 인종이나 연령, 성별 등을 차별할 수 있다고 보기 때문이다.

그러나 사회적 약자(예: 장애인)에 대한 배려 차원에서 일반인을 차별한다거나(같은 법 제5조) 혹은 여객기 조종사와 같이 그 업무가 상당한 정도의 정신적 및 육체적인 건강상태를 요구하기 때문에 특정 연령

대를 차별하는 경우와 같이, 차별에 대한 객관적인 사유가 존재한다고
인정되는 경우에는, 모집 광고에 차별조항을 넣는 것이 허용된다.

2) 모집 광고와 일반균등대우법

일반적으로 차별금지법 Antidiskriminierungsgesetz이라고도 불리는 일
반균등대우법은 유럽연합(EU)이 제정한 반인종차별지침(Anti-Rassismus
-Richtlinie) 및 노동법상의 균등대우에 관한 지침에 그 근거를 두고 있
는데, 이 법의 제정을 위해 지난 3년간 정치권에서 첨예한 논쟁이 벌어진
바 있다. 기독교민주연합(CDU)과 기독교사회연합(CSU)의 반대로 법안
제출이 늦어졌으나, 2006년 사회민주당(SPD)과의 연정이 이루어진 후,
내부 협정을 통해 절충된 법안이 제출되었고, 2006년 8월 14일 마침내
법의 시행이 확정, 공포되었다. 이번에 도입된 독일의 일반균등대우법에
따르면, 이미 모집 광고에서부터 차별이 배제되어야 한다고 명백히 규정
하고 있다는 점을 눈여겨보아야 한다.

만약 이러한 규정을 위반하면 어떻게 되는가? 같은 법 제21조 1항
및 2항에 따라, 차별로 인해 불이익을 받은 근로자는 이의 시정을 요
구할 수 있고, 차별에 대해 소송을 제기할 수 있으며 또한 이로 인해
발생한 재산상의 손해에 대해 손해배상청구를 할 수 있다고 되어 있는
데, 이미 실무에서는 모집 광고에 들어 있는 이러한 차별적인 처우 문
제로 인해 회사가 손해배상청구를 당하는 사례가 발생하고 있다. 예를
들면 이런 것이다. 어느 회사가 여비서를 모집한다는 광고를 낸다. 광
고 문안만 보아도, 이 회사의 인사담당자가 일반균등대우법 시행에 대
해 사전에 충분히 인지하고 있지 못하다는 것이 분명해 보인다. 이때

한 남성이 의도적으로 지원서류를 제출한다. 지원서류에 대한 검토 후, 이 회사는 여비서를 뽑기 때문에 남성 지원자는 해당이 되지 않는다는 서신을 보내게 된다. 이에 이 남성 지원자는 회사를 상대로 자신이 성별을 이유로 차별을 받았다고 소송을 제기한다. 회사의 모집 광고와 서신은 일반균등대우법 제7조 3항에 명백히 위반되며, 재판 결과에 따라 이 회사는 소송을 제기한 남성 지원자에게, 채용했다면 지급했을 급여의 3개월치에 해당하는 금액을 배상(제15조 2항)해 주어야 할 입장에 놓이게 된다.

참고로 국내법을 살펴보면, 국내 근로기준법 제5조에 따라, 사용자는 근로자에 대하여 남녀의 차별적 대우를 하지 못하며, 국적, 신앙 또는 사회적 신분을 이유로 근로조건에 대한 차별적 대우를 하지 못한다고 되어 있다. 그러나 근로기준법의 이 규정은 모집과 채용 시에는 적용되지 않는 것으로 보는 견해가 유력하다. 고용정책기본법 제19조에서도 광범위한 차별금지를 규정하고 있다. 그러나 이 또한 사용자에 대한 단순한 노력의무규정 및 주의규정으로 해석돼서, 실질적인 차별금지 규정으로 기능하기에는 역시 미흡하다고 할 것이다. 반면에 남녀고용평등법 제7조에 따르면 사업주는 근로자의 모집 및 채용에 있어서 남녀를 차별하여서는 아니 된다고 규정하고 있고, 이를 위반 시 5백만 원 이하의 벌금에 처하도록 하고 있어 모집과 채용에 있어서 어느 정도의 차별금지 규정을 마련해 놓고 있다고 말할 수 있다.

여담이지만, 일반균등대우법이 시행되고 나서 얼마 지나지 않아, 루프트한자 소속의 3명의 여객기 조종사가 처음으로 회사를 상대로 소송을 제기한 바 있다. 여객기 조종사의 정년퇴직 연령은 60세인데, 다른 근로자와 마찬가지로 65세까지 일할 수 있어야 하며, 5년이나 조기에 퇴직 연령을 정한 것은 일반균등대우법에 위반된다는 것이 소송을 제기한 조종사들의 주장이었다. 프랑크푸르트 노동법원에서 심리가 진행 중인데, 정작 여객기조종사노조에서는 60세로 정한 정년퇴직 연령이 조종사의 업무를 고려할 때 적정한 수준이라는 공식 논평을 냄으로써 소송을 제기한 조종사들을 무색하게 만들었다. 앞으로도 이와 유사한 소송이 빈발할 것으로 보이며, 이 건이 중요한 판례로 남을 것이기 때문에, 결국은 유럽법원 Europäischer Gerichtshof까지 가서야 비로소 결론이 내려질 것으로 보인다.

•••• *04*

채용 면접

면접 Vorstellungsgespräch에서는 여러 가지로 지원자를 관찰하여, 회사에 가장 적합한 인재를 선발해야 하는데, 사실 이것은 말처럼 쉬운 일이 아니다. 면접 기법에 대해서는 이미 많은 정보가 출판물을 통해 공개가 되어 있는 상태이기 때문에, 지원자의 연구 여하에 따라 얼마든지 연출이 가능하게 되었기 때문이다. 쉬운 예를 들면, 악수를 할 때 힘주어서 하면 적극적인 성격이고, 안정된 성격의 소유자라는 것은 행동심리학에서 상식으로 통한다. 이러한 지식을 가지고 있는 지원자라면, 그가 소심한 성격임에도 불구하고 활발하고 적극적인 성격을 가진 양 자신의 행동을 연출할 수 있을 것이다. 물론 자신의 약점을 보완하기 위하여 사전에 철저히 연구하고 준비했다면, 이 또한 준비성, 적극성 면에서 플러스 요인으로 평가될 수도 있을 것이다. 자신의 소심함을 보완하기 위하여 사전에 철저히 준비하여, 면접에서 이를 연출하는 것이 적극성 측면에서 좋은 평가를 받는다는 것은 일견 모순처럼 느껴지고, 순환논리에 빠져드는 것 같기도 하다. 그러나 바로 이러한 모호성이 또한 인사관리의 한 측면임을 부인할 수 없다. 그만큼 어려운 작업이라는 말이기도 하다. 이러한 점 때문에 풍부한 경험과 지식을 가진 인사담당 직원이 면접을 진행해야 하는 것이다. 인사평가에 있어서의 평가자의 역할과 마찬가지로 면접에 있어서도 면접자의 자질이 절대적으로 중요한 까닭인 것이다.

1) 서류 심사

면접에서 제대로 선별이 되지 않은 상태에서 채용할 경우에 생길 수 있는 문제는, 채용 후 얼마 지나지 않아서 채용한 직원을 다시 해고해야 한다는 것이다. 그에 따른 유무형의 비용은 차치하고라도, 해고라는 것이 남아 있는 다른 직원들에게 어떠한 심리적인 영향을 줄 것인지를 생각하면, 이러한 일이 발생하지 않도록 선발에 신중을 기해야 한다.

따라서 면접을 하기에 앞서 지원서류에 대해 꼼꼼하게 분석하는 것이 필요하다. 이를 통해 이력서상에서 시기적으로 빠진 부분에 대한 분석이 필요하며, 이를 면접 시 직접 질문을 함으로써 심층 체크해야 한다. 예를 들어 서류상 본인이 스스로 사직을 했는데, 그 이후 상당기간 취업이 되지 않았다면, 이는 면접에서 반드시 짚어 봐야 할 문제일 것이다. 또한 업무의 특성상 자격이 요구된다면, 이에 대한 서류의 원본을 면접 시 가져오도록 해야 한다.

이전에 재직했던 회사가 발급한 재직증명서는 주의해서 살펴보아야 한다. 재직증명서의 행간에 재직증명서를 작성한 인사담당자의 평가가 숨어 있기 때문이다. 예를 들어서 보통의 재직증명서에는 '상사, 동료 및 고객으로부터 양호한 평가를 받았다'라고 쓰기 마련인데, 어떤 재직증명서에는 '동료, 상사 및 고객으로부터 양호한 평가를 받았다'고 하여 단어의 순서를 다소 달리한 경우도 있다. 재직증명서를 작성한 인사담당자는 이 직원에 대한 평가를 하면서, 상사와의 관계에 문제가 있었다는 신호를 보내고 있는 것이다. 이러한 표현상의 트릭은 많이 있는데, 재직증명서 상의 양호하다, 좋다, 뛰어나다 등의 표현은 우리가 일상적으로 쓰는 표현과는 차이가 있다는 점을 알고 있으면 되겠다. 또 한 가지 언급할 것은, 해고와 관련하여 회사와 법적 분쟁이 있었던 경우이다. 이러한 분쟁은 대부분 법정에서 화해를 통해 조정되는데, 이때 재직증명서의 내용에 대한 합의도 하게 된다. 실제로는 문제가 있는 직원임에도 불구하고, 법정에서 판사의 중재하에 조정이 되면서, 재직증명서도 좋은 내용으로 작성할 것을 합의한다는 사실도 유념해야 한다.

서류 심사를 통해 걸러진 지원자와 최종 선발에서 제외된 지원자의 서류는 결과통보 서신 Absagebrief과 함께 지원자에게 되돌려주어야 한다. 그 서류는 지원자의 소유에 속하기 때문이다. 한국회사의 모집 광고에서 흔히 보는 바와 같이 제출서류는 반송하지 않는다는 문구는 적법하지 않은 것이다. 그러나 서류를 이메일을 통해서만 지원받는다고 모집 광고에 명시했다면, 그럼에도 불구하고 우편으로 제출된 서류에 대해서는 이를 되돌려줄 의무가 없는 것으로 본다.

2) 면접 시 해서는 안 될 질문

지원서류를 검토한 후에는, 면접에서 직접 질문을 주고받게 된다. 주로 인사담당자와 공석인 자리의 관리책임자가 될 팀장이 함께 면접을 진행하게 되는데, 사전에 각 팀의 특성에 맞게 표준질문지 Personalfragebogen를 만들어 두는 것이 필요하다(참고로, 경영조직법 제94조에 따라 이러한 표준질문지의 작성 및 사내비치는 사전에 경영협의회의 동의를 구해야 하는 사안이다). 이러한 표준질문지에 따라 질문을 하고 또한 면접평가지

Beurteilungsbogen에 기록을 해 두는 것이 좋다. 지원자에 대한 질문이 끝난 후, 지원자로 하여금 질문을 하도록 해야 하는데, 이를 통해 지원자가 취업을 위해 어느 정도로 진지하게 접근하고 있는지를 확인할 수 있다. 만약 단순히 일자리를 얻는다는 차원에서 면접에 임한 지원자는 질문에 적극적이지 않을 것이기 때문이다.

면접에서 중요한 것은, 노동법상 해서는 안 될 질문에 관한 것이다. 해서는 안 된다고 하기보다는 그러한 질문들에 대해서는 지원자가 진실을 말할 의무가 없다고 해야 보다 정확할 것이다. 이러한 질문들에 대해 설사 지원자가 거짓을 진술한다고 해도, 그러한 이유로 추후에 그 지원자에 대해 불이익을 줄 수 없다. 몇 가지 예를 들어보자:

- 종교, 정치적 성향(정당 활동 여부), 노조 가입 여부에 대한 질문
- 임신 여부 및 결혼계획이나 가족계획 등에 관한 질문
- 건강 상태에 대한 질문
- 개인의 재산 및 채무 상황에 관한 질문
- 전과 여부

그러나 위에 열거한 질문이 지원할 업무를 수행함에 있어서 불가결한 것일 경우에는 예외적으로 허용이 된다. 예를 들어, 현금수송 업무를 위탁받은 서비스 회사의 경우에 현금 수송을 담당할 직원을 채용하면서, 그 지원자의 채무 상황을 질문한다면, 그 질문은 허용되는 질문이라고 판단하며, 이 질문에 대해서 지원자는 거짓 없이 성실하게 답변해야 한다. 또는 식품가공회사가 생산직 직원을 채용하면서 지원자의 건강 상태를 확인할 경우, 이는 허용되는 질문이라고 본다. 충원될 직위가 건강 상태를 사전에 반드시 체크해야 할 필요가 있을 경우에는 얼마든지 이러한 질문을 할 수 있다. 그러나 그 이외의 경우에는 비록

사용자가 면접 시 지원자의 건강 상태를 체크하고 싶어 한다고 해도, 면접에서 그러한 질문을 하는 것은 허용되지 않는다(이 질문에 대해 지원자는 진실을 말할 의무가 없다고 하는 게 맞는 표현이다). 간접적으로 우회해서 건강 상태에 대한 정보를 판단하든지 혹은 본인이 동의한다면, 회사가 지정한 의사로부터 건강검진을 받게 하는 수는 있다.

이와 반대로 일반적인 질문(면접 시 허용되는 질문)에 대해 만약 지원자가 거짓 사실을 말했고, 이에 관해 증명이 가능하다면, 사용자는 추후 그 근로계약을 취소할 수 있다.

3) 면접자에 대한 교통비 지급

민법 제670조 규정에 따라 지원자는 교통비의 지급을 회사에 청구할 수 있다. 따라서 회사의 초청에 따라 지원자가 면접을 위해 타 도시에서 회사를 방문했을 경우, 회사는 교통비를 지급해 주는 것이 일반적이다. 지원자가 자원해서 면접을 보는 것이라면 굳이 비용을 지급해 줄 필요는 없다. 사전에 미리 면접에 초청하는 서신을 통해 교통수단의 선택에 따른 교통비 지급의 상한선 등에 대한 언급(철도승차권 2등석, 항공편 이용 등)을 하는 것이 좋다. 자동차를 이용할 경우, 출장비 규정에 준한 수준의 교통비(편도km당 0.30 Euro)가 그 상한선이 될 것이다.

4) 경영협의회와의 관계

경영조직법 Betriebsverfassungsgesetz 제99조에 따라, 채용 등 개별

인력관리와 관련된 사안은 그 시행에 있어서 경영협의회의 동의가 필
요하다(강제적 공동결정권). 이는 상시 근로자 21인 이상 회사(사업장
이 아님)의 경영협의회에만 그 권한이 주어져 있고, 20인 이하의 소규
모 회사는 그 적용 대상이 아니다. 이에 관해서는 후술할 '경영협의회
와 근로자의 경영참여권'에서 자세하게 설명하기로 한다.

●●●● *05*

일반균등대우법에 대한 이해

앞에서도 언급했듯이, 일반균등대우법 Allgemeine Gleichbehandlungsgesetz (AGG)은 유럽연합(EU)이 제정한 반인종차별지침(Anti‒Rassismus‒ Richtlinie) 및 노동법상의 균등대우에 관한 지침(2000 / 43 / EG; 2000 / 78 / EG; 2002 / 73 / EG; 2004 / 13 / EG)을 실천하기 위하여 제정된 법이다 (2006년 8월 14일 발효). 실무에 적용되는 경우 그 해석에 있어서 미묘한 부분이 적지 않고 또한 전반적으로 많은 논란이 예상되기 때문에, 주요한 법규정에 대해서 사전에 충분히 이해하고 있어야 한다.

1) 법의 목적 및 적용범위

인종, 민(종)족, 성별, 종교 또는 세계관, 장애, 연령, 성에 대한 정체성이 다르다는 이유로 인하여 차별적인 처우를 받는 것을 방지하고 예방할 목적으로 제정된 법이다. 특히 사업장 내의 근로자에 대하여 채용, 급여, 교육, 승진 등에 있어서 차별적인 처우를 못하도록 규정하고 있으며 또한 사회적 약자가 보건, 사회제도, 공공재의 수혜 등에 있어서 차별을 받지 않도록 규정하고 있다.

2) 차별적 처우와 차별이 허용되는 경우

차별적 처우를 4가지로 정의하고, 이러한 4가지 유형의 차별처우가 행해지지 않도록, 예방적 차원의 사전 조치를 취해야 할 것을 규정하고 있다. 이러한 사전 조치 및 차별에 대한 금지규정에도 불구하고, 차별이 이루어질 경우 그로 인한 손해에 대해 배상을 청구할 수 있도록 손해배상청구권을 규정해 두고 있다. 그러나 이미 존재하고 있는 차별적인 요소를 제거하거나 시정할 목적으로 부득이하게 시행되는 차별적인 처우는 허용이 된다.

3) 주요 법조문 내용

아래에 주요 법조문 내용을 정리해 본다. 주로 사업장 내에서의 차별금지에 한정하여 설명할 것이다.

제1조: 인종, 민(종)족, 성별, 종교 또는 세계관, 장애, 연령, 성에 대한 정체성(예: 동성애)이 다르다는 이유로 인하여 차별적인 처우가 행해지는 것을 방지하고 예방하기 위하여 제정된 법이라고 명시하여, 일반균등대우법의 목적을 밝히고 있다. 이 규정에 따라, 다른 객관적인 사유 없이 이 8가지 차별요소를 이유로 근로자를 차별하는 것은 금지된다.

제2조: 위 차별요소에 따라 구체적으로 아래 4가지 사안(분야)에 차별적인 요소가 있다면 이는 불법이라고 하여, 어떤 것이 차별적 처우인지에 대한 구체적인 내용이 제시되어 있다. 아래의 4가지 사안에 있어

서의 차별적인 처우는 이 법에 따라 허용되지 않는다:

- 채용 시 적용되는 조건이나 선발기준 등을 포함한 제 조건들 그리고 승진 시 적용되는 제 조건들에 차별적인 요소가 있을 경우
- 급여 및 해고와 관련된 근로조건들, 특히 개별적인 협약(예: 근로계약), 집단적인 협약(예: 사업장협약 Betriebsvereinbarungen, 단체협약 Tarifverträge), 근로관계의 유지 및 종료에 따른 제반 조치들 그리고 승진과 관련된 협약에 차별적인 요소가 있을 경우
- 직원에 대한 교육(직무교육, 재교육 포함)을 제공함에 있어서 차별적인 요소가 있을 경우
- 근로자 단체의 회원에 대한 규정 및 참여에 있어서 차별적인 제한이 있을 경우

참고로 위 4가지 경우와 달리 사업장과 관련된 규정은 아니나, 제2조 1항에 명시된 추가의 규정은 아래와 같다:

- 사회적 보호 및 보건과 관련된 사안에 있어서 차별적인 처우가 있을 경우
- 사회적 약자에 대한 배려
- (일반)교육
- 공공재의 수혜와 공급에 관련된 사안(예: 사회주택의 제공)

한 가지 주목할 사항은, 해고와 관련해서는 일반균등대우법이 적용되지 않고 해고보호법의 규정만이 적용된다는 점이다(4항).

제3조: 차별 처우에 대한 개념 정의로서, 아래의 **4가지 유형**의 차별 처우를 정의하고 있다:

- 직접적 차별 처우 Die unmittelbare Benachteiligung(1항): 제1조의 8가지 차별요소를 이유로 하여, 동일한 조건에서 다른 근로자보다 **상대적으로 열악한 처우**를 받는 것을 직접적 차별 처우라고 한다.
- 간접적 차별 처우 Die mittelbare Benachteiligung(2항): 적용하는 규정, 기준 혹은 방식이 외견상 중립적인 것이지만, 교묘한 방식으로 인하여 결과적으로는 차별 처우가 되는 것을 간접적 차별 처우라고 한다. 그러나 이러한 규정, 기준 혹은 방식이 적법한 목적을 위한 것이라고 객관적으로 그 타당성이 인정되거나, 이러한 목적을 달성하기 위한 수단으로서 적절하고, 필요하다고 판단될 경우는 차별적 처우라고 하지 않는다.
- 괴롭힘 Die Belästigung(3항): 상대방이 원하지 않는 행동(제1조의 차별요소와 관련 있는 행동)을 통해 그 상대방의 인격을 손상시키고, 사업장 내의 분위기를 악화시키는 것을 말한다.
- 성희롱 Die sexuelle Belästigung(4항): 상대가 원치 않는 성적 행동을 통해 당사자에게 성적 굴욕감을 주고 사업장 내의 분위기를 악화시킴으로써, 제2조 1항 1~4호의 사안에 있어서 차별적 처우가 이루어지는 것을 말한다.

제5조: 제8조 내지 제10조 그리고 제20조에 열거된 사유(차별적 처우가 허용되는 사유) 이외에, 제1조에 열거된 차별요소를 통해 이미 존재하고 있는 차별적인 요소를 제거하거나 시정할 목적으로 시행되는 차별적인 처우는 허용된다. 따라서 사내에 남성근로자가 너무 많아서 여성근로자의 비율이 지나치게 낮다면, 이때 이를 시정할 목적으로 채용광고(예: 조건이 같다면 여성을 우대합니다)나 면접에서 남성을 차별하는 것은 허용이 된다는 것이다.

제6조: 이 법의 적용 대상의 범위에 대한 정의로서, 근로자, 직업훈련생 및 채용 과정에 있는 구직자 Bewerber도 이 법의 적용 대상에 포함된다. 따라서 신규 직원을 모집하고 선발하는 데 있어서도 이 법이 적용된다는 것을 유의해야 한다.

제7조: 근로자에 대해 제1조상의 이유로 차별하는 것이 금지된다. 차별 처우를 금지하는 일반균등대우법에 반하는 약정은 무효이며, 사용자 또는 근로자에 의한 이러한 차별은 근로계약상의 의무 위반에 해당한다(3항).

제8조: 직업상 요구되는 자격조건에 따라 행해지는 차별적 처우는 허용이 된다. 예를 들어 이삿짐센터에서 이삿짐을 부릴 직원을 채용하면서 고령근로자를 배제한다면, 이는 정당한 차별 처우라고 판단한다.

제9조: 종교 관련 기관에서 종교 및 세계관을 이유로, 채용 시 타 종교인을 배제하는 것은 허용이 된다.

제10조: 연령을 이유로 한 차별은, 그것이 객관적이고 적절한 것이라고 판단되거나, 적법한 목적에 부합한다고 판단되는 한 허용된다. 허용되는 8가지 유형을 예시해 놓았는데, 아래와 같다:

- 미성년자, 고령자 및 사용자의 배려의무 Fürsorgepflicht가 필요한 자를 지원하고 보호하기 위한 목적으로, 채용, 직무교육 혹은 근로조건에 특별한 규정을 두는 경우(1호),
- 채용 시 혹은 채용 후 근로관계를 유지하고 있는 근로자에게 특정한 혜택을 주기 위하여 최저 연령, 근무경험에 대한 최소 요건 및 최저 경력연한에 제한을 가하는 경우(2호),

- 특별한 직업교육이 요구되거나 혹은 퇴직까지 적정한 근무기간이 필요하여, 채용 시 최고 연령을 제한하는 경우(3호),
- 기업 내 연금제도 등을 설계하면서 연령에 제한을 가하는 경우(4호),
- 퇴직 연령을 정하는 경우(5호),
- 기업 경영상의 사유로 인한 해고 시, 대상자를 선별하면서 연령을 고려하는 경우. 단 이때 연령 요건이 다른 요건들에 견주어 특별히 우선적으로 고려되지 않고, 예를 들어서 특히 노동시장에 재진입하는 데 있어서 다른 개별적이고 개인적인 요소들이 더 결정적일 경우에 한한다(6호).
- 일정 연령과 일정 근속기간에 따라 해고가 제한되는 특별한 근로자 그룹을 정하는 약정(개별적 및 집단적 노사관계상의 약정)을 맺을 경우. 단 이때 이 약정을 통해 정리해고 대상자를 선별(해고보호법 제1조 3항)하는 데 있어서 다른 근로자가 중대하게 불이익을 받지 않을 경우에 한한다(7호).
- 정리해고 대상자에 대한 보상계획(사회계획)을 수립하면서 연령과 근속연수에 따라 상이한 보상액을 책정하는 경우(8호).

따라서 예를 들어 화물트럭 운전사를 채용하는 광고를 내면서 작업의 특성상 몇 살까지로 응모 연령을 제한하는 것은 허용이 된다는 의미이다.

제12조: 사용자는 차별적인 처우가 일어나지 않도록 예방적 차원의 사전 조치를 포함하여 필요한 조치를 취해야 할 의무가 있다(1항)고 하여 사용자의 의무에 대해 규정하고 있다. 사용자가 차별적인 처우를 사전에 방지하기 위해 필요한 적절한 교육을 시행했다면, 이러한 의무를 충분히 이행했다고 판단한다(2항). 필요하다면 사용자는 경영협의회와 균등대우에 관한 사업장협약을 맺는 것도 도움이 될 것이다. 근로자가

다른 근로자에 대해 금지되어 있는 차별적인 행위를 했다면, 사용자는 이에 대해 적절하고도 필요한 조치를 취해야 한다(3항). 이에는 경고, 배치전환 Umsetzung, 전보 Versetzung, 해고 조치 등이 포함된다. 근로자가 제3자(예: 회사의 고객, 같은 건물 내의 타 회사 직원 등)로부터 차별을 당했다면, 사용자는 근로자를 보호하기 위한 적절하고도 필요한 조치를 취해야 한다(4항).

일반균등대우법과 노동법원법 Arbeitsgerichtsgesetz 제61b조(일반균등대우법 제15조에 따른 배상을 이유로 하는 소송의 제기는 손해배상을 서면으로 요구한 후부터 3개월 이내에 제기해야 한다)는 사내에 공지해야 한다. 공지의 방법으로는 게시판, 이메일 또는 인터넷을 통한 공지가 모두 인정되나, 가능하면 출력해서 사내 게시판 Schwarzer Brett 에 게시하는 것이 좋다. 또한 근로자가 차별 대우에 대해 항의를 할 수 있는 제13조상의 소원권을 보장하기 위해, 이러한 소원을 접수할 담당자 Beschwerdestelle를 지정하여 역시 사내에 공지해야 할 의무가 있다. 그리고 일반균등대우법 제13조에 따른 소원권 제기에 대한 진행 상황을 사업장 내에 공지해야 할 의무도 있다(5항).

제13조: 제1조상의 8가지 사유에 의해, 사용자, 상사, 다른 근로자 혹은 제3자로부터 차별적인 처우를 받은 근로자는 사용자에게 소원을 제기할 소원권 Beschwerderecht이 있다고 하여 근로자의 권리에 대해 규정하고 있다.

제14조: 사용자가 자신에게 가해지는 괴롭힘이나 성희롱을 차단할 적절한 조치를 취하지 않을 경우, 해당 근로자는 자신을 스스로 보호하기 위해 필요하다면 작업(근무)을 중단할 권리가 있다. 그러나 사용자는 이를 이유로 해당 근로자에게 지급되는 보수를 차감시킬 수는 없다.

그러나 만약 이러한 작업 중단이 근로자의 판단상의 실수로 일어난 것이라면, 이에 대한 책임은 전적으로 근로자가 진다.

제15조: 차별금지 규정을 위반했을 경우, 사용자가 그의 의무를 다하지 않음으로 해서 손해가 발생했다면, 사용자는 그 손해에 대해 배상 책임이 있다. 만약 채용 시 이러한 위반 사안이 발생하여 해당 구직자가 채용되지 않았고, 이에 대해 구직자가 손해배상 청구를 했다면, 그에 대한 손해 배상액은 어느 정도일까? 그 액수는 많아야 3개월 급여액을 넘을 수 없다(2항). 이 규정은, 만약 차별이 배제된 상황에서도 이 구직자가 채용되지 않았을 경우에 해당하는 규정이다. 반대의 경우에는 손해배상의 액수에 대해 상한선의 규정이 없다. 무한정 늘어날 수도 있다는 얘기다. 손해배상의 청구는 2개월 이내에 서면으로 해야 효력이 있다(4항). 그러나 위 2항의 경우, 차별로 인해 채용이 되지 않았으니, 채용을 해야 한다고 요구할 권리는 인정되지 않는다(6항). 노동법원법 Arbeitsgerichtsgesetz 제61b조에 따르면, 일반균등대우법 제15조에 따른 배상을 이유로 하는 소송의 제기는 손해배상을 서면으로 요구한 후부터 3개월 이내에 제기해야 한다. 참고로 이 손해배상액은 비과세 대상에 해당된다.

제20조: 객관적인 사유가 존재하는 한, 종교, 장애, 연령, 성에 대한 정체성 또는 성별에 대한 차별은 허용이 된다. 작업 위험 등을 예방하기 위한 차별의 경우는 객관적인 사유가 존재한다고 판단한다.

제22조: 근로자가 차별적인 처우가 있었다는 정황증거 Indizien를 제시했다면, 이제는 사용자가 그러한 차별이 없었다는 것을 입증할 책임 Beweislast을 져야 한다. 사용자의 입장에서는 상당히 불리한 조항이라고 볼 수 있다. 채용 면접 시 이러한 문제가 많이 일어날 수 있는데,

이를 미연에 방지하기 위해서는 항상 체크리스트에 따라 면접을 진행
하고(객관적 기준에 따른 평가) 또한 가능하면 혼자가 아닌 다른 직원
과 함께 면접에 참석하도록 해야 한다.

제 2 장

근로계약 체결 시 유의해야 할 규정들

Das deutsche Arbeitsrecht in der Praxis

근로계약은 근로자와 사용자 간의 법률관계에 관한 법적인 기준을 정하는 것이므로, 근로계약의 양 당사자인 근로자와 사용자의 권리와 의무에 관한 상호 관계를 규정함에 있어서 오해의 소지가 없도록, 관련 규정을 정확히 이해하고 개별 규정들 상호 간의 관계까지 함께 파악하여 작성해야 한다. 따라서 애초에 노동 전문 변호사의 자문을 받아 **표준근로계약서**를 마련해 놓고, 그 개별 규정의 법률적 의미를 충분히 설명받고 난 후에 실무에 적용해야 할 것이다.

본 장에서는 국내에서도 쟁점이 되고 있는 비정규 근로관계에 관한 내용을 포함하여, 실무에서 자주 이슈가 되는 내용을 중심으로, 각각의 이슈에 대한 현행 노동법의 규정을 살펴보고 그 의미에 대하여 기술하고자 한다.

●●●● *06*

기간을 정한 근로계약(기간제 근로계약)과 정하지 않은 근로계약(무기근로계약)

1) 기간제 근로계약

근로계약의 기간에 관한 규정을 알아보기 전에, 우선 독일 노동법이 규정하고 있는 해고제한법 Kündigungsschutzgesetz(KSchG)의 내용을 살펴보아야 한다. 해고제한법에 따르면, 근로자를 해고함에 있어서 같은 법에 규정되어 있는 사유에 한해서만 해고가 가능하도록 하고 있다. 해고제한법의 적용을 받는 사업장과 근로자는,

- 상시 근로자가 10.25인 이상인 사업장 혹은 회사(근로자 수에 대해서는 후술할 '노동법상 근로자 수 규정에 관한 이해' 참조).
- 2004년 1월 1일 이전에 입사한 직원은 이전 규정의 적용을 받는다. 이전 규정에 따르면, 상시 근로자 수가 5.25인 이상인 사업장 혹은 회사는 해고제한법의 적용을 받았다. 법규정의 개정으로 인해 입사 연도에 따라 상이한 규정의 적용을 받게 된다.
- 입사한 지 6개월이 경과한 직원.

따라서 같은 법이 개정된 2004년 1월 1일 이후 입사한 직원의 경우, 입사한 지 6개월이 경과한 근로자의 수가 10.25인 이상인 사업장 혹은

회사의 경우, 동 해고제한법의 적용을 받기 때문에 회사가 근로자를 해고하기 위해서는 같은 법에 규정된 사유 및 기타 여러 가지 조건들을 충족시켜야 한다.

회사의 입장에서는 해고에 소요되는 비용 및 번거로운 절차를 고려하여, 가능하면 기간을 정하지 않은 무기근로계약 대신 기간을 정한 기간제 근로계약 befristeter Arbeitsvertrag을 맺고자 할 것이다. 물론 노동법이 허용하는 한도 이내에서 해야 한다는 것은 두말할 나위가 없다.

그러나 경우에 따라서는 회사가 항상 기간제 근로계약만을 내세울 수 없는 경우도 발생할 수 있을 것이다. 노동시장의 상황이 사용자에게 유리하지 않을 경우라든지, 놓치기 아까운 인재의 경우에도 법이 허용한다고 하여 기간제 근로계약을 주장할 어이없는 회사는 없을 것이기 때문이다.

기간제 근로계약의 전제 조건으로서의 객관적 사유 Sachgrund의 존재 여부, 사유가 없을 경우에도 허용이 되는 기간제 근로계약의 예외, 즉 최초 고용, 창업 및 고령근로자의 경우에 적용되는 예외 조항에 관해 계속해서 살펴보도록 한다. 말하자면, 기간제 근로계약은 단시간근로 및 기간제 근로계약에 관한 법률 Gesetz über Teilzeitarbeit und befristete Arbeitsverträge(Teilzeit- und Befristungsgesetz: TzBfG)에 명시된 객관적 사유가 존재할 경우에만 허용이 되나, 최초 고용, 창업 및 고령근로자의 경우에 한하여 예외적으로 허용되는 것으로 정리하면 될 것이다.

2) 기간제 근로계약의 전제 조건: 객관적 사유의 존재

2001년 1월 1일부터 시행된 단시간근로 및 기간제 근로계약에 관한 법률 제14조 1항에 따르면, 기간제 근로계약이 허용되는 객관적인 사유로서 아래의 8가지를 들고 있다:

(1) 일시적으로 추가의 노동력이 필요한 경우(예기치 않은 대량 주문을 받아 추가의 노동력 필요, 신규 프로젝트 수행에 따른 추가 노동력 필요, 계절적 요인에 따른 추가 노동력 필요 등)
(2) 직업훈련 이수 후 또는 대학 졸업 후 정규 취업을 하기 전까지 일시적으로 근무할 경우
(3) 기존 근로자의 대체 인력으로서 채용할 경우(기존 근로자의 장기 병가로 인해 인력이 필요할 경우, 기존 근로자가 군 복무로 인해 근무를 못할 경우, 기존 근로자가 육아휴직에 들어갈 경우 등).

다만, 기간제 근로계약을 체결할 당시 기존 근로자가 복직하지 못할 것이라는 것을 사용자가 이미 알고 있었다고 판단할 만한 객관적인 사유가 충분히 존재했다면, 그 기간제 근로계약은 무효로 될 가능성이 상당히 높다. 즉 기간제 근로계약을 체결한 근로자는 이러한 이유를 근거로 자신이 체결한 기간제 근로계약이 무효이며, 따라서 무기근로계약이라고 주장할 수 있다는 것이다. 말하자면 엄밀한 의미의 대체 인력일 경우에만 기간제 근로계약의 체결을 허용하겠다는 것이다.

이 경우 알고 있어야 할 사항은, 기간제 근로자가 맡을 업무가 반드시 기존 근로자가 처리했던 업무와 동일해야 할 필요는 없

다는 것이다. 결원이 생겼고, 그로 인해 기간제 근로자를 채용했
다면 그 기간제 근로계약은 유효하다. 또한 결원이 예상되어 대
체인력이 기존 근로자를 대체하기 위한 준비기간이 필요하다고
판단되면, 결원이 생기기 이전에 이미 기간제 근로자를 채용해도
된다. 즉 대체할 기존 근로자와 기간제 근로자의 근무 기간이 겹
쳐도 상관이 없다. 업무의 성격에 따라 그 준비 기간은 달라질
것이나, 대략 2~3주 정도로 보는 것이 일반적이다.

(4) 업무의 성격에 따라 기간제 근로계약이 필요한 경우(영화 한편을
    찍기 위해 스태프를 고용할 경우 등)

(5) 업무 적합성(직업 적성이나 업무능력)을 테스트하고자 할 경우.
    테스트 기간은 통상 6개월 이내가 적정한 것으로 본다. 물론 무
    기근로계약을 맺고, 동시에 가령 6개월의 수습기간을 설정하는
    것도 가능하지만 그 경우 근로관계를 종료하고자 할 경우 별도
    로 해고통지를 해야 하는 번거로움이 있을 수 있다.

(6) 해당 근로자가 기간제 근로계약을 원할 경우

(7) 정부예산법에 따라 기간제 일자리에 배정된 공적자금으로 급여를
    받을 경우

(8) 판결에 따라 기간이 정해질 경우

이러한 사유가 존재하는 한, 회사는 제한 없이 기간제 근로계약을
체결할 수 있다. 즉 사유가 있는 한, 특정한 개인 P와 한번은 A 부서
의 결원에 대한 대체인력으로서, 또 한번은 B 부서의 결원에 대한 대
체인력으로서 동일한 사람과 연속적으로 여러 개의 기간제 근로계약을
체결해도 아무런 문제가 없다.

3) 최초 고용일 경우의 예외 규정

기본적으로 단시간근로 및 기간제 근로계약에 관한 법률에 정한 사유가 존재할 경우에만 기간제 근로계약이 허용되나, 회사가 그 직원을 최초로 고용할 경우에는 같은 법 제14조 2항의 규정에 따라 예외적으로 기간제 근로계약의 체결이 허용된다.

최초로 고용해야 한다는 요건은, 사용자가 해당 근로자와 이전에 어떤 형태의 근로관계(방학 중 아르바이트도 해당됨)도 맺지 않았어야 한다는 의미이다. 직업훈련생(Azubi)으로 근무한 것은 이전에 근로관계가 있었던 것으로 본다.

동 규정에 따르면, 위 요건이 충족될 경우, 회사는 같은 법 제14조 1항의 사유 제한에 상관없이 **2년**을 초과하지 않는 범위 내에서, 최고 3번까지 계약을 갱신해서 기간제 근로계약을 체결할 수 있다. 즉 2년 동안 1명의 기간제 근로자와 연속적으로 최고 총 4개의 기간제 계약(예: 5개월 계약+10개월 계약+6개월 계약+3개월 계약)을 체결하는 것이 허용된다.

다만, 계약을 연장할 경우, 현재 유효한 기간제 근로계약이 종료되지 않은 시점에서 연장을 해야 한다는 점에 유의해야 한다. 그렇지 않을 경우, 그 계약은 새로운 기간제 근로계약으로 간주되며, 이때 만약 제14조 1항에 명시된 사유를 제시하지 못할 경우, 그 기간제 근로계약은 성립되지 않고 대신에 무기근로계약을 맺은 것으로 간주된다.

4) 창업자에 대한 예외 규정

1998년부터 2005년까지 재임한 슈뢰더 수상이 추진한 노동시장 개
혁 프로그램인 '어젠더 2010'에 따라, 단시간근로 및 기간제 근로계약
에 관한 법률 제14조에, 기간제 근로계약에 대한 예외 조항(2a 항)이
신설되어 2004년 1월 1일부터 시행되고 있다.

창업자 Existenzgründer의 경우, 회사 설립 후 4년 이내에, 4년을 초
과하지 않는 범위 내에서 다수의 기간제 근로계약을 체결할 수 있다.
즉 창업 후 4년이 경과되지 않은 시점에서는 언제라도 기간제 근로계
약을 맺는 것이 허용되며, 이 기간제 근로계약은 최고 4년을 초과하지
않는 한 여러 번의 갱신을 통해 연장될 수 있다.

동 조항은 실업률 해소를 위한 창업 지원책의 일환으로서, 개인 창
업자를 위한 예외 조항이며, 따라서 일반 기업이 자회사를 신규 설립하
는 경우는 여기에 해당되지 않는다.

5) 고령근로자에 대한 예외 규정

고령근로자에 대한 기간제 근로계약의 체결 가능성과 관련하여 그동
안 몇 차례의 법개정이 있었다. 참고삼아 시간 순서대로 법개정을 살펴
보기로 한다. 같은 법 제14조 3항에 따라, 만 53세 이상의 근로자에 대
해서는 예외적으로 기간제 근로계약을 체결할 수 있도록 했다(2006년
12월 31일까지 한시 규정). 고령근로자가 노동시장에서 직장을 구하는
데 더 유리할 수 있도록 배려한 경우였다. 이때 사용자가 기존에 같은

근로자와 무기근로계약을 체결하고 있었던 경우가 문제가 되는데, 무기근로계약이 종료된 시점과 기간제 근로계약을 체결하는 시점 사이에 최소 6개월의 기간이 경과했으면, 기간제 근로계약을 체결하는 것이 허용되었다. 기간제 근로계약의 기간 및 갱신 횟수에 대해서 아무런 제한이 없었다.

위 규정은 단지 한시적인 규정이었고, 2007년 1월 1일부터는 고령근로자의 기준이 만 53세 이상에서 만 59세 이상으로 환원되었다. 마찬가지로 사용자가 기존에 같은 근로자와 무기근로계약을 체결하고 있었던 경우에도, 무기근로계약이 종료된 시점과 기간제 근로계약을 체결하는 시점 사이에 최소 6개월의 기간이 경과했으면 기간제 근로계약을 체결하는 것이 허용되었다.

그러나 2007년 5월 1일부터 다시 규정이 바뀌었는데, 다시 만 53세 이상의 고령근로자에 대해서는 객관적인 사유의 존재 없이도 기간제 근로계약을 최고 5년까지 체결할 수 있게 되었다. 다만, 기간제 근로계약을 체결하기 직전 최소 4개월간은 어떠한 근로관계도 맺고 있지 않아야 된다.

6) 무기근로계약

현행 노동법이 기간제 근로계약을 허용하고 있기 때문에 기업의 입장에서는 이를 충분히 활용하고자 할 것이다.

실무에서는 통상 1년의 기간제 근로계약을 체결하면서, 6개월의 수습기간을 둔다. 이렇게 함으로써 수습기간을 1년으로 정하는 것과 동일한 효과를 보게 되는 것이다.

근로자의 자질을 검증해 볼 수 있는 충분한 시간을 확보하는 것이기 때문에, 대부분의 기업에서는 이렇게 1년의 기간제 근로계약을 표준으로 채택하고 있다. 충분한 검증 후 적절한 시점(예를 들어 6개월의 수습기간이 지나고, 대략 8개월 혹은 9개월이 지난 시점)에 무기근로계약으로 전환시켜 준다면, 회사의 입장에서는 자질 있는 근로자를 충분한 시간을 두고 선별할 수 있는 이점을 누릴 수 있게 되고 또한 근로자의 입장에서도 동기부여(기간제 계약이 아직 3~4개월 남아 있는 상태에서 조기에 무기계약으로 전환)가 되기 때문에 이를 적극 활용하게 된다.

여기서 한 가지 유의할 사항은, 기간제 근로계약을 맺은 근로자는 기간이 만료되기 3개월 전에 노동사무소에 이 사실을 신고해야 한다는 점이다. 이를 위해 사용자는 근로자에게 이러한 의무사항을 알려 주어야 한다(사회법 3권 제2조 2항).

•••• *07*

수습기간에 관한 규정

1) 수습기간의 설정

수습기간 Probezeit이란 말하자면 근로계약의 양 당사자가 서로를 테스트하는 기간이다. 이 기간 동안에는 서로가 고용 관계를 수월하게 종료할 수 있기 때문에 근로계약서에 수습기간을 명시하는 것이다.

사용자의 입장에서 볼 때, 근로자가 면접 시 관찰된 바와 같이 원하는 업무 능력을 실제로 발휘할 수 있을 것인가 또는 팀원들과 협력하여 조화롭게 업무를 수행할 수 있을 것인가의 여부는, 사실 현업에 실제로 투입되기 전까지는 정확히 알 수 없다. 이는 근로자의 입장에서 볼 때도 마찬가지이다. 장기적인 근로관계를 통해 개인의 잠재능력을 최대한 발휘할 수 있는 조직인가 등등의 관점으로 일정 기간 동안 직접 관찰해 본 후 판단할 수 있다면, 근로자 개인 입장에서도 훨씬 유용할 것임은 말할 나위도 없다.

2) 적정한 수습기간: 최단 및 최장 수습기간

수습기간을 최소한 몇 주 혹은 몇 개월을 설정해야 한다는 규정은 없다. 즉 원한다면 수습기간을 설정하지 않을 수도 있다.

수습기간의 최고 한도에 대해서는 민법 제622조 3항에서 규정하고 있는데, 이에 따르면 일상적인 업무에 종사하는 근로자에 대한 수습기간은 **6개월**을 초과하여 정할 수 없다. 이는 6개월 이상을 근속한 근로자에 대한 해고를 엄격히 제한하고 있는 해고제한법과 관련하여 이해하면 될 것이다.

참고로 업무의 전문성 정도에 따라, 위 민법 조항은 달리 적용될 수 있는데, 학술 및 예술 분야의 경우 그 전문성을 고려하여, 수습기간을 6개월을 초과하여 9개월 혹은 12개월까지도 설정할 수 있다.

다만, 직업훈련생의 경우에는 법적으로 최저 수습기간에 대해 규정하고 있는데, 직업훈련법 Berufsbildungsgesetz(BbiG) 제20조에 따르면, 직업훈련생의 수습기간은 최소 1개월 이상이어야 하고, 최고 4개월을 초과해서는 안 된다.

3) 수습기간 내의 해고

수습기간 동안에는 근로자와 사용자가 똑같이 **2주의 해고예고기간**을 두고 근로관계를 종료할 수 있으며, 일반 해고의 경우에 적용되는 매월 15일 및 매월 말 기준으로 근로관계를 종료해야 한다는 규정이 없기 때문에, 어느 종료 시점이라도 상관없이 그 시점을 기준으로 해서 2주일 이전까지만 통지를 하면 그 해고 통지는 적법하다.

또한 수습기간의 **마지막 날**에 해고 통지를 하더라도 그 해고통지는 유효하다. 이 경우 근로관계의 종료 시점은 수습기간의 마지막 날로부터 2주가 경과한 날짜가 될 것이다.

수습기간 동안 적용되는 해고예고기간(2주)을 줄이거나 늘이는 것도 허용이 된다. 가령 해당 기업에 적용되는 단체협약이 2주보다 더 짧은 해고예고기간을 규정하고 있다면, 이 단체협약의 규정이 개별근로계약보다 우선 적용된다.

또한 개별근로계약상 협의가 되었다면, 2주보다 더 긴 해고예고기간을 설정할 수가 있다. 다만, 이 경우 주의해야 할 것은, 사용자에게 적용되는 예고기간이 근로자에게 적용되는 예고기간보다 **짧아서는 안 된다**는 것이다(민법 제622조 6항).

해고의 통지는 반드시 **서면**으로 해야 한다. 팩스나 이메일을 통한 통지는 유효하지 않다. 미성년자인 직업훈련생에 대한 해고 통지는 그 **보호자**에게 해야 유효하다.

4) 수습기간의 연장 가능성

한번 설정된 수습기간은, 6개월을 초과하지 않는 한도 내에서 연장이 가능하다. 즉 처음에 수습기간으로서 4개월을 설정했다면, 2개월을 더 연장할 수 있다. 이때 근로자와의 협의가 전제되어야 함은 더 말할 나위가 없다.

5) 수습기간 설정의 세 가지 예

(1) 무기근로계약과 수습기간 설정

무기근로계약을 맺으면서 최고 6개월의 수습기간을 설정한다. 이 경우 근로관계를 종료하고자 할 경우 별도로 해고통지를 해야 하는 번거로움이 있는데, 이를 회피하기 위해 다음 항(5.2 항)의 기간제 근로계약을 맺기도 한다. 계약에 들어갈 문구는 아래와 같다.

"본 근로관계는 x 년 x 월 x 일에 시작되며, 기간의 정함이 없다. 첫 6개월은 수습기간이며, 이 기간 동안 근로관계는 서면에 의해, 계약의 양 당사자 공히 2주의 예고기간을 준수함으로써 종료된다."

(2) 업무 적합성 테스트를 위한 기간제 근로계약(시용기간부 근로계약)

업무 적합성 테스트를 사유로 하여 기간제 근로계약을 체결하는 것이 허용됨은 전술한 바와 같다. 수습기간에 해당하는 기간만큼 기간제 근로계약을 맺는 방법이다.

> * 이는 엄밀히 말해서, 수습기간이라기보다는 '시용기간부근로계약'이라고 구분해야 할 것이나, 이 책의 목적이 실용적인 면을 주로 다루고자 하는 것이므로, 설명을 용이하게 하기 위해 수습기간의 설정이라는 제목 아래 두었다.

업무 적합성을 테스트해 보고자 할 경우, 테스트 기간은 통상 6개월 이내가 적정한 것으로 본다. 따라서 최고 6개월을 초과하지 않는 범위 내에서 기간제 근로계약을 체결한 후, 그동안의 업무 능력이 만족스러

운 수준이면 그때 정식 근로계약을 체결한다. 계약에 들어갈 문구는 아래와 같다:

"본 근로관계는 업무 적합성을 테스트하기 위하여 x 개월간 한시적으로 맺어진다. 근거는 단시간근로 및 기간제 근로계약에 관한 법률 제14조 2항 5호이다. 본 근로관계는 종료일 이전에 연장되지 않으면, 종료통지 없이 x 년 x 월 x 일에 종료된다."

기본적으로 업무 적합성 테스트를 사유로 하는 기간제 근로계약의 기간 동안에는 **즉시해고**만 가능하다. 하지만 개별 근로계약에 명시가 되어 있다면, **일반해고**도 허용이 된다(단시간근로 및 기간제 근로계약에 관한 법률 제15조 3항). 따라서 개별근로계약에 아래와 같이 일반해고도 가능하다는 것을 명시하면서, 동시에 이 규정이 즉시해고에 관한 규정을 제한하지 않는다는 것을 함께 명시하도록 한다.

"본 근로관계는 2주의 예고기간을 준수함으로써 종료할 수 있다. 즉시해고에 관한 규정은 이와 상관없이 적용된다."

주의해야 할 것은, 기간이 경과하면 동 근로관계가 종료되는 것인데도 불구하고, 그 기간이 경과한 후에도 계속 동 근로자를 고용하고 있었다면, 이는 무기근로계약을 체결한 것으로 간주된다는 것이다.

(3) 1년 기간제 근로계약과 수습기간의 설정

단시간근로 및 기간제 근로계약에 관한 법률 제15조 2항에 따르면, 최초 고용일 경우, 같은 법 제14조 1항의 사유 제한에 상관없이 2년을 초과하지 않는 범위 내에서, 최고 3번까지 계약을 갱신해서 기간제 계약을 체결할 수 있다. 따라서 1년의 기간제 근로계약을 체결하면서, 수습기간을 6개월로 정하는 것이다. 법에는 2년까지 허용이 되어 있으나, 근로자의 동기부여를 고려하여 1년 기간제 근로계약을 맺는 것이다. 이렇게 하면 실제 수습기간이 1년이 되는 셈이며, 회사는 충분히 신입사원을 관찰할 수 있는 시간을 가지게 된다. 계약에 들어갈 문구는 아래와 같다:

"본 근로관계는 x년 x월 x일에 시작되며, 1년간 한시적으로 맺어진다. 첫 6개월은 수습기간이며, 이 기간 동안 근로관계는 서면에 의해, 계약의 양 당사자 공히 2주의 예고기간을 준수함으로써 종료된다. 본 근로관계는 x년 x월 x일에 종료에 관한 별도의 통보 없이 종료된다."

끝으로 사내에 경영협의회가 있다면, 해고 통지에 앞서 항상 경영협의회의 의사를 물어야 한다(경영협의회의 정보권 혹은 청문권). 이를 어기면 그 통지는 무효가 된다. 이는 수습기간 중의 해고 통지에 있어서도 마찬가지이다.

●●●● *08*

해고예고기간에 대한 규정

해고에는 일반해고 Ordentliche Kündigung와 즉시해고 Außerordentliche Kündigung가 있는데, **해고예고기간** Kündigungsfrist이 있느냐 혹은 없느냐를 기준으로 구별한다. 즉 **즉시해고**의 경우는 중대한 사유가 발생하여, 해고예고기간을 준수할 필요 없이 **즉시** 해고를 할 수 있는 경우에 사용하는 용어인 반면에, **일반해고**는 우선 해고의 사유가 존재해야 함은 말할 것도 없고 또한 해고통지를 함에 있어서 해고예고기간을 준수하여 통지를 하여야 그 해고가 적법해지는 경우를 말한다.

용어 사용의 혼동을 피하기 위하여 부연 설명을 하면, 'Kündigung'이라는 독일어의 번역은 '해지'라고 함이 정확할 것이다. 계속적 계약에서 당사자의 일방적 의사표시만으로 그 효력을 장래에 대하여 소멸시키기 때문이다. 그리고 이 'Kündigung'이라는 법률행위는 **사용자**가 할 수도 있고, **근로자**가 할 수도 있다. 회사가 급여를 지급하지 않는 등 계약을 현저하게 위반했다면, 근로자는 그 근로계약을 해지할 수 있는 것이다.

Kündigung을 해고라고 번역을 하면, 마치 사용자만이 하는 법률행위로 한정되어서 이해될 수 있는데, Kündigung이라는 법률행위는 사용자

와 근로자 모두가 할 수 있다. 따라서 해고예고기간, 일반해고, 즉시해고 등과 같은 용어는 사용자와 근로자에게 공히 적용되는 것으로서, 정확하게 표현하자면 해지예고기간, 일반해지, 즉시해지가 될 것이다. 다만, 실무에서 주로 사용자에 의한 계약해지가 일반적이기 때문에 해고라는 용어를 선택했다는 점을 유의해 주셨으면 한다. 근로자가 하는 'Arbeitnehmerkündigung'은 '근로자에 의한 계약해지' 등으로 그때그때 적절하게 번역을 하여 독자들의 이해를 돕도록 하겠다.

1) 법정 해고예고기간

사용자와 근로자 간의 힘의 균형을 고려하여 양자에게 동일한 예고기간을 적용하지는 않는다. 근로계약의 해지에 있어서 근로자는 사용자보다 용이하게 근로관계를 종료시킬 수 있다.

민법 제622조 1항과 3항에 따라, **사용자와 근로자 공히** 수습기간 동안에는 2주의 예고기간을 준수해야 하며, 당해 근로자의 근속연수가 2년 미만일 경우, 매월 15일 혹은 매월 말 일자를 기준으로 4주의 예고기간을 준수하여야 한다. 이 예고기간을 다른 것과 구별하여 **기본예고기간 Grundkündigungsfrist**이라고 한다.

같은 조 2항에 따라, 근로자의 **근속연수**에 따라 **사용자가** 준수하여야 하는 예고기간은 다음과 같이 최고 7개월까지 늘어난다:

근속연수 2년째부터: 월말 기준으로 1개월
근속연수 5년째부터: 월말 기준으로 2개월

근속연수 8년째부터: 월말 기준으로 3개월

근속연수 10년째부터: 월말 기준으로 4개월

근속연수 12년째부터: 월말 기준으로 5개월

근속연수 15년째부터: 월말 기준으로 6개월

근속연수 20년째부터: 월말 기준으로 7개월

2) 근속연수의 산정 기준

민법 제622조 2항 2문에 따라, 당해 근로자가 **만 25세**가 되기 이전에 근무한 기간은 근속연수에 포함시키지 않는다.

기간을 정한 근로계약을 맺은 근로자가 이후 기간을 정하지 않은 무기근로계약으로 전환했을 경우에 근속연수의 산정은 어떻게 할까? 이때의 근속연수에는 기간을 정하지 않은 근로계약의 기간까지도 포함해서 산정한다.

근속연수의 산정 시 더욱 중요한 사항은, **해고통지의 시점**이 근속연수 산정의 기준이 된다는 것이다. 즉 해고의 통지가 본인에게 도달한 시점을 기준으로 해당 근로자의 근속연수가 산정된다. 그러므로 경우에 따라서는 하루의 차이를 두고, 예고기간 산정의 기준이 되는 근속연수가 4년이 될 수도 있고 혹은 5년이 될 수도 있으며, 이에 따라 사용자가 준수해야 할 예고기간이 1개월에서 2개월로 늘어날 수도 있는 것이다.

예를 들어, 2003년 5월 1일에 근무를 시작한 근로자의 경우, 해고통지를 2007년 4월 30일 이전에 했다면, 이 근로자의 근속연수는 4년

이 되고, 그에 해당하는 해고예고기간은 (월말 기준으로) 1개월이 되므로, 2007년 5월 31일자로 해고를 하는 데 아무런 문제가 없다. 그러나 만약 해고 통지를 5월 3일에 했다면, 이때 이 근로자의 근속연수는 5년이 될 것이고, 그에 해당하는 해고예고기간은 (월말 기준으로) 2개월이 되어, 빨라야 2007년 7월 31일자로 해고를 할 수 있게 된다.

월말 기준으로 1개월이라는 의미는, 월의 말일자를 기준으로 역산하여 1개월이 되어야 한다는 뜻이다.

3) 근로자의 해지예고기간과 사용자의 해고예고기간

근로계약서상 예고기간을 정함에 있어서 '사용자와 근로자에게 공히 적용된다'라고 명기되어 있다면 상관이 없으나, 이와 같이 명시적으로 적시되어 있지 않다면, 그 근로계약서상 명기된 예고기간은 사용자에게만 적용이 있고, 근로자는 사직 시 **기본예고기간**만 준수하면 된다.

직업훈련생의 경우, 수습기간 동안에는 사용자와 훈련생 공히 예고기간 없이 직업훈련생 근로계약을 해지할 수 있으며, **육아휴직 중의 근로자**에 대해서는, 연방육아휴직수당 및 육아휴직법 Bundeselterngeld – und Elternzeitgesetz(BEEG) 제18조 1항에 따라 육아휴직 기간 중에는 해고가 금지된다. 그러나 육아휴직 중의 근로자는 스스로 근로관계를 해지할 수 있는데, 육아휴직이 종료되는 시점에 근로관계를 해지할 수 있으며, 이때 3개월의 예고기간을 준수하여야 한다(같은 법 제19조).

4) 협약 및 합의에 의한 해고예고기간의 변경

민법 제622조 5항에 따라, 상시 근로자 수가 20인 이하일 경우, 같은 조 1항에 규정된 기본예고기간(4주)을 보다 완화된 형태로 정할 수 있다. 즉 매월 15일 혹은 월말 기준이 아니라, 어느 시점이라도 상관없이, 그 시점으로부터 4주의 예고기간만 준수하면 그 해고의 통지가 적법하도록 정할 수 있다.

근로자 수를 산정함에 있어서, 주당 근로시간이 20시간 이하인 근로자는 0.5인으로 계산하고, 주당 근로시간이 30시간 이하인 근로자는 0.75인으로 계산한다(같은 조 5항 2문). 이때 직업훈련생은 근로자 수에 포함시키지 않는다.

같은 조 4항에 의하면, 단체협약 Tarifvertrag에 법정 예고기간(같은 조 1~3항에 정한 예고기간)보다 더 길거나 혹은 더 짧은 기간을 정할 수 있다.

또한 같은 조 5항 3문에 따르면, 개별 근로계약서상 협의가 되었다면, 법정 예고기간(같은 조 1~3항에 규정된 기간)보다 더 연장하여 해고예고기간을 설정할 수 있다. 법정 해고예고기간은 최소 기준이기 때문에, 개별 근로계약서를 통해 더 긴 예고기간에 대해 합의할 수 있는 것이다. 다만, 이 경우 주의해야 할 것은, 사용자에게 적용되는 해고예고기간이 근로자에게 적용되는 해지예고기간보다 **짧아서는 안 된다**는 것이다(민법 제622조 6항). 따라서 개별 근로계약서상 사용자가 준수해야 할 예고기간은 월말 기준으로 2개월이고, 근로자는 월말 기준으로 3개월의 예고기간을 준수해야 한다고 규정했다면, 이 규정은 민법 제622조 6항에 따라 허용이 되지 않는다. 이 경우에는 판례에 따라 공히 더 긴 예고기간을 적용하게 되어, 근로자와 사용자는 월말 기준으로 3개월의 예고기간을 준수해야 한다.

개별 근로계약서상의 해고예고기간이 법정 예고기간보다 더 짧을 경우에는 어떤 기간을 적용해야 하나? 이 경우는 주로 개별 근로계약서상 예고기간을 분기 말 기준으로 정한 경우에 생기는 문제인데, 판례는 이 경우 근로자에게 유리한 기간을 적용하고 있다. 따라서 이 경우 법정 예고기간으로 해고 통지를 하는 것이 유효한 해고를 위해서 안전하다. 하지만 개별 근로계약서상의 해고예고기간으로 해고 통지를 하여도, 그 해고가 무효가 되는 것이 아니고, 법원에서 근로자에게 더 유리한 예고기간인 법정 예고기간을 적용시키는 것으로 귀결이 된다. 다만 실무적으로는 조금 더 완벽을 기하기 위하여 다음과 같이 해고통지의 문구를 작성하는 것이 일반적이다.

"*귀하와의 근로관계를(개별 근로계약서상의 예고기간을 준수하여) x 월 x 일에 해지하고자 한다. 동 해지 시점이 유효하지 않다면, 그에 대신하여 x 월 x 일(법정 예고기간을 감안한 해지일)에 해지한다.*"

•••• *09*

13개월째 급여와 각종 상여금에 관한 규정

1) 13개월째 급여

13개월째 급여 Dreizehnter Monatsgehalt는 보너스라고 하기보다는 **급여(연봉)의 한 부분**으로 보아야 한다. 즉 13개월째 급여는 근로자가 이미 제공한 근로에 대한 보수 Vergütung이다. 따라서 13개월째 급여를 후술할 보너스 Gratifikation와 구별해서 개념을 정리해 두어야 한다. 주로 11월 급여와 함께 지급되기 때문에 종종 성탄절보너스 Weihnachtsgeld와 혼동을 하기도 하는데, 13개월째 급여는 보너스가 아니다. 업종에 따라서는 14개월째 혹은 15개월째 급여를 지급하는 회사도 있다. 하지만 독일 경제가 어려워진 지난 몇 년 이래로 기업들은 이러한 13개월째 급여를 없애 나가고 있는 추세이다.

직원이 스스로 퇴사하는 경우에, 기존에 지급하기로 계약서상 약정했던 13개월째 급여를 어떻게 지급해야 하느냐는 문제가 있다. 이미 제공한 근로에 대한 보상이기 때문에, 근무한 달에 따라 월할로 지급하는 것에는 전혀 이의가 있을 수 없을 것이다. 그러나 10월 1일 이전에 퇴사할 경우 13개월째 급여에 대한 청구권이 없다고 계약서상 약정했다면(소위 Stichtagsregelung), 이는 유효할 것인가? 그렇지 않다. 근무한 달에 따라 지급을 해 주어야 한다. 기본적으로 법규정에 반하여 근로계약서에 규정했다면, 법규정을 우선 적용해야 한다. 이에 대해 근로자가 모르고 서명 Blindunterschrift을 했다 하더라도, 법규정에 부합하는, 즉 법규정에 맞게 대체하여 작성된 계약서에 서명한 것으로 간주된다. 즉 해당 근로자는 착오에 의한 취소를 청구할 수 있는 것이다.

전술하다 시피, 13개월째 급여를 점점 없애 나가는 추세인데, 실무에서는 13개월째 급여 대신에 특별상여금 Sondervergütung이란 명칭으로 보너스를 지급하고 있다. 이렇게 함으로써 크리스마스보너스가 13개월째 급여이니 사용자가 임의로 지급을 유보할 수 없다는 등의 소란을 사전에 방지할 수 있고 또한 후술할 지급유보와 반환청구를 할 수 있는 여지를 남길 수 있게 된다.

2) 각종 상여금의 종류와 설계

보너스 Gratifikation는 제공한 근로에 대한 보수가 아니라, 지금까지의 근무(공로)에 대한 인정과 앞으로의 근무에 대한 격려의 성격을 가지고 있다. 즉 회사에 대한 충성심 또는 충실의무 Loyalität(Betriebstreue)에 대한 보상인 것이다. 실무에서 가장 널리 지급되는 것으로는 크리스마스보너스 Weihnachtsgeld와 휴가보조비 Urlaubsgeld가 있다.

- **크리스마스보너스:** 성탄절이 최대 명절이기 때문에, 대부분의 회사는 11월 급여와 함께 크리스마스보너스를 지급한다. 금액은 회사마다 다르나, 대개의 경우, 월 급여와 동일한 액수를 지급한다. 크리스마스보너스를 종종 13개월째 급여와 구별없이 사용하는 바

람에, 보너스가 급여의 한 부분으로 굳어져서, 후술할 여러 유보
조항이 무력해지는 위험이 있는데, 이러한 혼동을 피하기 위하여
실무에서는 크리스마스보너스 Weihnachtsgeld라는 용어 대신에
특별상여금이라는 명칭을 사용해서 근로계약서를 작성한다.

• **휴가보조비**: 대개 5월 급여와 함께 지급되는데, 연차유급휴가일수
에 따라 1일당 대개 10~15유로를 휴가보조비로 지급한다. 실제
로 사용한 휴가일에 따라 지급되고, 사용하지 않은 휴가일에 대
해서는 이미 지급된 보조비를 반환하게 하기도 한다. 예를 들어
장기 병가로 인하여 사용하지 못한 휴가는 다음 해 3월 말까지
사용할 수 있는데, 그때까지도 사용하지 못한 휴가는 소멸하게
되고, 따라서 이미 지급된 휴가보조비의 일부를 반환하도록 할
수 있다.

그 밖에도 근로자의 업무성과 및 회사의 경영성과와 연계하여 지급
되는 상여금이 있는데, 몇 가지 예를 들면 아래와 같다:

• 개인 업적상여금 Prämie: 사용자가 정한 혹은 사용자와 근로자(혹
은 팀)가 협의하여 정한 목표(예: 매출 목표, 고객만족도 등)의 달
성 및 달성도에 따라 상여금의 지급과 그 지급액의 크기가 달라
진다. 판매사원의 경우가 대표적인 예가 될 수 있는데, 아래의 계
약 문구와 같이 개인의 순판매액 증대에 따라 업적급을 받는다.

*"귀하는 판매사원으로서 2007년의 순판매액이 500,000유로를 초과할
경우, 월 급여의 300%에 해당하는 업적상여금을 수령한다."*

목표는 계량화할 수 있는 정량적인 것과 그렇지 않은 정성적인 것으

로 다양하게 설계할 수 있다. 예를 들어, 순매출액의 증가, 이익의 증대, 고객만족도의 증대, 소속 팀에의 기여도, 개인의 competancy 향상, 병가율의 최소화, 이직률의 최소화 등의 개별 목표 혹은 몇 가지 목표를 함께 묶어서 상여금을 설계할 수 있다.

- 계약 중개 및 체결 커미션 Provision: 외근 사원의 계약 건수에 따라 커미션을 지급한다.

- 경영성과 상여금 Tantieme: 주로 대표이사 및 관리층의 직원에 대해 지급하는 것으로서, 회사의 이익에 따라 이익의 몇 퍼센트를 상여금으로 지급한다. 유의할 점은 계약서상 이익의 정의를 명확히 해야 한다는 것이다. 통상 당기순이익을 기준으로 한다.

- 스톡옵션 Aktiensoption: 상장회사가 주로 회사의 핵심 인력들에게 지급하는 특별 상여금의 한 형태이다. 우선 회사는 전환사채를 발행하여 대상 직원들에게 인수하게 한 후, 일정 기간이 경과한 후(대개 2년)에 회사의 주가가 사전에 정한 주가 strike price를 상회하면, 스톡옵션을 부여받은 직원은 전환사채를 사전에 약정한 수의 주식으로 교환하는 옵션을 행사하고, 교환된 주식을 주식시장에서 매도하여 이익을 실현한다.

3) 보너스 지급과 경영관행: 철회권 유보조항

보너스의 지급이 매년 반복되어 일정한 횟수(대략 3회, 즉 3년 계속해서 지급) 이상이 되면, 그 보너스의 지급이 **경영관행 Betriebliche**

Übung이 되어, 보너스와 관련된 분쟁이 발생할 경우, 근로자가 사용자에게 **지금까지와 마찬가지**(관행)로 보너스를 계속 지급할 것을 요구하는 근거가 되고, 이는 노동법원에 의해서도 받아들여지고 있다.

사용자의 입장에서 본다면, 회사의 실적이 좋아져서 근로자에게 지급했던 보너스가 하나의 관행으로 해석되어, 이후 경영 환경이 변하여 회사의 수지가 악화되었는데도 불구하고 계속적으로 보너스를 지급해야 한다면 혹은 이러한 보너스의 지급 중단을 위하여 추가적으로 근로자와 합의를 하여 문서를 작성해야 한다면, 그러한 관리비용의 증대는 전혀 바람직하지 않은 일이 될 것이다. 이러한 문제를 미연에 방지하기 위하여 표준근로계약서에 지급유보조항 Freiwilligkeitsvorbehalt을 추가해 두게 된다. 사용자의 자유로운 의사에 따른 지급이므로, 경영관행이 되지 않는다는 유보조항을 아래와 같이 계약 내용에 넣는다:

*"본 보너스의 지급은 **사용자의 자유의사에 따른** 것으로서 freiwillig bezahlt, 이로 인해 어떠한 법적의무도 발생하지 않으며, 장래에 계속해서 지급할 의무도 없고 또한 반복해서 지급되었다고 해서 장래에 그 지급 의무가 생기는 것은 아니다."*

4) 보너스 지급의 제한과 지급된 보너스의 반환 청구권

근로자가 연중에 스스로 퇴사를 할 경우에도 계약서상 약정된 보너스를 지급해야 하는가? 이러한 경우를 미연에 방지할 목적으로 표준근로계약서에 근로자의 퇴사 시점에 따라(Stichtagsregelung), 이미 약정되어 있는 보너스의 지급을 제한할 수 있는 규정을 넣는다. 주로 보너스를 11월에 지급하므로, 아래와 같이 퇴사의 시점에 따라 지급을 제한하는 문구를 계약서에 명시하게 되며, 이는 법적으로도 유효하다:

"11월 30일 이전에 사직서를 제출 Eigenkündigung 한 경우, 보너스가 지급되지 않는다. 또한 11월 30일 기준으로 6개월을 근속하지 않은 근로자에게는 보너스가 지급되지 않는다."

마찬가지로 이미 지급한 보너스에 대해 반환을 요구할 수 있는가? 근로자가 보너스를 받은 후 2~3개월 이내에 퇴사해 버린다면, 향후 근무와 회사에 대한 충실도에 대해 지급하는 보너스는 그 본래의 의미를 잃을 것이다. 이런 경우에는 지급된 보너스를 반환 Rückzahlungsverpflichtung 하도록 하는 것이 정상이다. 크리스마스보너스를 11월에 100% 지급(대부분의 회사에 해당)하는 경우에, 아래의 문구를 근로계약서에 명시하게 되며, 이는 적법하다.

"다음 해 3월 31일 이전에 퇴사를 한다면, 회사는 지급한 보너스 전액을 반환할 것을 요구할 수 있다."

5) 보너스 지급과 균등대우원칙

전 직원을 대상으로 하지 않고, 일부만을 대상으로 하여 보너스를 지급하고자 한다면 혹은 차등 지급을 계획하고 있다면, 균등대우원칙이라는 노동법의 대전제를 미리 고려해 보아야 한다. 균등대우원칙에 따르면, 근로자들에게 동등한 대우를 해야 하며, 사용자의 재량에 따라 **정당한 사유 없이** 일부 근로자에게 다른 (비교가능한) 근로자보다 혜택을 더 주거나 혹은 불이익을 주어서는 안 된다.

정당한 사유가 존재한다면, 일부 근로자 그룹에 대해 따로 보너스를 지급하는 것이 균등대우원칙에 저촉되지 않는다. 정당한 사유가 존재한다는 것은, 예를 들어 근속연수에 따라 차등 지급한다든지 혹은 이직률이 높은 팀에 낮은 가중치를 적용한다든지 하는 경우를 말한다. 또한 일부 근로자 그룹은 핵심 인력이기 때문에, 만약 이들의 퇴사로 인해 회사가 심각한 타격을 받을 것이 예상된다면, 이러한 그룹에 대한 보너스의 차등 지급은 정당한 것으로 받아들여진다. 말하자면 객관적으로 정당한 사유가 보너스 차등 지급의 이유로서 사전에 서류상으로 제시되어 있으면 된다. 또한 병가를 이유로 보너스 Sondervergütung를 차감하여 지급할 수 있는데, 그 근거는 급여계속지급법 Entgeltfortzahlungsgesetz 제4a조에 제시되어 있다. 이에 따르면, 병가 하루당 하루 평균 급여의 25% 이내에 한하여 차감하는 것이 허용된다.

참고로 보너스 지급의 여부는 전적으로 회사의 자유의사에 달려 있다. 그러나 후술할 경영협의회의 경영참여권에서도 언급되겠지만, 경영조직법 제87조 1항 10호에 따라, 보너스 지급 기준(규정)을 만들 때에는 경영협의회가 공동결정권을 가지기 때문에, 회사는 단독으로 이를 만들 수 없다.

•••• *10*

연차유급휴가에 관한 규정

---

1) 최소 유급휴가일수

모든 근로자는 연차유급휴가에 대한 청구권이 있다. 단시간 근로자, 직업훈련생도 마찬가지이다. 다만, 프리랜서 Freie(r) Mitarbeiter(in)로 근무하는 자는 노동법상 근로자 Arbeitnehmer가 아니므로, 회사는 연차유급휴가를 부여할 의무가 없다.

연방휴가법 Bundesurlaubsgesetz에 따르면,

- 역년 Kalenderjahr(calendar year: 1월 1일~12월 31일)으로 연차유급휴가를 부여하며(제1조),
- 최소 연차유급휴가는 근무일 기준으로 24일이며(제3조 1항),
- 근무일은 일요일과 공휴일을 제외한 날(제3조 2항)

로 되어 있다. 따라서 노동법에서 규정하고 있는 최소 연차유급휴가는 토요일도 근무하는 것으로 상정한, 즉 주 **6일제** 근무를 기준으로 하고 있다.

따라서 가장 일반적인 형태인 **주 5일제 근무**를 기준으로 환산하면, 노동법상 보장해 주어야 할 최소 연차유급휴가는 **20일**(=24×5 / 6)이 된다. 근로계약서 작성 시 이러한 혼돈을 피하기 위하여, 가급적이면 연차유급휴가를 단순히 며칠이라고 명기하지 말고, '근무일 기준으로 며칠'이라고 작성할 것을 권한다.

노동법상 연차유급휴가는 **최소한도**를 규정한 것이므로, 단체협약 또는 개별 근로계약상 21일 이상의 연차유급휴가를 규정했다면 그 규정에 따라야 한다. 만약 단체협약과 개별 근로계약상의 연차유급 휴가일 수가 다르다면, '유리한 조건 우선적용 원칙 Günstigkeitsprinzip'에 따라 두 규정 중 더 많은 휴가일수를 부여한 규정이 기준이 되어야 한다.

단체협약에 따라서는 기본 연차유급휴가에 더하여, 매 2년 근속당 추가로 휴가 1일을 부여하기도 하고, 매 3년 근속당 2일의 휴가를 더해 주기도 한다. 그러나 계속 증가할 수는 없고, 예를 들어 최고 30일까지로 한다고 하여 제한을 두는 것이 일반적이다.

파트타임으로 근무하는 직원의 경우에는 어떻게 연차유급 휴가일수를 계산하는가? 파트타임 근무자에는 일주일 중 **특정 요일**에만 근무하는 경우와 **매일 출근**하되 하루의 근무시간이 짧은 두 가지 경우가 있다.

특정 요일에만 근무하는 파트타임 근무자의 휴가일수는 아래와 같이 계산하면 된다.

(주 5일제 근무라면) 출근하는 요일 수 / 5×정규직원의 휴가일수

만약 이때 주당 근무시간이 주 3일에서 주 4일로 변경될 경우의 휴

가일수는 어떻게 산정이 되는가? 기준은 근무시간이 변경된 시점이며, 이 시점부터 휴가일수는 새로이 산정되어 적용이 된다.

매일 출근하되 하루의 근무시간이 짧은 경우의 휴가일수는 정규직원의 휴가일수와 동일하게 부여하면 된다. 예를 들어 50% 근무자의 경우, 정규직원의 휴가 1일이 8시간(주 40시간 근무의 경우)에 해당하는 것이라면, 파트타임(50%) 직원의 휴가 1일은 4시간에 해당하기 때문에, 50% 근무자라고 해서 휴가를 절반만 주는 것은 논리상 맞지 않고, 똑같은 일수를 부여하는 것이 맞다.

2) 연차유급휴가의 사용

같은 법 제4조에 따르면, 근로관계가 성립한 후 6개월이 경과한 후에야 비로소 **총 연차유급휴가**에 대한 권리가 생긴다고 규정하고 있다. 따라서 6개월이 경과하기 이전이라도 연차유급휴가의 **일부**를 사용할 수는 있다.

이때 6개월이라는 것은 역월(1일~월말일)이 아니라, 실제 근무한 일자를 기준으로 하는 것이다. 즉 4월 7일에 근무를 시작했다면, 5월 6일까지가 1개월 근무에 해당하는 것이다. 1개월을 근무했다면 연휴가의 1/12에 해당하는 휴가를 청구할 권리가 생긴다. 따라서 최소 1개월을 근무해야 휴가에 대한 청구권이 비로소 생긴다고 말할 수 있다.

입사 첫해에는 위와 같이 근무기간을 계산하지만 입사 둘째 해부터는 역월로 계산해야 한다. 예를 들어서 설명해 보자. 위 예와 같이 4월 7일에 근무를 시작했다면, 입사 첫해의 휴가일수는 아래와 같이 계산된다.

- 4월 7일~12월 6일까지: 만 8개월
- 12월 7일~12월 31일까지: 1개월

휴가일 계산 시 한 달 중 15일 이상을 근무했으면 1개월을 근무한 것으로 간주한다. 따라서 입사 첫해의 휴가일수는 총 유급휴가의 9/12가 부여된다.

만약 일정한 시기에 많은 수의 직원을 채용했다면, 6개월 경과 후 그 직원들이 한꺼번에 휴가를 신청할 수도 있을 것이다. 이러한 상황을 미리 고려하여, 6개월 경과 이전이라도 휴가의 일부 사용을 허락하여 부서 직원의 휴가 일정을 분산하는 것이 바람직하다. 물론, 비록 6개월이 경과했다고 하더라도, 직원들의 휴가 사용은 회사의 사정을 고려하여 때로는 거절할 수도 있고, 때로는 일정을 조정하여 허가할 수도 있다.

다만, 근로자가 중도에 사직할 수도 있기 때문에 6개월이 경과하기 이전에 근무한 기간에 비해 과도하게 연차유급휴가를 허락하는 것은 바람직하지 않다.

실무에서는 수습기간 중에는 휴가를 부여하지 않는 것이 일반적이다. 특별한 사정이 있을 경우에는 예외로 부여할 수 있지만, 재충전을 위한 본래의 의미로서의 연차유급휴가는 부여하지 않는다. 하지만 법적으로 수습기간에는 연차유급휴가를 부여하지 않는다는 조항은 없다. 즉 수습기간과 연차유급휴가의 사용 간에는 아무런 연관성이 없다.

같은 법 제7조 1항 1문은 근로자가 원하는 시기에 휴가를 사용할 수

있도록 하고 있다. 다만, 예외적으로 아래의 두 가지 경우에, 사용자는
근로자가 원하는 시기와 다르게 휴가를 사용하도록 할 수 있다:

- 주문 납기일을 맞추어야 한다든지 혹은 신규 프로젝트로 인하여
  인력이 모자란다든지 하는 경영상의 긴급한 이유가 있을 경우
- 다른 직원의 휴가 신청과 겹칠 때, 그 다른 직원이 휴가 사용에
  있어서 우선권이 있다고 보이는 경우

어떠한 경우에 휴가 사용에 있어서 **우선권**이 있다고 보이는가? 그
기준은 아래와 같다:

- 자녀가 있는 근로자
- 연령이 높은 근로자
- 맞벌이 부부의 경우, 배우자와 동시에 휴가를 가고자 하는 경우
- 이전에 다른 직원에게 원하는 시기를 양보했던 근로자
- 근속연수가 긴 근로자
- 휴가를 통해 재충전이 필요하다고 보이는 근로자

직업훈련생의 경우, 청소년근로보호법 Jugendarbeitschutzgesetz(JarbSchG)
제19조 3항에 따라, 직업학교가 방학에 들어가는 시기에 휴가를 사용할 수
있도록 해야 한다. 그렇지 않고 학기 중에 휴가를 주었다면, 휴가 중 학교
에 출석한 일수만큼 추가적으로 휴가를 부여해 주어야 한다.

3) 미사용 연차유급휴가의 이월

부여된 연차유급휴가는 해당 역년 이내에 모두 사용해야 한다(연방 휴가법 제7조 3항).

그러나 회사의 경영상의 사정과 개인적인 사유(병가)로 인하여 해당 역년에 모두 사용하지 못했다면, 미사용 연차유급휴가는 그 다음 해(익년) 3월 31일까지 이월 Übertragung해서 사용하는 것이 가능하다(같은 법 제7조 3항 2문). 그렇지만 3월 31일까지 사용하지 않은 휴가는 자동적으로 소멸된다.

같은 법 제7조 3항 4문에 따라, 재직기간이 6개월을 경과하지 않은 이유 때문에 사용하지 못한 휴가는 다음 해 3월 31일까지가 아니라, 다음 해 12월 31일까지 사용이 가능하다.

4) 휴가 중 병가의 처리

휴가 중 병이 나거나 다쳤을 경우에는 어떻게 하는가? 같은 법 제9조에 따라 그 병가일은 휴가일에 산입되지 않는다. 단 의사의 증명서 Arbeitsunfähigkeitsbescheinigung를 제출할 경우에만 그렇다. 그렇지만 이 경우 직원이 임의로 병가일만큼 휴가를 연장하여 쓰는 것은 허용되지 않는다. 임의로 휴가를 연장하여 사용하였다면 이는 무단휴가에 해당된다. 따라서 직원은 상사와의 협의하에 휴가를 새로이 신청하고, 허락을 받아야 한다.

5) 이직 시 휴가의 중복 사용에 대한 제한

회사를 옮겼을 경우에 발생하는 문제로서, 이전 회사에서 부여된 휴가를 모두 사용했는지 혹은 덜 사용했는지에 따라 새 회사에서의 휴가일수 계산에 영향을 미치게 된다.

즉 사용자는 신규직원의 휴가일수를 산정함에 있어서 이전 회사에서 사용한 휴가일수를 산입할 수 있다. 산입 방법은 아래의 예시와 같다 (같은 법 제5조 2항에 따라 계산 시 **반올림**한다):

예)
- 이전 회사에서의 근무기간이 1월~9월이었고, 그 회사가 부여한 총 연차유급휴가가 21일, 실제로 사용한 휴가도 21일이었다.
- 새 회사에서의 첫해 근무기간이 10월~12월이고, 회사가 부여하는 총 연차유급 휴가는 24일이다.

새 회사에서 총 휴가일수에 대한 청구권은 그 다음해 4월 1일부터 생길 것이나, 근무 첫해에 해당하는 연차유급휴가가 얼마가 될지에 대해 미리 계산해 보면,

(1) 이전 회사에서 정규휴가보다 더 많이 사용한 휴가는 5일이다: 실제 사용할 수 있는 휴가는 16일(15.75 = 21×9 / 12)인데, 실제로 사용한 휴가가 21일이기 때문에 초과 사용일이 5일이 된다(7월 1일 이후 퇴사하면 총 휴가일수에 대한 청구권이 생긴다. 후술 참조).

(2) 단순히 월할에 따라 계산하면, 새 회사에서 첫해의 3개월(10월/

11월 / 12월)에 해당하는 휴가일수는 총 6일이 된다(24×3 / 12).

(3) 따라서 첫해에 동 직원은, 새 회사에서 받을 수 있는 휴가일수에서 (결과적으로) 이전 회사에서의 근무 개월 수에 비해 과다하게 사용한 휴가일수를 차감한 1일에 대한 청구권만 있다(6일－5일). 이는 이전 회사에서 실제 근무한 개월 수는 12개월 미만인데, 7월 1일 이후 퇴사한 이유로 인하여 1년 전체에 대한 휴가일수가 부여되기 때문에 생기는 문제이며, 이 경우 새 회사에서의 휴가일수는 위 예시와 같이 하면 된다.

반복하자면, 예시와 같이 이전 회사에서 사용 가능한 휴가일수를 초과하여 사용했을 경우, 단순히 총 휴가일수인 21일을 새 회사에서의 총 휴가일수인 24일에서 차감하는 것이 아니라, 위 예시와 같이 계산해야 한다.

이를 위해 근로자는 이전의 사용자로부터 연차유급휴가의 사용일에 대한 증명서 Urlaubsbescheinigung를 발급받아서 새 사용자에게 제출해야 하고, 또 새 사용자는 근로자에게 이를 제출하라고 요구할 수 있다.

6) 임산부보호기간 및 육아휴직과의 관계

출산 6주 전부터 출산 후 8주까지는 임산부보호기간이라고 하여, 이 기간 동안에는 근로가 금지 Beschäftigungsverbot(BV)된다. 모성보호법 Mutterschutzgesetz 제17조 2문에 따르면, 임산부보호기간으로 인하여 연휴가를 사용하지 못했다면, 그 미사용 휴가는 임산부보호기간이 끝난 후에 사용할 수 있고, 만약 당년도에 다 사용하지 못했다면, 다음 해로

이월시켜 사용할 수 있다. 이때 다음 해 3월 말까지 사용해야 한다는
제한은 없고, 연말까지 사용할 수 있다.

마찬가지로 연방육아휴직수당 및 육아휴직법 Bundeselterngeld − und
Elternzeitgesetz(BEEG) 제17조 2항에 따르면, 육아휴직으로 인하여 사
용하지 못한 연차유급휴가는 육아휴직이 끝나는 해 또는 그 다음 해
말까지 이월하여 사용할 수 있다.

육아휴직이 속해 있는 해에는 연차유급 휴가일수를 어떻게 계산해야
할까? 같은 법 제17조 1항에 따르면, 육아휴직 1개월당 연휴가는 1 / 12
씩 줄어든다.

7) 퇴사 시 고려사항

같은 법 제7조 4항에 의하면, 퇴사로 인하여 사용하지 못하는 미사
용 휴가에 대해서는 금액으로 환산해서 지급해야 한다. 물론 퇴사일 이
전에 미사용 휴가를 모두 사용하게 할 수도 있다. 하지만 회사의 사정
에 의해 퇴사일까지 근무를 하도록 하고 싶다면, 미사용 휴가가 며칠인
지 계산하여 금액으로 환산해서 지급해야 한다. 다만, 사용할 수 있었
는데도 불구하고 근로자가 미사용 휴가를 사용하지 않았다면(입증하기
가 쉽지 않겠지만 규정상으로는 그렇다), 이에 대해서는 사용자가 지급
할 의무는 없다.

퇴사의 시점에 따라, 부여될 휴가일수가 달라진다. 6월 30일 이전에
퇴사한다면, 그 직원은 근무 월할에 따른 휴가일수가 계산되고, **7월 1**

일 이후에 **퇴사**한다면 그 직원은 **총 연차유급휴가**에 대한 청구권이 있다고 본다. 물론 이 규정은 1월 1일부터 근로계약이 이미 존재한 경우에 한한다.

휴가보상금은 같은 법 제11조 1항에 따라 지난 13주간의 평균 급여를 기준으로 하여 계산한다. 이때 초과근무수당 등은 제외된다. 실무에서는 지난 3개월의 급여를 기준으로 계산한다. '퇴사 시 미사용 휴가에 대한 금전보상' 편에서 자세히 설명하기로 한다.

8) 경영협의회와의 관계

사내에 경영협의회가 구성되어 있다면, 경영조직법 Betriebsverfassungsgesetz 제87조 1항 5호에 따라, 사용자는 경영협의회의 동의가 없이는 연차유급휴가에 관한 사내규정이나 연차유급휴가 계획(예를 들어 Betriebsurlaub: 한국의 '연차유급휴가의 대체제도'에 해당하는 것으로서, 특정 근로일에 기업 또는 사업장 전체에 걸쳐 연차유급휴가일을 배정하여 근로자들을 휴무시키는 제도)에 관한 사항에 대해 임의로 결정할 수 없다. 즉 연차유급휴가에 관한 사내규정이나 연차유급휴가 계획에 관하여 경영협의회는 (강제적) 공동결정권을 가진다. **강제적 공동결정권**이란 경영협의회의 동의가 없는 한 사용자는 단독으로 그 사안을 시행할 수 없음을 말한다. 하지만 연차유급 **휴가일수**에 관해서는 경영협의회는 공동결정권이 없고, 단체협약이나 개별 근로계약에 따라 달리 정할 수 있다.

●●●● *11*

특별휴가 및 무급휴가에 관한 규정

1) 특별휴가

연차유급휴가와는 별도로 민법 제616조는 근로자가 **유급** 특별휴가 Sonderurlaub를 신청할 수 있는 규정을 마련해 놓았다. 기간이 짧아야 하고, 일신상의 이유로서 본인의 귀책사유 없이 근무를 하지 못할 경우에 한정한다는 전제 조건이 붙어 있다. 가족의 경조사 등이 이에 해당된다. 일반적으로 아래의 특별휴가를 표준근로계약서에 규정해 놓는다:

- 본인의 결혼 및 은혼식: 1일
- 자녀의 출생: 2일
- 형제자매의 결혼: 1일
- 본인 및 배우자 혹은 동거인의 부모 및 조부모의 사망: 1일
- 이사: 1일. 지역 간 이사(예: 100㎞ 이상)일 경우에는 2일

참고로, 계약서상 특별휴가를 배제하는 것은 허용이 된다. 즉 위와 같이 특별휴가를 규정하는 대신에, 민법 제616조의 적용이 없다는 식으로 특별휴가를 배제할 수도 있다.

2) 무급휴가

사회법 Sozialgesetzbuch 5권 제45조 3항에 따르면, 자녀(12세 이하 혹은 장애아동)가 아픈 데 돌보아 줄 사람이 없을 경우에, 근로계약서상 유급 특별휴가를 부여하고 있지 않다면, 근로자는 **무급**으로 특별휴가를 신청할 권리가 있다.

같은 법 5권 제45조 1항, 2항 및 3항에 따라, 자녀 1인당 연 10일까지, 배우자가 없을 경우에는 연 20일까지 무급휴가를 신청할 수 있다. 무급휴가에 대한 권리는 개별 근로계약으로 배제하거나 제한할 수 없다.

3) 교육휴가

참고로 알아두어야 할 사항으로서 교육휴가 Bildungsurlaub라는 것이 있다. 각 주별로 자체의 교육휴가법 Bildungsurlaubsgesetz을 가지고 유급 교육휴가를 보장해 주고 있다. 민주시민으로서의 시민의식의 함양과 개인의 자아실현을 위한 교육의 기회를 주고자 하는 것이 이 법의 취지이다. 각 교육기관(사설학원 포함)의 커리큘럼에는 교육휴가로 인정되는 과목이라는 것을 별도로 표시(예: anerkannt als Bildungsurlaub)해 두고 있다.

각 주별로 자체의 법을 두고 있다고는 하지만 거의 대동소이하다. 그 내용을 보면, 주 5일 근무 기준으로 연속 2년간 10일의 유급교육휴가를 부여한다고 되어 있다. 연속 2년간의 의미는 교육휴가를 분산하기 위한 규정으로서, 예를 들어 05년에 3일 교육휴가를 사용하고, 06년에

7일을 사용한다면, 연속 2년간 10일 이내이므로 법규정에 부합한다. 그러나 07년에 5일을 사용한다면, 이제는 연속 2년간 12일이 되므로 규정을 초과하게 된다. 따라서 07년의 유급 교육휴가는 3일을 초과해서 사용해서는 안 된다.

직무에 관한 규정

직무 Aufgaben 내용에 관해서는 명백하게 정해 주고, 아래의 예와 같이 유보 조항을 활용해서 이 업무 이외에 다른 업무나 혹은 추가적인 업무를 배정할 수 있도록 하면 보다 유연한 근로계약이 될 것이다.

"사용자는 근로자의 학력이나 자격 및 능력에 맞는 다른 업무를 배정할 수도 있다. 다만 이때 이미 협의되어 있던 급여는 임의로 줄일 수 없다."

그렇다면 현재의 업무보다 더 단순하고, 수준이 낮은 업무를 배정할 수 있느냐가 실무적으로 문제가 된다. 확실한 것은 이때에도 임의로 **급여를** 줄이는 것은 허용되지 않는다는 것이다. 일반적으로 더 단순하고 수준이 낮은 업무를 배정할 수 있으나, 새로운 업무가 그 근로자의 학력, 자격 및 능력에 부합하느냐를 설명할 수 있어야 한다는 문제가 있다.

•••• *13*

초과근무에 관한 규정

때때로 경영상의 필요에 따라, 초과근무 Überstunden(혹은 Mehrarbeit) 를 해야 할 경우가 생길 수 있을 것이다. 이 경우 근로계약서에 이에 관해 적절하게 명시(유보조항)해 두어야 한다. 기본적으로 초과근무에 대해서는 별도의 수당을 지급해야 한다. 단 그 초과근무가 사용자에 의해 지시되거나, 추인되거나, 묵인되거나 혹은 업무 수행을 위해 반드시 필요한 것이어야 한다.

> * 여기서 말하는 초과근무는 할증임금이 가산되어야 하는 시간 외 근로를 말한다. 시간 외 근로라 하더라도 할증임금의 지급대상이 아닌 법내초과근로시간과 혼동하지 않기 바란다.

그러나 합의된 급여에 추가하여 별도의 수당을 지급하지 않고 어느 정도의 초과근무를 시킬 수 있는지 혹은 어느 정도의 초과근무를 시킬 수 있다고 근로계약서상에 명기할 수 있는지의 여부는 민법 제315조의 적정성의 원리에 따라 판단된다. 즉 사용자의 재량껏 할 수 있으나, 그것이 누가 보아도 적정하고 공정한 정도가 되어야 허용이 된다는 것이다. 월 근로시간의 10% 정도가 적정하다고 본다. 따라서 '월 18시간의 초과근무에 대한 보수는 급여에 이미 포함(반영)되어 있는 것으로 한다'라는 조항은 적법하다. 그러나 이때 유의할 것이 있는데, 이러한 조항을 약정하기 위해서는 해당 근로자의 급여가 비교 가능한 여타 근로자의 급여보다 적절한 정도로 높아야 한다는 것이다. 예를 들어 단체협약상의 비교 가능한 급여보다 높아야 한다. 만약 이러한 조건을 충족시키기가 여의치 않다면, '월 10시간의 초과근무에 대한 보수는 급여에 이미 반영되어 있다'라고 다소 완화하여 약정할 것을 권한다. 때로 급여 수준이 높은 직원의 경우에 사용자가 임의로 근로계약서상에 모든 초과근무에 대해 추가로 수당을 지급하지 않고, 급여에 이미 포함된 것으로 명시하기도 하는데, 많은 경우 이는 유효하지 않다.

초과근무에 대해 수당을 지급해야 한다면, 그 지급률에 대해 사전에 약정해 두는 것이 좋다. 대개 125%를 지급하는 것이 일반적이다. 그러나 이렇게 수당을 지급하지 않고, 초과근무시간에 해당하는 시간만큼 근무를 면제 Freizeitausgleich해 줄 수도 있다. 이 경우, 근무시간을 정산할 때에도 역시 125%를 고려해 주는 것이 일반적이다. 즉 10시간 초과근무에 대해 12시간 30분의 근무면제를 부여해 주면 된다.

•••• *14*

전보에 관한 규정

기업을 경영하다 보면 회사 경영의 필요상 근로자를 다른 지역으로 근무지를 변경하는 전보명령 Versetzung을 해야 할 경우가 생길 수도 있다. 이 경우 계약서상에 단지 계약체결 당시의 근무장소만 명기해 놓았다면, 전보의 필요시 문제가 생길 수 있다. 다른 경우도 마찬가지겠지만, 이때 근로자가 전보에 대하여 동의한다면 문제가 없겠으나, 항상 그런 것은 아니기 때문에 불필요한 분쟁을 사전에 예방하는 차원에서 계약서 작성 시 전보에 관한 유보조항을 명기해 두는 것이 일반적이다. 통상적인 계약문구는 아래와 같다:

"근무장소는 xxx로 한다. 회사 경영상의 필연성과 근로자 당사자의 이해 (관계)를 고려하여, 전보가 해당 근로자에게 부당한 것이 아닌 한, 사용자의 재량에 따라 근무장소를 변경할 수 있다."

●●●● *15*

위약금에 관한 규정

근로자가 계약상의 의무를 위반하여 근로관계가 종료된다든가 혹은 근로계약을 이미 체결했으나, 근로자의 귀책사유로 말미암아 근로관계가 시작되지 않았을 경우, 사용자는 근로자에게 그 책임을 물을 수 있는가? 대개의 경우 이러한 위반이 사용자의 경영 손실과 기회비용의 발생으로 귀결된다면, 사용자는 근로자에게 그 손해에 대한 배상책임을 물을 수 있으며, 따라서 위약금 Vertragsstrafe에 관한 계약 규정은 적법하다. 민법 제340조 1항(계약 불이행의 경우, 이행에 대신한 위약금의 청구)과 2항(위약금의 액수 및 추후 손해배상의 가능성)의 규정이 준용된다. 마찬가지로 사용자의 귀책사유로 인하여 근로관계가 시작되지 못했다면, 근로자는 사용자에게 손해배상을 청구할 수 있다.

모집 광고를 내고, 서류를 심사하여 면접을 거친 후 최종적으로 근로자를 선발하여 근로계약을 체결했으나, 출근일자 이전에 다른 회사로 가 버렸다면 어떻게 되는가? 이런 경우를 대비하여 사용자는 근로계약서에 위약금 Vertragsstrafe에 관한 규정을 두는 것이다. 근로자의 계약위반으로 인해 회사가 입은 손해를 구체적으로 증명하는 것이 현실적으로 어려운 문제이나, 그것을 차치하고 우선은 계약상 위약금에 관한 규정을 명시해 두는 것이 일반적이다.

다만, 과다한 위약금에 관한 규정은 위약금 규정 자체를 **무효**로 만들 수 있기 때문에 적정한 금액을 책정해야 한다. 통상적으로 계약상 약정한 1개월 급여가 그 한도이다.

한 가지 유의할 것은, 위약금의 금액이 위반 사안과의 관련상 지나치게 불균형을 이루어서는 안 된다는 것인데, 예를 들면 이러한 위반의 사안이 **수습기간** 동안에 이루어졌다면, 1개월 급여에 해당하는 위약금은 지나치게 과하기 때문에 위약금 자체가 무효가 될 소지가 많다. 왜냐하면 수습기간 동안에는 2주간의 예고기간으로 근로관계를 종료시킬 수 있는데, 1개월의 급여에 해당하는 위약금을 물린다는 것은 형평상 어긋난다고 보기 때문이다. 따라서 수습기간 중에 근로자의 귀책사유로 근로관계가 종료되었다면, 위약금의 액수는 통상 반 개월의 급여가 적정할 것이다.

일반적인 계약상의 문구는 아래와 같다:

"계약체결 후, 근로자의 귀책사유로 인해 계약이 개시되지 않거나, 계약상의 조건에 반하여 근로계약이 종료되었다면 근로자는 1개월의 급여에 해당하는 위약금을 지불해야 한다. 수습기간 중에는 위약금의 액수가 반 개월 급여로 줄어든다. 사용자는 추후에 증명되는 손해에 대하여 손해배상을 청구할 수 있다."

위약금 관련 내용은 조금 더 엄격하게 규정할 수도 있는데, 만약 근로자가 중대한 과실로 인해 사용자에 의해 예고기간을 준수할 필요도 없이, 즉시 해고되었다면, 그 경우에도 위약금을 물릴 수 있도록 계약서에 규정할 수도 있다.

•••• *16*

경업금지에 관한 규정

경쟁업(종) 혹은 경업이란, 회사와 경쟁관계에 놓일 회사를 설립한다든지 혹은 현재 경쟁관계에 있는 회사에 근무한다든지 혹은 그러한 회사에 지분을 출자하는 것을 말한다.

사용자는 근로계약에 **부업금지 규정**을 두어서, 부업으로 인한 정신적, 육체적 피로로 인해 회사의 업무에 지장을 주지 않도록 하거나 혹은 회사와 경쟁관계에 있는 회사에서 부업으로 근무하지 못하게 할 수 있다. 이 경우는 당연히 현재 근로관계에 놓여 있는 근로자를 대상으로 하는 것이다.

또한 사용자는 **근로관계가 종료된 이후의 경업**도 금지하는 규정 Ein nachvertraglicher Wettbewerbsklausel을 둘 수 있는데, 해당 근로자가 회사의 고객이나 공급자 그리고 생산 노하우라든지 마케팅 전략에 관해 자세한 사항을 알고 있어서 향후 회사의 경영에 지장을 초래할 가능성이 있을 경우에 한해서 허용이 되며, 이에는 몇 가지 전제 조건이 필요하다:

• 경업금지기간 동안의 보상금 Karenzentschädigung에 관한 규정의

존재: 마지막으로 받은 급여(월급여, 현물금여, 수당, 보너스 포함)의 **최소 50%**에 해당하는 보상금을 금지기간 동안에 지급한다고 약정해야 한다(상법 제74조 2항). 이때 보너스 등 기타 일회성 급여에 대해서는 최근 3년간의 평균액을 구하여 보상금의 기준으로 삼는다(상법 제74b조 2항).

- 경업금지의 기간은 최고 2년을 초과해서 정할 수 없다(상법 제74a조 1항).
- 지역적으로 적정한 범위 이내에서 경업금지를 규정해야 한다.

이렇게 경업금지 조항을 약정함으로써, 근로자는 퇴사 후에도 경쟁관계에 있는 회사에 취업할 수 없게 된다.

경업금지 조항의 취소와 관련하여, 근로자는 경업금지 약정을 스스로 중도에 취소할 수 없으나, 상법 제75a조에 따르면 사용자는 근로계약 체결 시 이러한 약정을 했더라도, 근로관계가 종료되기 이전에 서면으로 이를 취소할 수 있다.

•••• *17*

영업비밀엄수에 관한 규정

업무를 수행하면서 알게 된 기밀사항에 대해서는 이를 외부에 누설해서는 안 된다. 영업상의 기밀사항뿐만 아니라, 자신의 근로계약의 내용과 사용자에게 피해를 줄 우려가 있는 내용이라든지 혹은 사용자의 위신을 손상시킬 내용도 포함해서 비밀엄수를 하도록 계약서 내용을 작성한다.

또한 영업비밀에 해당하는지가 명확치 않은 사안에 대해서는 사전에 반드시 사용자의 허락을 받아야 한다는 내용도 포함시키는 것이 좋다. 그리고 근로관계가 종료된 이후에도 이러한 비밀엄수 Geheimhaltung의 의무를 진다고 명시해 놓도록 한다.

•••• *18*

근무의 면제

해고통지가 이루어진 이후에도 근로자는 근로관계의 종료일까지 의무적으로 근무를 해야 함은 말할 나위가 없다. 그러나 사용자의 입장에서 볼 때, 신뢰관계가 무너진 마당에 근로자에게 근무를 시키는 것이 꺼려진다면, 사용자는 근로자에게 근무의 면제 Freistellung를 명할 수 있다. 물론 급여는 근로관계의 종료일까지 지급되어야 한다.

이때 사용자는 미사용 휴가 및 초과근무시간 등을 근무 면제와 상쇄할 수 있는데, 반드시 사전에 이를 계약서에 명시해야만 효력이 생긴다. 이러한 명시적인 조항이 없이, 근무를 면제하면서 미사용 휴가 등을 임의로 상쇄시키는 것은 허용되지 않는다. 근로관계의 종료일까지 근무를 하고, 그때까지 사용하지 못한 휴가는 금전으로 보상받게 된다. 따라서 이와 관련된 조항을 명시하는 것이 좋다. 일반적인 문구는 아래와 같다:

"*근로관계가 종료되면, 사용자는 종료일까지 급여를 계속 지급하는 조건으로 근로자에게 근무를 면제시킬 수 있다. 초과근로와 미사용 휴가에 해당하는 만큼 근무일을 면제시킨다. 이로써 미사용 휴가에 대한 청구권은 소멸한다.*"

•••• *19*

급여에 대한 압류

근로자가 그의 급여를 자신의 채권자에게 양도 verpfänden(abtreten) 하는 경우가 생길 수 있다. 이때 그에 따른 추가적인 업무로 말미암아 비용이 발생할 수 있는데(회사의 입장에서는 아주 귀찮은 일이다), 사전에 그에 대한 동의와 그에 따른 비용을 근로자가 부담한다는 조항을 계약서에 명시하도록 한다. 실비용보다는 건당 10유로 가량의 비용을 부담하도록 하는 것이 상례이다.

경우에 따라서는 근로자의 채무에 대해 법원의 압류결정이 내려질 수도 있을 것이다. 압류결정(Pfändungs – und Überweisungsbeschluss)이 내려지면 제3자 채무자 Drittschuldner, 즉 사용자는 주채무자인 근로자에게 급여를 지급해서는 안 되고, 채권자에게 지급해야 한다. 법원의 압류결정이 내려지면 통상 2주 이내에 우편 혹은 집달관 Gerichtsvollzieher을 통해 전달되는 제3자 채무자 신고서 Drittschuldnererklärung라고 하는 문서에 답변을 해 주어야 한다. 제3자 채무자는 법원의 결정문이 도달하는 시각을 정확히 체크해야 하는데, 이는 하나의 급여에 대해 여러 가지 압류가 걸려 있을 경우, 이에 대한 우선순위를 결정하는 데 결정문의 도달 시각이 기준이 되기 때문이다.

압류의 대상인 **급여의 범위**는 근로관계로부터 나오는 모든 금전적인 급여가 이에 포함된다. 압류 금액의 산정기준은 순급여 Nettogehalt이다.

법원의 결정이 내려졌다고 해서 급여 전부를 압류할 수 있는 것은 아니다. 민사소송법 Zivilprozessordnung 제850c조는 급여의 일정 부분 Pfändungsfreigrenze에 대해서는 압류를 할 수 없도록 규정해 놓고 있다. 회사가 임의로 이 한도를 지정할 수 없으며, 급여압류대비표 amtliche Lohnpfändungstabelle를 참고하여 정해야 한다. 급여압류대비표에 따르면 부양가족의 수에 따라 압류가 가능한 금액을 순급여와 대비하여 제시해 놓고 있다. 최저한도에 대한 기준이 있는데, 가족 부양의무가 없는 근로자는 930유로 그리고 부양의무가 있는 근로자는 2,060유로 이하의 급여액은 압류를 할 수 없다.

참고로 압류가 전부 혹은 일부 금지되는 급여 부분은 아래와 같다:

- 육아휴직수당 Elterngeld, 산전후휴가급여 Mutterschaftsgeld
- 출장비 Verpflegungsmehraufwendungen
- 재형저축액 Vermögenswirksame Leistungen
- 초과근무수당 Mehrarbeitszuschüsse의 50%
- 연말보너스 Weihnachtsgeld의 경우 월급여의 50%(그러나 최고 한도액은 500유로)

압류의 효력은 근로관계의 종료와 더불어 종료된다. 사용자는 이때 채권자에게 이를 알려줄 의무가 없으나, 대개 통보를 해 주는 것이 상례이다.

제 3 장

급여 계산과 사회보험

Das deutsche Arbeitsrecht in der Praxis

얼핏 보면 이 장의 내용은 노동법과 관련이 없어 보이기도 하다. 그러나 근로자가 가장 관심을 가지고 있는 근로조건인 급여와 복리후생제도에 대한 지식이 없이 인사노무관리를 말한다는 것은 참으로 어색한 일일 것이다.

따라서 이 장에서는 급여계산과 사회보험에 관하여, 그 근간이 되는 소득세법 Einkommensteuergesetz의 규정과 사회법 Sozialgesetz의 규정이 실무에서는 어떻게 적용되고 있는지 알아보기로 한다.

우선 급여계산을 위한 기초인 독일의 근로소득세 과세 체계에 대한 내용을 알기 쉽게 예를 들어서 설명해 놓았다. 그리고 실무에서 급여계산이 실제로 어떻게 이루어지고 있는지에 대해서도 쉬운 예와 함께 설명해 놓았다. 사회보험의 요율과 산정방식에 대한 설명과 2007년 4월 1일자로 개정된 건강보험개혁안의 내용도 반영해 놓았다. 복리후생제도에 대해서는 가능하면 세세하게 설명을 달아서 독자들이 실무에 쉽게 적용할 수 있도록 하였다.

•••• *20*

독일의 소득세 과세 체계

1) 소득세율: 누진세(한계세 개념) 구조에 대한 이해

독일의 개인소득세는 누진세율 Progressionssteuersatz이 적용된다. 즉 소득이 높아질수록 점점 더 높은 세율이 적용된다. 소득세율은 4개의 과세구간으로 나누어져 있다. 2007년 근로소득세율표(T 2007)를 기준으로 살펴보면, 기혼자의 경우(부부합산과세제도 적용) 연 과세표준 15,329유로까지는 비과세구간이며, 그 이상부터 과세표준 104,304유로에 이를 때까지 최저세율 15%부터 시작해서 최고세율 42%까지 누진세율이 적용되는 누진과세구간 Progressionszone과 과세표준 104,304유로 이상부터 동일한 한계세율(42%) Grenzsteuersatz이 적용되는 비례세구간 그리고 2007년 1월부터 도입된 부유세 Reichensteuer가 적용되는 구간으로 이루어져 있다. 부유세 적용구간은 과세표준 500.001유로 이상부터이며, 이때부터 동일한 한계세율(45%)이 적용된다. 한계세율이 적용된다고 하는 것은, 추가 1유로당 45센트씩 세금이 부가되며, 이 개별 세액이 누적, 합산되어 최종 세액이 구해지는 것을 말한다.

(Einkommensteuertarif 2007: T 2007)

과세구간	연 과세표준(괄호 안은 미혼)	세율(한계세율)
과세구간 Ⅰ	15,329(7,664)유로 이하	비과세
과세구간 Ⅱ	15,330~104,304(52,152)유로	15%~42%
과세구간 Ⅲ	104,304(52,152)유로 이상	42%
부유세 적용 구간	500,001(250,001)유로 이상	45%

기혼인 경우, 누진과세구간인 과세표준 15,330(미혼 7,665)유로 이상
부터 15%의 세율이 적용되기 시작하여, 세율이 24%에 이를 때까지는
상대적으로 급하게 세율이 증가하며(이 말은 세율의 상승폭이 과표의
상승폭보다 훨씬 크다는 의미임), 대략 과세표준 26,000(미혼 13,000)유
로부터는 세율이 균등하게 오르기 시작하여 42%에까지 이른다. 이러한
방식(한계세율의 조정)으로 상이한 소득그룹에 대해 상이한 세부담을
적용시키게 된다. 참고로, 누진세 구간인 과세구간 Ⅱ에서는 대략적으
로 추가의 과세표준 1,000유로당 약 0.61%-포인트만큼 세율이 증가한
다고 보면 된다. 과세구간 Ⅲ (고액 연봉자들이 해당됨)에서는 동일한
(한계)세율이 적용된다고 했는데, 이는 104,304유로를 초과하는 추가의
과세표준 1유로당 0.42유로(42센트)씩의 세금이 부과된다는 의미이다.

여기에 더하여 소득세액의 5.5%에 해당하는 (통일)연대세 Solidaritätszu-
schlag가 추가로 과세된다는 것도 알아두기 바란다.

전술한 바와 같이, 2007년 1월 1일부터 소위 부유세 Reichensteuer가
도입되었는데, 위 세율표에서 보다시피 기존의 최고세율보다 3%-포인
트 많은 45%의 세율이 새롭게 적용된다. 봉급생활자 중 초고액 연봉자
들이 부유세 과세 대상이 되는데, 기혼의 경우 과세표준 500,001(미혼
250,001)유로 이상에서는 45%의 세율이 적용된다. 따라서 (통일)연대세

를 고려하면, 최고세율은 약 47.5%(45% +45%의 5,5%)가 될 것이다. 자영업자의 사업소득에 대해서는 한시적으로 2007년 한 해 동안 부유세가 부과되지 않고 면제된다.

알다시피 소득세는 소득재분배의 효과가 있는데, 부유세의 도입으로 인해 추가적으로 증대된 세수 Steuereinnahmen는, 소득세 정산 시 추가적인 소득공제의 도입 등을 통해 저소득층에게 흘러가게 되어, 조세형평에 기여하게 된다. 이것은 날이 갈수록 심화, 확대되고 있는 고-저소득층 간의 양극화의 폭을 좁히는 데 기여함으로써, 저소득층의 소외감을 해소시켜 조세정의를 실현시키는 역할을 하게 될 것이다. 반면에 역시 2007년 1월부터 인상된 부가가치세(16% → 19%)는 소득의 크기와는 무관하게 적용되는 것이기 때문에, 소득재분배의 기능을 전혀 하지 못한다. 말하자면 돈을 한쪽 호주머니에서 꺼내서, 다른 쪽 호주머니로 넣는 식이 되었다는 비판도 없지 않다.

부유세 도입에 대한 우려도 없지 않은데, 부유세 대상자들이 과세 회피를 위하여 더 많은 노력을 기울임으로써 결과적으로 세수가 오히려 줄어들 수도 있다는 우려와 높은 세금으로 인하여 최고급 인력들의 사기 저하가 염려될 수 있다는 것이 그것이다. 또한 부자들이 세금을 적게 내기 위하여 세금이 낮은 인접국가로 이주하고, 추가적인 투자를 꺼리게 되는 역효과가 생길 수 있을 것이다. 그래서 일하는 사람들에게 더 이상 부담을 주지 말고, 자산만을 소유하고 있는 부자들에게 과세해야 한다는 비판이 많이 제기되고 있다.

한계세의 개념을 좀 더 자세히 이해하기 위해, 예를 들어 설명해 보자.

어느 기혼 봉급생활자의 연 과세표준(연봉에서 각종 소득공제를 차감한 금액)이 17,000유로일 경우, 소득세액은 다음과 같이 계산된다. 계산을 단순하게 하기 위하여 한계세율이 적용되는 소득의 단계를 100유로(실제로는 매 36유로를 단계로 하여 계산됨) 그리고 각 단계별로 적용되는 한계세율의 단위를 0.3%라고 가정하자:

- 15,329유로까지는 비과세 구간에 해당되므로, 소득세는 0유로
- 추가의 100유로에는 15%(최저세율)가 적용되므로, 소득세는 15유로
- 추가의 100유로에는 15.3%, 따라서 소득세는 15.3유로
- 추가의 100유로에는 15.6%, 따라서 소득세는 15.6유로

이와 같이 17,000유로에 이를 때까지 각각의 소득단계별로 한계세율을 적용한 후, 각 단계별로 도출된 세액을 합산(15＋15.3＋15.6＋……)하면, 이 봉급생활자가 납부해야 하는 소득세액이 결정된다.

즉 과세표준의 **증가분에 적용**하는 세율이 **한계세율**인 것이다.

2) 평균세율

우리가 통상적으로 '독일의 소득세율은 얼마입니까?'라고 물을 때의 세율은 **평균세율** Durchschnittssteuersatz을 의미한다. 따라서 누진세율 체계로 되어 있는 독일에서는 이 질문에 대해 즉석에서 정확하게 답을 하기가 힘들게 된다. 왜냐하면 각 개인의 소득에 따라, 위와 같이 한계세율을 적용하여 세액을 계산하고, 그렇게 해서 합산한 총 세액을 소득으로 나누어야만 평균세율을 알 수 있기 때문이다.

참고로, 2005년 근로소득세율표(2006 / 07년에도 적용: 과세구간 Ⅲ까지는 동일하게 적용)를 근거로 하여, 각 소득에 대한 **평균세율**을 나타내 보면 다음과 같다.

년 과세표준(연봉 - 소득공제)	기혼(tax class Ⅲ)	미혼(tax class Ⅰ)
50,000유로	17.1%	26.2%
60,000유로	19.4%	28.8%
70,000유로	21.3%	30.7%
100,000유로	27.6%	34.8%
150,000유로	31.4%	36.7%
200,000유로	34.1%	38.0%

* 세율과 급여 실 수령액과의 관계에 대해 잠깐 언급하면(뒤에서 상술), 50,000유로의 연봉을 받는 기혼인 봉급생활자는 소득세 17.1%와 소득세액의 5.5%인 연대세 그리고 사회보험료 약 20%를 더하여, 약 38%를 공제한 금액을 실제로 수령하게 될 것이다.

3) 부부합산 과세제도

독일에서는 부부합산 과세제도 Ehegattensplitting(Splittingverfahren)를 채택하고 있는데, 이는 부부의 소득을 더한 후, 소득을 동일하게 절반으로 나누어, 기본세율표 Grundtabelle에 따라 소득세를 구한 후, 이 소득세액을 두 배로 하여 최종 소득세액을 계산하는 방법을 말한다. 누진세하에서는 이렇게 함으로써 부부가 각각 개별적으로 소득세를 내는 것보다도 더 낮은 소득세를 부담하는 결과를 낳는다. 아래의 예를 통해 설명해 보자(T 2005 소득세율표 기준).

케이스 1(부부합산과세):
부부인 A와 Q는 각각 26,000유로와 14,000유로, 총 40,000유로의 소득(과세표준 기준)을 신고했다. 합계 40,000유로의 절반인 과세표준

20,000유로에 대한 소득세는 2,850유로이므로, 이를 두 배로 계산하면, 이 부부가 부담할 최종 소득세는 5,700유로가 된다. A와 Q가 각각 40,000유로와 0유로를 신고해도 결과는 동일하다.

케이스 2(개별과세):

부부인 A와 Q는 각각 20,000유로의 동일한 소득(과세표준)에 대해 개별적으로 소득세를 신고하면, 소득세는 각각 2,850유로가 되어, 이 부부의 최종 소득세는 5,700유로로서 위 케이스 1과 하등의 차이가 없다.

케이스 3(개별과세):

위 케이스 1에서 부부인 A와 Q는 각각 개별적으로 신고하여 소득세를 계산했다.

A: 26,000유로＝소득세 4,569유로

Q: 14,000유로＝소득세 1,294유로

케이스 3과 같이 개별적으로 계산한 결과, 이 부부의 최종 소득세는 5,863유로가 된다. 이는 케이스 1과 같이 부부합산과세를 하는 경우보다 163유로만큼 더 많은 세금을 내는 결과가 되는 것을 알 수 있다.

따라서 부부간에 어떻게 소득이 나누어지느냐에 따라(위의 예에서, 각각 동일하게 20,000:20,000이냐 혹은 각각 다르게 26,000:14,000이냐에 따라) 개별과세와 부부합산과세 사이에 최종 소득세 금액의 액수가 달리 나타남을 알 수 있다. 소득이 동일하게 나누어지면, 부부합산과세는 개별과세와 비교해 볼 때, 최종 소득세 금액의 액수에 있어서 전혀 유리한 점이 없다. 즉 부부합산 과세제도하에서는 부부간의 소득이 어떻게 나누어지는가에 따라 최종 소득세가 얼마만큼 절약되는지의 여부가 결정된다.

누진세하에서는 이와 같이 기혼자(부부)가 미혼자보다 상대적으로 소득세 과세상 유리하게 되는데, 최근 정가에서는 소득세의 과세방법에 자녀의 수까지 고려하는 가족합산 과세제도 Familiensplitting의 도입을 검토하고 있다는 소식이 들리고 있다. 육아휴직수당 Elterngeld의 도입과 더불어 저출산에 대한 적극적인 정책적 대응으로 보인다.

4) 비과세 소득의 종류

급여를 포함해서, 직원에게 제공되는 모든 경제적 편익은 기본적으로 소득에 가산되어 근로소득세를 납부해야 한다. 그러나 직원에게 지급되는 것 중에서 그 직원의 소득에 가산되어 과세되지 않고, 비과세가 인정되는 소득이 있는데, 그 종류를 보면 아래와 같다:

- 공적 연금보험 이외에 개인이 가입하는 개인연금보험에 대한 보험료
- 실업급여
- 회사가 직원에게 주는 호의표시(생일, 결혼 등 축하)는 40유로까지 비과세
- 점심식사 쿠폰(후술할 식비 지원에 대한 과세 참고)
- 세무상 인정되는 한도 내의 출장여비(per diem)
- Mini Job(월 400유로 한도)
- 휴일근무수당(일요일 근무는 기본급여의 50%까지, 공휴일 근무는 125%까지, 성탄절 및 1월 1일 근무는 150%까지)
- 직원을 위한 회사의 행사비용(창립기념행사, 크리스마스 파티 등: 일인당 약 110유로까지 비과세, 원칙적으로 1년에 2회 한도 이내에서 세무적으로 비과세가 허용됨)

•••• *21*

소득세 과세등급

1) 무제한 납세의무

독일의 국세법 Abgabenordnung 제8조 및 제9조에 의하면, 독일 국내에 주소(거주지)를 갖고 있거나 혹은 국내에 통상적으로 체류하고 있는 자는 독일 이외의 국가에서의 활동을 통해 얻은 소득을 포함한 국내외의 모든 소득(소위 전 세계 소득)에 대해 독일에서 무제한 납세의무 unbeschränkte Steuerpflicht를 부담해야 한다. 통상적으로 체류하고 있다 함은 최소한 6개월 이상의 기간을 체류하고 있는 것을 말한다(소위 180일 기준).

예를 들어서 어떤 외국인 근로자가 2006년 9월 21일부터 2007년 3월 10일까지 독일 회사에서 근무를 하였다면(9월 20일 도착), 다음과 같이 기간 계산을 하게 된다:

• 2006년 9월 21일~2006년 12월 31일: 102일
• 2007년 1월 1일~2007년 3월 20일: 79일

  * 기간을 일(Tag)로 정한 때에는 기간의 초일(위 도착일)은 산입하지

않는다(민법 제187조 1항: 초일 불산입 원칙). 예를 들어 도서관에서 1주일간 책을 대출하는 경우에, 대출하는 첫날은 24시간을 충족한 것이 아니므로, 이를 1일로 계산하지 않는다. 민법(제187조~제193조)이 정하고 있는 기간 계산법에 관해서는 제5장 근로관계의 종료 편의 해고제한법과 해고의 종류 아래에 상세하게 설명해 놓았으니 이를 참고하기 바란다.

따라서 독일에서의 총 체류기간은 181일이므로 기준인 180일을 초과한다. 독일에서의 체류기간이 6개월을 초과하므로, 위 외국인 근로자는 독일에서 무제한 납세의무를 부담해야 한다. 그러나 위 예에서 만약 외국인 근로자가 연말에 고향으로 10일간의 휴가를 다녀왔다면, 휴가일수는 기간 계산에 산입되지 않으므로, 6개월 미만을 체류한 것으로 되어 무제한 납세의무를 부담하지 않는다.

외국인 근로자의 경우, 이러한 납세의무에 대한 판단은 기본적으로 노동허가서를 근거로 하여 이루어진다. 노동허가가 6개월 이상일 경우 무제한 납세의무를 부담한다. 최초의 노동허가가 6개월 이하이고, 이를 체류 중에 6개월 이상으로 연장한다면, 체류기간의 처음부터 무제한 납세의무가 있는 것으로 본다. 본국으로부터 파견된 주재원의 경우도 이와 마찬가지로 그 납세의무를 판단하게 된다. 앞에서 언급한 전 세계 소득에 대한 무제한 납세의무가 어떻게 독일 내에서 적용되는지에 대해서는 후술할 누진유보제도 Progressionsvorbehalt에 대한 설명을 참고하기 바란다.

2) 과세등급

• 과세등급 I Steuerklasse I은 미혼자, 이혼한 자 및 사별하여 혼

자 생활하고 있는 봉급생활자에 해당하는 등급이다.

- 과세등급 II는 배우자 없이 혼자 자녀를 부양하고 있는 봉급생활자에 해당하는 등급이다.
- 과세등급 III은 기혼자에 해당하는 등급이다. 맞벌이 부부의 경우, 어느 한쪽 배우자가 과세등급 V를 가질 경우, 나머지 배우자가 갖는 등급이기도 하다.
- 과세등급 IV는 맞벌이 부부에 해당하는 등급으로서, 어느 한쪽 배우자가 과세등급 III이나 V를 갖지 않을 경우, 부부 모두 가지는 등급이다.
- 과세등급 V는 역시 맞벌이 부부에 해당하는 등급으로서, 어느 한쪽 배우자가 과세등급 III을 가질 경우, 나머지 배우자가 가지게 되는 등급이다.
- 과세등급 VI은 둘 이상의 사용자로부터 급여를 받는 경우에 해당하는 등급이다.

3) 과세등급의 선택

위의 과세등급의 구분에서 보듯이, 맞벌이 부부의 경우에 과세등급을 선택하는 데 있어서 두 가지 조합이 존재한다.

부부 모두 과세등급 IV를 가지는 경우와 각각 과세등급 III과 V(혹은 과세등급 V와 III)를 가지는 두 가지 경우이다. 과세등급의 조합에 따라 일 년에 납부하는 최종적인 소득세의 크기가 달라질까? 결론부터 말하면, 어떤 조합을 택하더라도 전체 소득세의 크기에는 전혀 영향을 주지 않는다. 다만 우선 적게 내고 나중에 적게 낸 만큼 추가로 납부하느냐(연말 정산 시) 혹은 처음부터 납부할 것을 다 납부하느냐의 차이만 있을 뿐이다.

부부 모두 과세등급 IV를 가질 경우, 부부간의 급여 수준이 비슷하다면(한쪽 배우자의 급여가 부부 합산 급여총액의 약 40% 이상이면, 즉 부부간 급여의 차이가 약 20%-포인트 이내이면) 상관이 없으나, 차이가 많이 난다면 실제로 납부해야 할 소득세보다 더 많은 세금을 연중에 내게 되어, 연말정산 시 환급을 받게 된다. 따라서 급여 수준에 차이가 난다면, 현금 유동성을 고려하여 과세등급 IV 대신에 III / V 혹은 V / III의 조합을 선택하는 것이 좋다.

과세등급 III / V 혹은 V / III의 조합을 선택하는 경우, 높은 급여를 받는 배우자가 과세등급 III을 가지는 것이 유리한데, 이때 과세등급 V를 가진 배우자의 급여가 부부 합산 급여총액의 약 40%에 미치지 못한다면, 이는 연중에 실제로 납부해야 할 세금보다 더 적은 세금을 내는 셈이 되어서, 연말정산 시 추가 납부를 예상해야 한다.

맞벌이 부부가 과세등급을 변경하는 것은 원칙상 일 년(과세연도)에 한 번밖에 허용되지 않는다. 그것도 11월 30일 이후에는 신청을 할 수 없다. 예외적으로 두 번째의 변경 신청을 허용하는 경우가 있는데, 아래의 경우가 그렇다:

- 배우자가 실직하여 더 이상 급여를 받지 않는 경우,
- 배우자가 사망한 경우,
- 배우자가 재취업한 경우,
- 부부가 이혼하는 경우.

4) 근로소득세카드

근로소득세카드 Lohnsteuerkarte는 거주지 동사무소에서 발급하는데, 매년 말에 다음 해에 사용할 근로소득세카드를 발급하여 우편으로 각 가정에 보내 준다. 근로소득세카드에는 생년월일, 과세등급, 자녀 수가 기재되어 있다. 둘 이상의 직업을 가질 경우, 신청에 의해 과세등급 Ⅵ 로 표시된 근로소득세카드를 발급해 준다.

각 과세연도의 카드를 구별하기 위해, 매년 근로소득세카드의 색깔을 달리해서 제작한다. 빨간색, 노란색, 초록색, 오렌지색, 빨간색, ……이런 식으로 4년을 주기로 하여, 다른 색상을 사용하여 근로소득세카드를 제작한다.

카드를 분실했을 경우, 대용카드 Ersatzlohnsteuerkarte를 재발급받을 수 있다. 다만, 근로소득세카드의 오용을 방지하기 위해 대용카드를 재발급할 경우, 추가의 근로관계가 없다는 사실을 보증받은 후에 발급해 준다. 재발급의 경우 최고 5유로의 수수료를 물어야 한다.

●●●● *22*

급여의 구성요소 및 급여계산의 실례

1) 급여계산의 구성요소

일반적인 급여 명세서의 산식은 아래와 같다:

+ +	gross 급여(일반적으로 말하는 월급여) 각종 보조비(중식비, 교통보조비, 복리후생비 등)
= −	tax gross salary(세금 산정을 위한 과표) 소득세 및 사회보험료(본인 부담 50%)
= −	net 급여 의료보험료 등(연봉이 3년 연속 당해연도의 연급여한도액을 초과할 경우, 공적 의료보험의무가 면제되는데, 그 경우 이 단계에서 본인 부담분과 회사의 의료보험 보조액이 합산된 금액이 차감되어 의료보험회사 등으로 송금된다)
=	실 수령액

실물을 급여로 주었을 경우(사택 제공, 회사 차량 제공, 골프장 연이용회비 대납 등), 이를 현물급여 Sachbezug라고 하는데, 이 경우의 급여 계산은 아래와 같다.

+ + +	gross 급여(일반적으로 말하는 월급여) 각종 보조비(중식비, 교통보조비, 복리후생비 등) 현물급여 화폐 환산액(세율을 확정 짓기 위한 것일 뿐, 실제로 지급되는 금액이 아님)
= −	tax gross salary(세율을 확정시키기 위한 과표) 현물급여 화폐 환산액(실제로 지급되는 금액이 아니기 때문에 다시 차감된다)
= −	tax gross salary(세율을 적용할 실제 과표) 소득세 및 사회보험료(본인 부담 50%)
= −	net 급여 의료보험료 등 송금
=	실 수령액

즉 **현물급여**는 오직 세율을 정하기 위하여 과세 표준에 가산하여 세율을 확정한 후, 다시 과세표준에서 차감한다. 결과적으로 현물급여를 지급할 경우, 그렇지 않은 경우와 비교해 과세표준은 동일하나, 적용되는 세율은 더 **높은 세율**을 적용하게 되는 것이다.

2) 순급여액 보장을 위한 역산법 Netto-Hochrechnung

한편 전항과 같이 총금액(gross 금액)을 기준으로 급여를 정하는 대신에, 순금액(net 금액)을 기준으로 급여를 정하기도 한다. 이는 해외근무 주재원에게 각국의 세율과 상관없이 일정한 급여를 보장해 주기 위한 의도이다. 이때에는 우선 net 급여액를 정하고, 이로부터 역산하여 gross 급여를 정하게 된다.

그러나 이러한 단순한 역산 방법 이외에, 특별한 급여계산 방식이 있는데 이를 굳이 번역하자면, 'net-금액 보장 역산법'이라고 하며, 이는 회사차량 / 골프장 연이용권 / 사택제공 등과 같은 현물급여 제공으로 인하여 발생하는 개인의 소득세 추가 부담분을 회사가 대신 납부해 주는 것을 말한다. 주로 회사의 경영층에게 적용해 주는 방식으로서, 현물급여의 제공으로 인하여 추가되는 모든 세금을 회사가 대납하여 주는 방식이다. 후술할 '업무용 차량과 급여계산'에 상세하게 설명되어 있으니 참조하기 바란다.

3) 급여계산 용역의 외주

규모가 작은 현지법인 또는 연락사무소 등은 급여계산을 직접 하기보다는 외주(주로 세무회계사무실)를 주는 것이 일반적이다. 인건비도 절감하고 또한 급여계산과 관련된 법규정의 잦은 개정과 그 내용의 복잡다기함을 생각한다면 외주를 주는 것이 바람직할 것이다.

급여계산을 외부에 용역을 줄 경우, 회사가 준비해서 세무회계사무실로 보내야 할 개별 직원에 관한 서류의 종류는 아래와 같다:

- 성명, 주소, 급여액, 은행구좌명
- 근로소득세카드 Lohnsteuerkarte(주거지 관청에서 발급한 세금카드)
- 사회보험 증명서(사회보험 번호)
- 의료보험증(가입된 의료보험조합의 증명서 혹은 의료보험 카드의 사본)

외국인 근로자의 경우에는 이에 더하여, 아래의 서류를 추가해야 한다.

- 노동허가서
- 신분증명서 사본(여권 사진 면과 체류허가 면)

학생 아르바이트의 경우, 추가해야 할 서류는,

- 학생 등록증(학기 등록증)
- 기타 사항은 후술할 '학생 아르바이트에 관한 규정' 참조

위의 자료들은 모두 회사의 인사철에도 보관해야 하는 서류들이다. 급여계산과 관련된 서류의 의무 보존기간은 상법상 10년이다.

회사의 규모가 조금 더 커진다면, 이제는 급여계산의 일부를 사내에서 처리할 수도 있다. 즉 세무회계사무실의 급여계산 프로그램과 회사의 단말기를 연결하여, 기본적인 변경자료 등을 회사의 직원이 입력하고, 컨트롤만 세무회계사무실에서 하는 방법이 그것이다.

•••• *23*

사회보험(4대 공보험)의 구조와 산정 방법

회사가 고려해야 할 인건비에는 직접인건비(통상적인 급여)와 **간접인건비**(회사가 직원에게 급여를 지불할 시 추가로 지불해야 하는 부분)가 있다. 즉 회사는 인건비를 고려할 때, 직원에게 지급되는 급여 이외에 이 간접인건비도 예산계획 Budgetplan에 반영해야 한다. 간접인건비로는 주로 의무적인 사회보험료가 있는데, 독일의 사회보험에 대해 약술하면 아래와 같다.

1) 4대 공보험과 보험요율

독일에는 4대 강제보험 혹은 공보험(연금보험, 의료보험, 간병보험, 실업보험)이 있다. 이 외에 의무보험이 한 가지 더 있는데, 재해보험 Unfallversicherung이 그것이다. 그러나 재해보험료에는 근로자 분담분이 없고, 사용자만이 보험료를 전액 부담한다. 재해보험료는 한 해 동안 근로자에게 지급한 총급여액을 기준으로 하여 부과된다. 4대 공보험은 개별 근로자의 급여액을 기준으로 하여, 각 보험요율에 따라 월 단위로 보험료가 산정되고 납부된다.

각 공보험의 보험요율(근로자분담분＋사용자분담분)은 아래와 같다:

- 연금보험 Rentenversicherung(RV): 해마다 보험요율이 고시되며, 2007년의 경우 19.9%이다.
- 의료보험 Krankenversicherung(KV): 의료보험 조합 Krankenkasse에 따라 보험요율이 상이하며, 대략 평균 13.5% 내외로 보면 된다. 2005년 7월부터 근로자는 추가적으로 0.9%를 더 내게 된다. 즉 보험요율이 예를 들어 14%라고 할 경우, 사용자는 7%를 납부하고, 근로자는 7.9%를 납부해야 한다.
- 간병보험 Pflegeversicherung(PflV): 1.7%. 2005년 1월부터 자녀가 없는 근로자는 자녀를 가진 근로자보다 0.25%－포인트를 더 부담하게 되었다. 따라서 자녀가 있는 근로자에 대한 총 보험요율은 종전과 같이 1.7%이고, 자녀가 없는 근로자의 총 보험요율은 1.95%이다. 사용자 부담분은 0.85%로서 변동이 없다.
- 실업보험 Arbeitslosenversicherung(AlV): 2006년까지 6.5%였으나, 2007년부터는 4.2%이다.

위 4대 공보험의 요율을 합하면, 대략 40%가 되며, 이를 사용자와 근로자가 50%씩 각각 부담하게 된다. 즉 회사는 급여 이외에 급여액의 약 20%에 해당하는 사회보험료를 추가로 부담하게 되는 것이다. 그러나 실제로 사용자는 급여계속지급보험료와 재해보험료도 부담해야 하기 때문에, 사용자의 총 간접인건비는 급여액의 약 23%라고 보면 된다.

2) 보험료 산정 시 한도금액

사회보험의 보험료를 산정할 때 유의해야 할 사항은, 각 보험료를 산정할 때 최고 **한도금액**이 있다는 것이다. 이 한도금액 Beitragsbemessungsgrenze 은 해마다 고시되는데 지역에 따라 차이가 있다. 2007년의 경우 아래와 같다.

(구서독지역의 경우)
- 연금보험 및 실업보험: 월 5,250유로, 연 63,000유로
- 의료보험 및 간병보험: 월 3,562,50유로, 연 42,750유로

(구동독지역의 경우)
- 연금보험 및 실업보험: 월 4,550유로, 연 54,600유로
- 의료보험 및 간병보험: 구서독지역과 동일(2001년 1월부터 동일하게 적용)

즉 연금보험을 예로 들면, 월 급여액이 5,250유로에 이를 때까지 보험요율 19.9%를 적용하여 급여가 높아질수록 보험료 부담액이 비례적으로 늘어나지만, 월 급여액이 5,250유로를 초과할 때에는 더 이상 급여에 따라 보험료 부담액이 늘어나지 않는다.

•••• *24*

공적 의료보험과 민간의료보험

공적 의료보험 Gesetzliche Krankenversicherung(GKV)에 관해서는 사회법 5권 Sozialgesetzbuch V에 관련 규정이 있다. 공적 의료보험에 의무적으로 가입해야 하는 근로자는 연령, 성별 및 건강 상태와 상관없이, 오직 급여 수준에 따라 상이한 보험료가 책정되며(민간의료보험은 보험가입자의 소위 건강위험요소에 따라 보험료가 다르게 산정된다), 연령, 성별, 건강상태 및 납부 보험료에 상관없이 모두 동일한 보험 혜택을 받게 된다. 연급여액수에 따라 공적 의료보험에의 의무가입이 강제되는데, 아래에 가입의무의 면제, 의료보험의 선택가입, 민간의료보험 Private Krankenversicherung 그리고 2007년 4월부터 시행되고 있는 건강개혁 2007에 관해 각각 알아보기로 한다.

1) 가입의무의 면제와 연급여한도액

의료보험의 가입의무와 관련하여 세 가지 유형으로 나누어 볼 수 있다: 의무가입(강제가입), 선택가입 및 민간의료보험(사적 의료보험) 가입. 즉 의무적으로 공적 의료보험에 가입해야 하는 근로자와 공적 의료보험 혹은 민간의료보험 중 선택해서 가입할 수 있는 근로자 그리고 민간의료보험 가입자로 나눌 수 있다. 이 세 가지 유형은 대상 근로자의 연급여 수준에 따라 정해진다.

사회법 5권 제6조 1항 및 6항에 따르면, 연급여액이 일정 금액을 초과하면 가입의무가 면제된다. 즉 연급여액이 이 금액 이하일 때에는 의무적으로 공적 의료보험에 가입해야 한다. 의무가입 여부를 판단하는 기준이 되는 이 금액을 연급여한도액 Jahresarbeitsentgeltgrenze(JAG)이라고 하는데, 이에 관해 부연 설명하면 아래와 같다:

연급여한도액은 2002년 12월 31일까지는 일관되게, 연금보험의 연한도금액(구서독지역)의 75%로 정해졌었으나, 이후 이러한 공식이 더 이상 적용될 수 없는 상황이 전개되어, 매년 1월에 연방 전체 근로자의 전년도 평균 급여액과 전전년도 평균 급여액과의 비교를 통해 그 금액이 정해져서 고시된다. 2006년과 2007년의 경우, 이 금액은 각각 연 47,250유로(월 3,937.50유로) 및 47,700유로(월 3,975유로)이다. 즉 2006년의 연봉액이 47,250유로를 초과하면, 2007년부터는 의무가입이 면제되어, 공보험과 사보험 중에서 선택해서 가입할 수 있게 된다(새 규정에 대해서는 후술). 그러나 연도 중에 급여가 연급여한도액 이하로 떨어지면, 그 시점부터 공보험에의 가입의무 Krankenversicherungspflicht가 생긴다(다음 해 1월 1일부터 생기는 것이 아니다). 다만 일시적으로 한도액 이하로 떨어지는 것은 무시한다.

이렇게 정해진 일반적인 연급여한도액 이외에, 2002년 12월 31일 시점에 연급여한도액을 초과함으로써 공보험에의 의무가입이 면제되어, 이미 민간의료보험에 가입되어 있는 근로자에게 예외적으로 적용되는 경감된 연급여한도액도 함께 고시된다(같은 법 제6조 7항). 2006년과 2007년의 경우, 이 금액은 동일하게 연 42,750유로(월 3,562.50유로)로 책정되었다.

참고로 공보험에 가입되어 있는 근로자는 필요에 따라 자신이 가입
되어 있는 의료보험조합 Krankenkasse을 변경할 수 있는데, 월말 기준
으로 2개월의 예고기간(변경 신청한 달은 제외)을 준수함으로써 조합을
변경할 수 있다. 다만, 이 경우 새로 가입한 조합에 최소 18개월은 의
무적으로 가입해 있어야 한다. 그 외 조합이 보험료를 인상할 경우에도
특별히 조합을 변경할 수 있는 권리가 생긴다.

2) 의료보험의 선택 가입 Freiwillige Krankenversicherung

위에서 설명한 연급여한도액을 초과하는 급여를 받는 근로자는 공보험
가입의무가 면제된다. 이러한 근로자를 선택가입 보험자라고 부르는데,
이는 공보험과 사보험 중 본인이 원하는 바에 따라 선택적으로 가입할
수 있기 때문에 붙여진 이름이다. 공보험에의 가입 의무가 면제된 이후에
도 계속해서 공보험에 가입하는 경우, 그 지위만 바뀔 뿐 다른 사항에는
전혀 변화가 없다. 여전히 사용자가 보험료의 50%를 부담하는데, 다만
그 명칭이 사용자부담분이 아니라, 사용자보조금 Arbeitgeberzuschuss으
로 바뀔 뿐이다.

3) 피보험자 가족의 동반 가입 Familienmitversicherung

공적 의료보험에 가입된 피보험자의 특정 가족은 추가의 납부액 없이
피보험자와 동일하게 의료보험과 간병보험의 혜택을 받을 수 있다. 말하
자면 하나의 소득에 하나의 보험납부액이 있는 것이다(Ein Einkommen,
Ein Beitrag). 동반 가입할 수 있는 가족의 범위는, 월 소득이 350유로를

넘지 않는 배우자, 동거인 그리고 자녀(기본적으로 18세까지이며, 학생일 경우에는 25세까지 연장 가능)에 국한된다. Mini Job(월 400유로 이하)을 가진 가족도 마찬가지로 동반 가입이 허용된다.

4) 민간의료보험

민간의료보험 Private Krankenversicherung(PKV)의 가입자에 대한 보험요율의 책정은 공적 의료보험의 그것과는 차이가 있다. 즉 연령, 성별, 병력 등 개인별 건강위험요소가 모두 보험료 산정에 반영되고, 가족 개개인에 대한 보험료가 개별적으로 산정이 된다. 민간의료보험에 가입된 근로자에게는 비과세로 사용자보조금이 지불되는데, 이 금액의 한도액은 매년 고시된다. 사용자가 민간의료보험에 가입된 근로자에게 지급하는 사용자보조금의 최고 한도액수는 전년도 공보험조합의 평균 보험요율의 50%를 기준으로 하여 책정되는데, 2007년의 사용자보조금은 의료보험의 경우 월 최고 236.91유로이고, 간병보험에 대해서는 월 최고 30.28유로(작센 주의 경우, 예외적으로 12.47유로)이다. 다시 말해서, 근로자가 납부하는 민간의료보험의 보험납부액의 50%를 사용자가 비과세로 지원해 줄 수 있는데, 그 금액은 2007년의 경우 월 최고 236.91유로 및 30,28유로를 초과하지 못한다.

공적 의료보험에 가입된 일반 환자의 경우, 의료보험조합이 급부해 주는 부분이 매우 한정되어 있기 때문에, 의사들이 충분한 의료 서비스를 제공한다고 보기 어려운 면이 있다. 이에 비해 민간의료보험의 경우는 공보험보다 훨씬 나은 의료 서비스를 제공해 주고 있다. 그렇다고 해서 모든 의료 시술이 보험의 대상이 되는 것은 아니고, 각 보험회사별로 개별 시술에 따른 Tarif를 정해두고, 이 범위 이내에서 급부를 해주고 있다.

현재 한국에서 파견된 상사주재원이 많이 이용하고 있는 Inter 의료보험사의 경우, 특별한 Tarif를 적용해 주고 있다. 대개 3-5년간 한시적으로 파견되는데다가, 건강이 나쁜 직원을 보내지는 않을 것이기 때문에 우대 보험료를 적용해 주고 있는 것이다. 하지만 치과 진료의 경우에는 한국 주재원과 그 가족까지 많이 이용하므로, 진료금액에 한도(연간 약 2.500유로)를 정해 놓는 방식으로 제한을 가하고 있다. 보험급부의 방식은 공보험과는 다소 상이한데, 두 가지 방식이 이용되고 있다. 즉 본인이 직접 진료비를 내고, 추후 보험회사에 직접 청구하는 방식과 의원(병원)으로 하여금 보험사에 진료비를 청구하게 하는 방식이 그것이다.

공보험에 가입한 피보험자도 민간의료보험사가 제공하는 추가보험옵션 Private Zusatzversicherung을 이용할 수 있다. 카페테리아 방식으로여러 가지 중에서 한 가지 혹은 두 가지를 조합하여 선택할 수 있는데,예를 들면, 기존에 가입되어 있는 공보험에 더하여 특진을 받는 추가옵션을 선택하든지 혹은 입원 시에 독실을 사용하는 추가옵션에 가입을하게 되면 부가 서비스를 받을 수 있다.

5) 건강개혁 2007 Gesundheitsreform 2007

2007년 2월 새로운 건강보험개혁법안(정식 명칭은 공적의료보험경쟁력강화에관한법률 GKV-Wettbewerbsstärkungsgesetz: GKV-WSG)이 연방상원 Bundesrat을 통과하여 2007년 4월 1일부터 시행되었다. 이 법은 2007년부터 2011년까지 단계적으로 시행되는데, 그중에서 가장 주요한 내용이 2007년 4월부터 시행되게 된다.

가장 핵심적인 내용은 공적 의료보험에의 가입의무에 관한 것이다. 앞에서도 잠깐 언급했지만, 지금까지는 연급여한도액을 초과하게 되면, 공적 의료보험에의 가입의무가 면제되었다. 그러나 이 법의 시행으로 인하여 공적 의료보험에의 가입의무가 강화되었는데, 그 내용을 살펴보면 다음과 같다:

- 연급여액이 지난 3년간 계속해서 당해연도의 연급여한도액을 초과했고 그리고 올해에도 초과할 경우에만 공적 의료보험에의 가입의무가 면제된다(소위 3+1 원칙).
- 현재 선택가입 보험자로서 공적 의료보험에 가입되어 있는 근로자 Freiwillg gesetzlich krankenversicherte Arbeitnehmer(in) 중에서 그의 급여가 2004년, 2005년, 2006년의 연급여한도액을 초과하지 못한다면, 2007년 4월 1일부터 공적 의료보험에 의무적으로 가입해야 한다. 따라서 사용자는 근로자가 이 범주에 해당하는지의 여부를 체크하여 급여계산에 적절하게 반영해야 한다. 대개 각 의료보험조합이 이 범주에 속하는 근로자를 체크하여, 사용자로 하여금 급여계산에 이를 반영하도록 통지해 준다. 이 법은 특히 선택가입 보험자의 지위를 가졌으면서도 아무런 보험에도 가입되어 있지 않은 근로자를 공적 의료보험 영역으로 끌어들이기 위한 목적을 가지고 있다.
- 위 선택가입 보험자로서, 2007년 2월 3일 이전에 이미 민간의료보험에 가입되어 있는 근로자는, 비록 지난 3년 연속 연급여한도액을 초과하지 못했더라도, 예외적으로 계속해서 민간의료보험에

가입하는 것이 허용된다.

- 참고로, 2009년 1월 1일부터는 공적 의료보험 요율의 책정이 전
국적으로 일원화된다. 지금처럼 의료보험조합이 각기 다른 요율
을 책정하는 것이 아니라, 건강기금 Gesundheitsfonds이라는 기관
에 의해 일률적으로 관리된다.

●●●● *25*

급여계속지급보험

1) 급여계속지급 의무와 급여계속지급보험

근로자의 병가 중에도 급여는 계속 지급이 되어야 한다. 급여계속지급법 Entgeltfortzahlungsgesetz에 따르면, 부상/질병으로 인한 근로불능 Arbeitsunfähigkeit에 따라 병가를 낸 근로자는 6주(토, 일요일 포함 42일)까지 사용자가 급여를 계속해서 지급해야 한다. 급여계속지급을 요구할 수 있는 근로자에는 단시간 근로자, 학생 아르바이트 및 직업훈련생도 포함된다. 병가가 6주(42일) 이상 경과한 후에는 사용자가 급여를 계속해서 지급하지 않고, 대신에 의료보험조합이 근로자에 대해 상병급여 Krankengeld를 지급하게 된다(사회법 5권 제44조).

이와 같이 사용자는 근로자의 병가 중에도, 6주까지는 근로자에게 급여를 지급해야 하는데, 이 비용이 소규모의 기업에게는 부담이 될 수도 있다. 이러한 비용 부담을 덜어주는 것(비용의 일부를 환급: 일반적으로 60~80%)이 바로 급여계속지급보험 Entgeltfortzahlungsversicherung이고, 이 보험료를 산정하는 방식을 보험료분담방식 Umlagenverfahren이라고 부른다. 아래에서 설명할 산전후휴가급여와 근로금지에 준한 급여계속지급보험과 구분하기 위하여 U1-분담방식 U1-Verfahren이라고 부른

다. 2005년 12월 31일까지는 소규모 기업에 고용되어 있는 현장 근로
자만 의무적으로 가입하도록 했으나, 법개정에 따라 2006년 1월 1일부
터는 소규모 기업의 사무직 근로자도 의무적으로 가입해야 한다.

2) 모성보호법과 급여계속지급보험

모성보호법 Mutterschutzgesetz 제3조 2항 및 제6조 1항에 따르면,
출산 전 6주에서 출산 후 8주(조산 및 쌍둥이 출산 시에는 12주)까지
는 근로금지 Beschäftigungsverbot(BV) 기간에 해당되어 해당 여성근로
자는 근로를 해서는 안 된다. 이 기간 동안 의료보험조합 Gesetzliche
Krankenkasse이 사용자를 대신하여 여성근로자(공보험에 가입한)에게
산전후휴가급여 Mutterschaftsgeld를 지급하게 된다. 같은 법 제13조 1
항(제국보험시행령 Reichsversicherungsordnung 제200조 2항과 동일)에
따르면, 지급되는 산전후휴가급여의 액수는 그 근로자의 1일 순급여액
Nettoarbeitsentgelt pro Kalendartag에 해당하는 금액이며, 이 금액은 13
유로를 초과하지 못한다.

같은 법 제13조 2항에 의하면, 사보험에 가입한 여성근로자는 연방보
험국 Bundesversicherungsamt에 신청하여, 역시 산전후휴가급여를 받을
수 있는데, 그 금액과 최고 지급금액도 공보험에 가입한 여성근로자의 경
우와 동일하다. 다만 이 경우 산전후휴가급여의 총액은 210유로를 초과
할 수 없다.

같은 법 제14조에 따라, 만약 임신 중인 여성근로자의 1일 순급여액
이 13유로를 초과할 경우, 사용자는 실제 1일 순급여액과 13유로의 차

액을 근로자에게 지급해야 한다. 사용자가 여성근로자에게 지급하는 이 차액을 산전후휴가급여에 대한 사용자의 보조금 Arbeitgeberzuschuss zum Mutterschaftsgeld이라고 한다.

산전후의 근로금지 이외에 모성보호법에서 근로금지를 규정하고 있는 경우는 아래와 같다.

- 제3조 1항에 따르면, 임신 중인 여성근로자가 의사의 증명서를 제출할 경우, 사용자는 그 근로자를 근로시킬 수 없다.
- 제4조에 따르면, 임신 중인 여성근로자에게는 위험하고, 유해한 작업을 시킬 수 없다.
- 제4조 5항에 따르면, 주법 Landesrechte에 따른 감독관청 Aufsichtsbehörde은 임신 중인 여성근로자와 수유 중인 여성근로자가 행하는 일부 작업에 대해 근로금지를 결정할 수 있다.
- 제6조 2항에 따라, 전일 근무가 어렵다는 의사의 증명서를 제출하면, 하루 업무 중 일부에 대한 근무가 면제된다.
- 제6조 3항에 따르면, 수유 중인 여성근로자에게는 위험하고, 유해한 작업을 시킬 수 없다.
- 제8조에 따르면, 임신 중인 여성근로자와 수유 중인 여성근로자에게는 초과근무, 야간근무(오후 8시~오전 6시), 일요일 및 휴일 근무를 시킬 수 없다.

급여계속지급보험은 위에서 언급한 산전후휴가급여에 대한 사용자의 보조금과 모성보호법에서 추가로 규정하고 있는 근로금지로 인하여 사용자가 부담해야 하는 급여비용(같은 법 제11조)에 대해 전액(100%) 보전해 준다. 2005년 12월 31일까지는 소규모 기업만 의무적으로 가입하도록 했으나, 법개정에 따라 2006년 1월 1일부터 모든 사용자는 의무적으로 이 보험에 가입하도록 되었다.

3) 사용자비용보전법의 시행

2006년 1월 1일부터 발효된 사용자비용보전법 Aufwendungsausgleichge-setz에 따라 급여계속지급보험에의 의무 가입이 강제되었다.

* 근로자 30인 이하의 사용자는, 근로자의 병가기간 중의 급여계속
  지급으로 인하여 발생하는 사용자의 비용을 보전하기 위하여, 의
  무적으로 급여계속지급보험에 가입해야 한다(U1 - 분담방식 U1 -
  Verfahren).
* 근로자 수에 상관없이, 모든 사용자는 임신 중인 여성근로자(U2 -
  MU)와 출산 후 일정기간 동안 적용되는 여성근로자의 근로금지
  (U2 - BV) 규정으로 인하여 발생하는 사용자의 비용을 보전하기
  위하여 의무적으로 급여계속지급보험에 가입해야 한다(U2 - 분담방
  식 U2 - Verfahren).

4) 가입의무 여부의 판단: 근로자의 수

사용자비용보전법 Aufwendungsausgleichgesetz(AAG) 제3조 1항에 규
정된 아래 기준에 부합하는 근로자의 수가 30인 이하일 경우, 의무적
으로 가입해야 한다(U1 - 분담방식):

* 주당 근로시간이 30시간을 초과할 경우: 1인

- 주당 근로시간이 20시간을 초과하고 30시간 이하일 경우: 0.75인
- 주당 근로시간이 10시간을 초과하고, 20시간 이하일 경우: 0.5인
- 주당 근로시간이 10시간 이하일 경우: 0.25인

위 근로자의 수에는 직업훈련생, 장애등급 50% 이상의 장애인, 실습생, 육아 휴직 중인 근로자는 포함되지 않는다.

여러 개의 사업장 Betriebe을 가진 사용자의 경우, 전 사업장의 근로자 수가 기준이 된다.

연중 근로자의 수가 계속해서 변동하고 있을 경우에는 어떻게 근로자의 수를 판단할 것인가? 12개월 중 8개월 동안 근로자의 수가 30인 이하일 경우(매월 1일을 기준으로 한다), 사용자는 다음 해에 U1-분담방식에 의무적으로 가입해야 한다. 그러나 연중에 개업을 했다면, 영업을 영위한 기간에서 근로자의 수가 30인 이하인 월이 절대 다수를 점하느냐(예를 들어 8개월 중 5개월) 혹은 그렇지 않느냐에 따라 판단하면 된다. 연초에 의료(공)보험조합 Krankenkasse에 의해 전년도의 근로자 수를 기준으로 하여 사용자의 가입의무의 여부가 정해지게 되는데, 가입 의무가 있다고 일단 결정이 되면, 그 해에는 비록 근로자 수에 큰 변동이 있다고 하더라도 가입의무는 계속 유지된다. 즉 역년 Kalenderjahr을 기준으로 가입의무의 여부를 판단하게 된다.

전술하다시피 U2-분담방식에는 근로자 수에 관계없이 모든 사용자가 의무적으로 가입해야 한다. 비록 남자 근로자만 고용하고 있는 사용자라 할지라도 U2-분담방식에 의무적으로 가입해야 한다.

5) 가입 분담금 및 환급 금액

분담금은 월 총급여 Bruttoarbeitsentgelt를 기준으로 산정한다. 분담금
의 요율은 각 의료보험조합에 따라 각기 상이하다. 각 의료보험조합은
약관에 이에 관해 명확하게 규정하고 있어야 한다. 대개 3가지 보험
상품이 제공되는데, 아래에 BKK-Landesverband Ost 보험조합에서 제
공하고 있는 상품의 요율을 제시해 보면,

- U1-일반형 분담 및 환급요율: 월 급여의 1.6% 납부; 60% 환급
- U1-고급형 분담 및 환급요율: 월 급여의 3.0% 납부; 80% 환급
- U1-우대형 분담 및 환급요율: 월 급여의 1.3% 납부; 50% 환급
- U2-MU, U2-BV 분담방식: 월 급여의 3.3% 납부, 100% 환급

분담금을 산정함에 있어서 월 급여의 일정 한도금액까지만 계산이
되는데, 이는 연금보험 납부액을 산정할 때 적용되는 한도금액과 동일
하다(최고 한도금액 월 5,250유로; 구동독지역은 월 4,550유로).

따라서 직원이 병가를 사용했을 경우, 의사의 증명서 AU-Bescheinigung
를 직원이 회사에 제출하면 이를 의료보험조합에 제출하여, 위 예에 따라
회사가 급여계속지급 의무에 따라 그 직원에게 병가 중에 지급한 급여액
의 50%(우대형)에서 80%(고급형)까지 환급받게 된다.

•••• *26*

기업노령연금제도에 관한 규정

1) 독일의 노령연금보험 제도

노령인구의 증가, 취업인구의 감소 등으로 인하여 독일의 공적 연금
보험제도도 더 이상 근로자가 퇴직 후에 안락한 연금생활을 유지할 수
있을 정도의 급부를 보장하지 못하게 되었다. 2002년 1월 1일 이후로
의무적으로 가입하는 공적 연금보험 이외에 개인이 추가로 사적 연금
보험에 가입하게 되면, 그 납부보험료에 대하여 세제 혜택을 받을 수
있도록 하여, 개인이 스스로 퇴직 후의 연금생활을 준비하도록 장려하
고 있다.

독일의 노령연금제도는 크게 세 가지로 이루어져 있다. 공적 연금보험
Gesetzliche Rentenversicherung, 기업노령연금제도 Betriebliche Altersversorgung
및 사보험 Private Versicherung.

이 중 사보험은 개인이 스스로 자신의 노후를 대비하여 생명보험 등
각종의 보험에 가입하는 것을 말하는데, 2001 / 2002년 이후로 리스터-
연금보험, 뤼룹-연금보험 등의 명칭으로, 개인이 가입한 보험에 대하
여 각종 면세 및 공제혜택을 부여하여 정부 차원에서 가입을 적극 장

려하고 있다.

기업노령연금제도는 기업이 주체가 되어, 근로자를 위해 운영하는 연금제도로서, 주로 직접보장 Direktzusage, 연금공제조합 Pensionskasse, 연금기금 Pensionsfonds 및 직접보험 Direktversicherung의 형태를 통해 운영되고 있다. 이 중에서 직접보장은 우리나라의 퇴직금제도와 유사한 제도로서, 사내에 연금충당금 Pensionsrückstellung을 설정하여 운영하는 독일식 직장 퇴직연금제도라고 할 수 있다. 연금공제조합은 여러 기업들이 공동으로 출자하여 운영하는 일종의 생명보험회사라고 이해하면 되고, 연금기금은 연금공제조합보다는 약간 느슨한 형태의 기업노령연금제도를 수행하는 제도로 이해하면 될 것이다. 직접보험에 대해서는 아래에 상술하기로 한다.

2) 기업노령연금제도

국가 연금기금의 수급 불균형에 따라, 장래에는 국가 연금보험에 의지해서는 충분한 노후생활이 보장되지 않는다는 것이 현실로 드러났다. 장래에는 공적 연금제도가 그야말로 최소한도의 노령연금으로서의 기능밖에 수행할 수 없게 될 것이 자명해진 것이다. 이를 보완하기 위하여 국가는 기업에 의한 연금보험제도에 대해 각종 세제상의 혜택을 보장해 줌으로써 기업노령연금보험 Betriebliche Altersversorgung을 장려하고 있다.

소득세법 제3조 63항에 따라, 연금공제조합과 연금기금에 대해 사용자가 납부하는 보험료에 대해서는 소득세가 면제되고(구서독지역에 적용되는 공적 연금보험 산정 시의 한도금액의 4%까지 비과세 처리:

2007년의 경우 그 한도금액은 연 63,000유로), 직접보험에 대해서는 그 납부보험료에 대해 사용자에 의한 일괄과세(세율 20%)가 허용되었다. 즉 사용자가 근로자를 위하여 납부해 주는 직접보험의 보험료는 근로자의 경제적 편익에 해당되어, 근로자의 급여에 가산되어 소득세를 납부하는 것이 정상이나, 근로자의 부담을 덜어주기 위하여 보험료 납부분에 한해서는 사용자에 의해 소득세를 대납하게 하는 것이 세법상 허용되었던 것이다.

그러나 연금공제조합과 연금기금에 적용되었던 위의 면세조항이 2005년 1월 1일부터는 직접보험에도 적용되었고, 이에 따라 2005년 1월 1일부터 체결되는 직접보험에 대해서는 20%의 일괄과세의 적용이 폐지되었다.

> * 2005년 1월 1일 이전에 체결된 직접보험에 대해서는 계속해서 일괄과세의 적용이 허용된다. 또한 직접보험에 대한 이러한 일괄과세 적용이 허용되지 않는 것에 대한 일종의 보상으로서, 연 1,800유로까지 추가적으로 비과세 처리가 된다. 즉 직접보험에 대한 납부 보험료에 대해서는 2007년의 경우, 총 4,320유로(2,520+1,800)까지 비과세 처리된다.

위의 면세규정에 더하여, 한시적으로 2008년 말까지 기업연금보험(연금공제조합, 연금기금 및 직접보험)의 납부 보험료에 대해서는 사회보험료도 면제가 된다(즉 사회보험료 산정 대상 소득에 포함되지 않는다).

직접보험은 사용자가 계약의 당사자가 되어, 근로자를 위해 생명보험회사와 생명보험계약을 체결하는 것이다. 이때 사용자는 개인별로 직접보험계약을 체결해 줄 수도 있고, 관리비용을 줄이기 위해 회사에서 보험회사를 선정하여 대상 근로자 전체를 대상으로 집단계약을 체결해 줄 수도 있다. 다만, 이러한 직접보험이 기업연금보험으로 인정받기 위해서는, 직접보험의 급부가 연금의 형태로 지불이 되어야 하고 또한 피보험자의 사망 시 배우자와 부양 자녀에게만 지급되는 조건으로 설계되어 있어야 한다.

기업연금보험법 Betriebsrentengesetz(BetrAVG) 제1a조 1항에 따르면, 근로자는 자신의 급여 중 일부를 직접 수령하지 않고, 사용자가 체결한 직접보험계약의 보험료로 전환하여 지불하도록 사용자에게 요청할 수 있으며(Entgeltumwandlung), 사용자는 근로자가 요청할 경우 직접 보험계약을 체결하여 급여의 일부를 보험료로 납부해 주어야 한다. 이렇게 하는 이유는, 급여계산 시 소득세와 사회보험료를 차감하는 전 단계에서 보험료(100유로라고 가정하자)를 지급하도록 하면, 단순계산을 통해 비교해 볼 때, 최종 급여계산 후 근로자가 순수하게 손에 쥐는 순급여액은 대략 40유로가량 줄어드는 반면에, 월 보험료 100유로의 생명보험에 가입하게 되는 결과를 낳기 때문이다. 즉 근로자의 입장에서는 적은 금액으로 유리한 연금보험상품에 가입하게 된다. 이렇게 되는 이유는 납부할 보험료 금액에 대해서는 소득세가 면제되고 또한 사회보험료(2008년 말까지)가 면제되기 때문이다. 사용자의 입장에서도 부담해야 할 사회보험료를 절감하는 효과가 있다.

•••• *27*

업무용 차량과 급여계산

1) 업무용 차량의 사용에 대한 일반적 과세 방법

개인이 출퇴근용으로 배정받은 업무용 차량에 대하여 개인이 부담하여야 할 세금은 첫째, 차량의 사적사용에 대한 과세와 둘째, 집과 직장 사이의 출퇴근에 사용한 부분에 대한 과세의 두 가지로 이루어진다. 업무용 차량의 사용을 직원에 대한 현물급여의 지급으로 간주하고 과세하는 것이다.

(1) 사적사용

소득세법에 따르면, 업무용으로 배정받은 회사 차량은 업무용 이외에도 사적으로 사용하는 부분이 있다고 보고, 이 사적사용 Private Nutzung 부분을 개인에 대한 경제적 편익 Geldwerter Vorteil으로 간주하여 과세(근로소득세)를 하게 된다. 이 부분은 증빙을 갖추어 실비로 계산하는 방식이 있고(차량일지 작성) 또는 계산의 번잡함을 피하기 위하여 차량가격 Listenpreis(Navigationssystem과 winter tires 가액을 제외한 금액)의 1%를 매달 개인의 소득에 가산하여 과세하는 방식이 있다. 실무에서는 거의 대부분 후자의 방식을 취한다.

(2) 집과 직장 사이의 출퇴근

마찬가지로 집과 직장 사이의 출퇴근을 위해 회사 차량을 사용한 부분에 대해서도, 이를 개인에 대한 경제적 편익으로 보아 소득세가 과세된다. 즉 <차량가격의 0.03%×집과 직장 사이의 최단 편도거리>의 금액을 매달 개인의 소득에 가산하여 과세하는 것이다(뒤에서 자세히 설명이 되겠지만, 2007년 1월부터 연말소득정산 시 소득공제가 되는 출퇴근 편도거리는 20㎞를 초과한 거리만 허용된다. 그러나 여기서는 20㎞ 이하의 편도거리도 계산에 포함한다는 것에 유의하도록 한다).

(3) 일괄과세의 허용

위의 1번과 2번 항목의 금액을 직원에 대한 경제적 편익으로 간주하여 매달 개인의 소득에 가산하여 과세를 하는 것은 전술한 바와 같다. 그러나 세법에서는 위 2번 항목의 경제적 편익에 대해서(전부는 아님) 회사가 개인을 대신하여 세금을 부담(사용자에 의한 일괄과세 Pauschalierung der Lohnsteuer)해 주는 것을 허용하고 있다. 즉 회사가 대납함으로써 직원의 부담을 다소 덜어줄 수 있게 된다. 참고로, 일괄과세의 경우에는 일괄과세의 대상 금액에 대해서 사회보험료가 면제된다.

(4) 일괄과세의 방법

회사는 2번 항목의 경제적 편익에 대해 세법상 허용되는 **한도금액**(0.30유로×(편도거리-20)㎞×15일)까지는 15%(일괄세율)의 세율로 대납해 줄 수 있다. 15일의 의미는, 세법상 간편계산을 위해 일괄적으로 한 달의 근무일을 15일로 보는 것이다.

(차량가격×0.03%×편도거리)−(0.30유로×(편도거리−20)㎞×15일)=차액

위 2번 항목의 공식에서 산출된 금액(매달 개인의 소득에 가산되는) 대신에 이 **차액**이 1번 항목의 금액과 함께 매달 개인의 소득에 가산되어 개인소득세가 계산되고, 회사는 위에서 설명한 허용 한도금액(0.30 유로×(편도거리−20)㎞×15일)의 15%를 세무서에 대신 납부하게 된다. 즉 허용 한도금액까지는 회사가 일괄세율로 대납해 줄 수 있고, 그 한도금액을 초과하는 부분은 개인의 소득에 가산된다.

(5) 실제 급여계산의 예시(급여명세서상의 표시 예)

예를 들어, 회사 차량의 차량가격(가격리스트상의 가격)이 50,000유로이고, 일괄 계산을 하며, 집과 직장과의 편도 거리가 25㎞인 경우;

1. 사적사용(1%−규정): 50,000유로×1%=500유로
2. 출퇴근용: 0.03%×50,000유로×25㎞=375유로
3. 일괄과세 한도금액: 0.30유로×(25−20)㎞×15일=22.50유로

따라서 **회사가 직원을 대신하여 일괄과세를 하지 않을 경우**에는, 직원의 매달 소득에 (1)과 (2)의 금액이 가산되어 과세된다(급여에 추가적으로 가산되는 금액은 875유로). 부연 설명하면, (1)금액과 (2)금액이 과세 이전 단계에서 가산되고(세율을 결정짓기 위하여 fictive하게 가산), 세율을 결정짓기 위해 가산된 (1)금액과 (2)금액을 과세 이후 다시 차감한다(전술한 현물급여 계산의 예시 참조).

이와 달리 **회사가 직원을 대신하여 일괄과세를 해 줄 경우**에는, 위의 (1)금액과 (2)금액 대신에 (1)+(2−3)의 금액이 매달 개인의 소득에 가

산되어 세율을 결정짓고(급여에 추가적으로 가산되는 금액은 852.50유로), 이 금액은 다시 과세 이후 차감되며, 동시에 회사는 (3)금액의 15%인 3.38유로를 세무서에 납부하게 된다.

2) 업무용 차량의 사용에 대한 특별한 과세 방법

직원이 회사 차량을 사용하게 되면, 그 사용분을 현물급여로 간주하여 직원의 급여에 가산하기 때문에 동 직원은 추가적인 소득세를 부담하게 된다.

이때 추가적으로 발생하는 소득세 부분을 회사가 **전액** 대납해 줄 수 있는데, 주로 대표이사, 이사회 멤버 등 고위직에 대해 이 방식을 적용해 준다.

간략하게 그 과세 방식을 설명하면,

예) 급여가 100유로이고, 세율표에 의해 100유로에 대한 세금이 10유로 그리고 회사 차량 사용으로 인해 소득에 추가되는 금액을 20유로라고 가정하면,

소득(과표):	소득에 대한(추가) 세금:
급여 100유로(차량 지원 없는 경우)	급여에 대한 세금 10유로(본인 부담분)
급여 120유로 (차량 지원시 20유로 추가 소득 발생)	120유로에 대한 세금 14유로 (본인 추가 부담분 4유로→회사가 부담)
124유로 (추가된 세금 4유로를 회사가 보전)	124유로에 대한 세금 16유로 (본인 추가 부담분 2유로→회사가 부담)

126유로 (추가된 세금 2유로를 회사가 보전)	126유로에 대한 세금 17유로 (본인 추가 부담분 1유로 → 회사가 부담)
127유로 (추가된 세금 1유로를 회사가 보전)	127유로에 대한 세금 17.5유로 (본인 추가 부담분 0.5유로 → 회사가 부담)
127.5유로 (추가된 세금 0.5유로를 회사가 보전)	127.5유로에 대한 세금 17.5유로 (본인 추가 부담분 없음)

이와 같은 방식으로, 계속해서 회사가 직원의 추가 세금 부담분을 직원에게 급여로 재지급하는 형식으로 부담하고, 그로 인해 추가로 발생하는 직원의 세금 부담분을 또다시 회사가 부담하여, 직원의 추가 세금 부담분이 위의 예시와 같이 '0'이 될 때까지 이를 계속해서 반복한다. 즉 순급여 Nettogehalt를 동일하게 만들어 주기 위해 추가로 발생하는 세금을 회사가 전액 부담하는 방식이다.

이 방식에 따르면, 직원이 받는 순급여 Nettoentgelt에는 변화가 없고, 직원이 부담해야 하는 추가 세금을 회사가 전액 부담하게 되어, 회사의 부담이 많아지게 된다. 따라서 회사의 고위직에 대해서만 예외적으로 적용해 주는 것이 일반적이다.

3) 공용 업무용 차량의 관리: 차량일지의 작성

임원 개인에게 배정된 회사 차량과는 달리, **공용**으로 사용하는 업무용 차량의 경우, 반드시 **차량일지 Fahrtenbuch**(사용일, 사용시간, 사용거리 및 사용자 성명은 필수 기재 사항임)를 작성, 비치하여야 한다. 공용차량의 경우, 특정인에 대한 경제적 편익의 제공이 아니기 때문에 근로소득세 과세와 관련하여 별도로 관리할 사항은 없다.

●●●● *28*

통근보조비 지원에 대한 과세

비과세 대상이었던 직원에 대한 통근보조비 Fahrtkostenzuschuss는 2004년부터 과세 대상으로 변경이 되어 지난 3년간 시행되다가, 2007년 1월부터 일부 내용(일괄과세 관련)이 변경되어 시행되고 있다. 직원에게 지급하는 통근보조비를 어떤 방식으로 설계하고, 각각의 방식에 따른 근로소득세 과세 규정이 어떠한지에 대해 아래에서 살펴보도록 한다.

이해를 돕기 위해, 먼저 소득세법 제9조 2항에 규정된 출퇴근 편도거리 일괄공제액 Entfernungspauschle에 대해서 알아보자.

1) 출퇴근 편도거리 일괄공제액

대중교통수단을 이용하여 출퇴근을 하는 경우에 사용된 교통비 등은 근로소득세 연말정산 시 소득공제 대상이다. 직업 수행을 위해 소요된 비용 Werbungskosten으로 분류되어 소득공제가 허용된다. 소득세법 제9조 2항에 따라 일정 한도금액까지 소득공제가 허용되는데, 집에서 회사까지의 최단 편도거리(km)를 기준으로 다음과 같이 계산된다:

연간 실제 근무일수 × 편도거리(km) × 0.30유로 = 출퇴근 편도거리 일괄공제액

그러나 2007년 1월 1일부터는 위 기준에서 편도거리는 20km를 초과한 거리만 소득공제에 반영하는 것으로 법규정이 변경되었다. 즉,

연간 실제 근무일수 × (편도거리-20)km × 0.30유로 = 출퇴근 편도거리 일괄공제액

참고로 사용자가 해당연도 중에 근로자에게 통근보조비를 지급했다면, 그 지급된 금액만큼 출퇴근 편도거리 일괄공제액에서 차감되어, 연말정산 시 직업 수행을 위해 소요된 비용이라는 항목으로 소득공제가 허용될 것이다. 사용자가 통근보조비를 얼마만큼 지급했는지는 연간 지급된 급여에 대한 근로소득세명세서 Lohnsteuerbescheinigung에 표시가 되며, 이 명세서를 연말정산 시 세무서에 제출해야 된다.

연말정산 시 필요한 일괄공제액을 여기서 언급하는 이유는, 2007년부터 통근보조비 지급에 대하여 사용자가 일괄과세를 하여 대납할 수 있는 한도액이 이 일괄공제액의 범위 이내로 한정되었기 때문이다. 통근보조비에 대한 일괄과세에 대해서는 뒤에서 다시 자세히 설명하겠지만, 우선 간략하게 예를 들어 이해를 돕기로 한다:

예) A씨는 연간 220일 근무를 했고, 집과 직장과의 거리는 30km이다. 회사는 2006년에 A씨에게 통근보조비 720유로를 지급하였다.

2006년까지 회사는 720유로를 일괄세율 15%를 적용하여 직원 대신에 통근보조비에 해당하는 근로소득세를 대납하는 것이 허용되었다. 이

론적으로 회사는 1,980유로(= 220일 × 30km × 0.30유로)까지 일괄과 세를 할 수 있었다.

그러나 2007년부터는 규정이 바뀌어, 회사는 단지 660유로(= 220일 × (30−20)km × 0.30유로)까지만 15%의 세율로 일괄과세를 할 수 있 게 된다(2007년에도 실제 근무일수가 220일이었다고 가정한다면).

따라서 결과적으로 볼 때, 2007년에는 회사가 A씨에게 지급하고 있 는 통근보조비 중에서 60유로(720−660)는 회사가 일괄세율로 대납해 줄 수 없고, 대신에 개인의 급여에 가산해서 근로소득세를 납부하도록 해야 한다.

2) 통근보조비와 현물급여에 대한 44유로 규정

근로자에 대한 복리후생비 명목으로 지급하는 현물급여에 대해서는 월 44유로규정이 적용된다(후술할 현물급여 참조). 즉, 현물급여에 해당 하는 모든 지출을 합산하여 월 44유로까지는 비과세로 지급할 수 있으 나, 44유로를 초과하면 초과분이 아닌 전체금액에 대해 그 현물급여를 수령한 근로자는 근로소득세를 납부해야 한다.

현금이 아닌 승차권 등을 통하여 지급하는 통근보조비는 현물급여에 해당되어, 월 44유로까지는 비과세로 근로자에게 지급할 수 있다(통근 보조비 이외에 별도로 지급하는 현물급여가 없다면). 따라서 다양한 통 근보조비 지원 방식을 고려하고 있다면, 이 44유로 규정에 대한 이해 가 반드시 필요하다.

3) 현금 수당을 지급하는 경우

회사가 현금으로 통근보조비를 지급하기로 했다면, 과세와 관련하여 무엇을 고려해야 할까?

대중교통수단을 이용하여 출퇴근하는 직원에 대해 통근보조비를 현금으로 지급하고자 한다면, 먼저 세법상 허용되는 일괄과세의 한도액을 살펴보아야 한다. 통근보조비를 지급하면서 개인이 그에 따른 세금을 모두 부담하게 한다면 모르겠으나, 거의 대부분의 회사의 경우에는 통근보조비를 받는 근로자의 세부담을 최대한 적게 할 것이기 때문에, 사용자에 의한 일괄과세의 방법을 택할 것이다.

앞에서 간략히 설명한 것과 같이, 2007년부터 통근보조비 지급에 대하여 사용자가 일괄과세를 하여 대납할 수 있는 금액에 제한이 가해졌다.

연간 실제 근무일수 × (편도거리－20)km × 0.30유로 ＝ 출퇴근 편도거리 일괄공제액

그러나 이 계산식은 연말정산을 할 경우에 사용하는 것으로서, 연중에는 한달 근무일을 15일로 보고, 다음과 같은 간편 계산식을 사용한다.

15일 × (편도거리－20)km × 0.30유로 ＝ 출퇴근 편도거리 일괄과세 한도액

이와 같이 간편 계산식을 이용하더라도 회사는 개별 직원의 집과 회사간의 편도거리에 대해서는 알고 있어야 한다. 개별 직원에 해당하는 일괄과세의 한도액수에 대해 사전에 충분히 파악하고 있어야 정확한

급여계산을 할 수 있기 때문이다.

예) A씨의 집과 직장과의 편도거리는 30km이다.

세법상(소득세법 제40조2항2번) 회사는 A씨에게 월 45유로(= 15일 × (30−20)km × 0.30유로)까지 일괄과세(15%)를 해서 통근보조비 지급을 통해 추가로 발생하는 A씨의 근로소득세를 대납해 줄 수 있다(소득세법 제40조 2항 2문).

만약, 회사가 A씨에게 통근보조비로 월 60유로의 현금을 지급한다고 가정하면 어떻게 과세될까? 월 45유로까지는 회사가 15%의 일괄세율로 대납을 하고, 이 금액을 초과하는 금액(60−45유로)은 A씨의 급여에 가산되어 통상적으로 과세되어질 것이다.

요약하면, 각 개별 직원의 출퇴근 편도거리가 각각 다르기 때문에, 이처럼 "세법상 허용되는 출퇴근 일괄과세 한도액까지 통근보조비를 지원한다"라고 규정을 만들면 될 것이다. 따라서 이사를 함으로써 출퇴근 편도거리가 달라진다면, 즉시 이를 회사에 통보해서 급여계산(통근보조비 일괄과세 한도액 책정)에 정확한 편도거리가 반영되도록 해야 한다.

참고로, 이렇게 지급된 통근보조비는 연말정산 시 세무서에 제출되는 근로소득세명세서 Lohnsteuerbescheinigung의 17번 항목에 표시가 될 것이고, 또한 신고 기재되는 주소지와 근무지에 따라 편도거리가 확인이 될 것이므로, 앞에서 설명한 출퇴근 편도거리 일괄공제 가능액(실근무일수 × (편도거리−20)km × 0.30유로)에서 실제 지급된 통근보조비를 차감한 금액에 대해서 연말정산 시 공제가 허용될 것이다.

사용자가 이러한 일괄과세의 방법을 택했다면, 사용자는 다음의 두 가지 경우를 선택하여 시행할 수 있다:

- 일괄과세분을 사용자가 직접 부담하는 방법
- 이를 다시 개별 직원에게 전가시키는 방법

즉, 위 예에서 회사가 통근보조비에 대해 일괄과세의 방법을 선택했다면,

- 회사는 45유로의 15%인 6.75유로 + 연대세 + 교회세를 대납하든지,
- 혹은 같은 금액(6.75유로 + 연대세 + 교회세)을 직원에게 전가시킬 수 있다.

되풀이하자면, 통근보조비에 대한 일괄과세의 부담을 개별 직원에게 전가시키기 위해서는 우선 일괄과세의 방법을 택해야 한다.

만약, 사용자가 급여계산 시 일괄과세를 선택하지 않는다면, 통근보조비에 대한 근로소득세는 일괄과세를 적용하여 근로자에게 전가시킬 수 없고, 대신 통근보조비가 근로자의 급여에 합산되어 근로소득세율표에 따라 통상적으로 과세된다.

4) 자가용 승용차로 출퇴근하는 경우

자가용 승용차로 출퇴근하는 근로자에 대해 현금으로 통근보조비를

지급한다면, 이에 대해서는 대중교통수단을 이용하여 출퇴근하는 근로자와 마찬가지의 규정이 적용된다.

즉, 회사는 출퇴근 편도거리 일괄과세 한도액(15일 × (편도거리−20)km × 0.30유로)까지 근로자가 부담해야 할 근로소득세를 대납해 줄 수 있다. 만약 그 한도액을 초과하여 통근보조비를 지급한다면, 초과분은 본인의 급여에 가산되어 정상적으로 과세되어진다.

5) 회사가 Job-Ticket을 제공하는 경우

회사가 Job-Ticket을 구입하여 직원에게 제공한다면, 이 역시 기본적으로는 직원에 대한 경제적 편익으로 간주되어 급여계산 시 과세해야 한다. 그러나 Job-Ticket을 제공할 경우, 앞에서 잠시 언급한 승차권 제공과 마찬가지로 현물급여에 대한 44유로 규정이 적용된다.

즉, 회사가 Job-Ticket(월 혹은 년)을 구입하여 직원에게 지급했을 경우, Job-Ticket의 가격이 월 44유로를 초과하지 않는다면 이는 비과세 대상이 된다. 즉, Job-Ticket을 받는 근로자나 제공하는 회사 모두 추가의 세부담이 없다. 회사의 부담은 Job-Ticket의 가격으로 한정된다.

만약 Job-Ticket의 가격이 44유로를 초과한다면, 이때에는 초과분이 아닌 전체 금액이 개인의 소득으로 간주되어 과세된다. 그러나 Job-Ticket의 가액이 44유로 기준을 초과하더라도, 초과된 금액을 사용자가 일괄세율로 대납을 함으로써 직원 개인에 대한 세부담을 없애줄 수 있다.

예) B씨의 집과 직장과의 편도거리는 40km이다. 회사가 B씨에게 제
   공하는 Job-Ticket의 가액은 60유로이다.

이 예에서 Ticket의 가액이 44유로를 초과하게 되므로, 전체 금액인
60유로가 전액 과세 대상이 된다. 그러나 회사가 16유로(60-44유로)에
대해 15%의 세율로 일괄과세를 하여 대납을 하면, 44유로에 해당하는
경제적 편익은 비과세가 된다. 예에서 일괄과세가 허용되는 한도액은
90유로(15일 × (40-20)km × 0.30유로)로서, 승차권의 가액인 60유로를
넘기 때문에 90유로까지는 사용자에 의한 일괄과세에 하등의 문제가 없
다. 또한 현물급여 지급액이 44유로를 초과하는지의 여부를 판단하는
데 있어서, 일괄과세된 금액은 제외하기 때문에 이와 같이 급여 처리하
는 것은 적법하다. 여기서 한 가지 더 유의할 사항은, 만약 일괄과세가
허용되는 한도액이 없다면(집과 직장과의 편도거리가 20㎞ 이하일 경
우), 이때에는 일괄과세 자체를 할 수 있는 여지가 없기 때문에 Ticket
의 가액인 60유로가 전액 과세 대상이 된다는 점이다.

그러나 실무에 있어서는 단체로 구입하는 Job-Ticket의 가격이 44유
로 이하인 것이 보통이다. 이렇게 함으로써 일률적으로 현물급여에 대
한 44유로 기준을 만족시키는 것이 업무상 효율적이기 때문이다. 교외
에 거주하는 직원에 대해서는 개별적으로 할증요금(시외구간 혹은 일등
석)이 붙은 티켓을 제공해 주고, 44유로를 초과하는 요금에 대해서는
본인이 직접 부담하게 하는 것이 일반적이다.

참고로 Job-Ticket에 대해 부연설명을 하면, Job-Ticket이란 회사 등과
같이 많은 수의 인원이 단체로 할인된 요금을 적용 받아 구입하는 월/년
정기승차권을 말한다. 보통 100명 이상이 구입할 경우에만 Job-Ticket 구
입계약을 맺는데, 지역에 따라서는 50명 이상만 되어도 적용을 해 주는

곳도 있다.

계약의 당사자는 지역 운수연합 Verkehrsverbund이라는 명칭을 가진, 해당 지역의 지자체 및 민간 운수회사가 공동으로 출자하여 이루어진 합작회사로서, 유한회사의 형태를 많이 취하고 있다. 이는 더 이상 정부 보조금에 의지하지 않고, 자체적으로 독립적인 운영을 하기 위한 민영화의 추세를 보여주는 것이다. 예를 들어 프랑크푸르트의 경우, 인근 지역을 모두 포괄하는 라인-마인-운수연합 Rhein-Main-Verkehrsverbund(RMV)이 계약의 당사자인데, 이 지역 내의 대중교통수단(기차, 전차 및 버스)의 운영에 관한 계획, 감독 등의 업무를 관장한다.

Job-Ticket은 기본적으로는 매 일년 단위로 계약이 맺어지는 것으로서, 세부적으로는 매월 1일에 계약이 체결되는 것으로 하여, 도중에 사직하는 근로자에 대한 월 단위의 정산이 가능하도록 계약을 체결하고 있다 (이렇게 함으로써 세법상 월 44유로 규정을 적용받을 수 있기 때문이다). Job-Ticket은 사진이 부착된 승차권으로서, 대개 평일 오후 7시 이후와 주말 및 휴일에는 Job-Ticket 한 장으로 전 가족(성인 1명과 15세 미만 자녀 4명까지 동반 승차 가능)이 대중교통수단을 이용할 수 있는 이점을 갖고 있다.

보통 통상요금의 5%~30%까지 할인이 되는데, 할인 폭은 구매하는 근로자의 수에 따라 결정된다. 참고로 아헨 Aachen 지역 운수연합이 제공하고 있는 Job-Ticket 구매 계약의 내용을 살펴보면,

회사가 아헨 시내에 위치하고 있는 경우, 가격 산정을 위한 티켓 한 장의 기초가격은 월 16.40유로이며, 이를 회사 전체 인원에 곱하여 티켓의 총 합계액을 구한 다음, 이를 실제로 구매할 근로자의 수로 나누어서

Job-Ticket의 가격을 정한다. 근로자 수를 250명으로 가정하고, 실제 Job-Ticket을 사용하는 근로자 수를 100명으로 가정하면,

250명 × 16.40유로 = 4,100유로

4,100 / 100명 = 41유로/월

따라서 위 예에서 Job-Ticket의 가격은 월 41유로로서, 현물급여에 대한 44유로규정을 초과하지 않으므로, Job-Ticket을 매개로 한 통근보조비의 지급은 비과세가 된다.

6) 회사가 월 정기승차권을 제공하는 경우

회사가 월 정기승차권 Monatskarte을 구입하여 직원에게 제공해 주었다면, 이 역시 현물급여에 대한 44유로 규정이 적용된다. 회사는 이때 정기승차권 사본을 증빙으로서 보관해 두어야 한다.

현금으로 지급하는 것과 승차권을 지급하는 것의 과세상의 차이는 무엇일까? 승차권 지급은 현물급여에 해당되어, 월 44유로까지는 비과세된다. 아래의 예를 통해 회사와 근로자의 세부담을 비교해 보자.

예) B씨의 집과 직장과의 편도거리는 40km이다. 회사는 B씨에게 월 정기승차권을 제공해 주고 있다. 승차권의 가액은 55유로이다.

이 경우 회사가 승차권 가액인 55유로 이외에 추가로 부담해야 할 과세액은 각각 아래와 같다. 이 예에서 일괄과세가 허용되는 한도액은

90유로(= 15 × (40−20) × 0.30)가 된다.

- 승차권 지급의 경우: 11 (55−44)유로의 15% + 연대세(세액의 5.5%) + 교회세(주에 따라 상이함. 세액의 8% 혹은 9%)
- 현금 지급의 경우: 90유로까지 일괄세율로 소득세를 대납해 주는 것이 가능하므로, 추가 과세액은 55유로의 15% + 연대세 + 교회세

이 예에서 보는 바와 같이, 현물급여에 대한 비과세 규정(44유로 규정)을 이용하지 않고, 현금을 지급한다면 당연히 회사의 부담이 더 커질 것이다.

7) 종합 요약

근로자의 복리증진을 위하여 회사는 가능하면 근로자의 추가적인 세금 부담 없이 통근보조비를 지원하고자 할 것이다. 위에서 각각의 경우에 어떻게 과세가 이루어지는지 살펴보았다.

회사가 신규 직원을 채용할 경우, 복리후생비도 근로조건의 하나로서 당연히 협상의 대상이 될 것이고, 따라서 통근보조비에 대해서도 개별적으로 협상을 통해 정해질 것이다. 세법상 허용되는 일괄과세 한도액까지 보조하는 것으로 합의를 할 수도 있고, 또는 그 한도액을 초과하는 금액으로 합의를 할 수도 있을 것이다. 만약 한도액을 초과하여 통근보조비를 정했다면, 그 한도액을 초과하는 금액은 회사가 일부 일괄

과세를 통해 대납하는 것으로 할 수도 있고(편도거리에 따라서), 일괄 과세가 허용되지 않는 부분에 대해서는 본인에게 과세될 것이다.

때로는 균등대우원칙에 따라, 회사의 형편에 맞는 적정한 금액을 정하여 전체 직원에게 동일한 통근보조비(현금 수당)를 지급하고, 각 직원에 따라 상이한 일괄과세 한도액을 기준으로 일괄과세를 행하고, 나머지 금액에 대해서는 각 개인에게 정상적으로 과세되도록 할 수도 있을 것이다.

근로자의 입장에서 통근보조비의 매력은 추가의 세금 부담 없이 순금액을 보장 받는다는 데 있다. 위 예에서 B씨는 추가적인 세금 부담 없이 회사로부터 통근보조비(월 55유로짜리의 승차권)를 받을 수 있고, 회사는 1.65유로(11유로의 15%)를 추가 부담해 줌으로써(회사의 전체 부담은 56.65유로. 그러나 엄밀히 말하자면, 일괄과세액 1.65유로에 대하여 연대세와 교회세가 각각 더 추가된다), 근로자에게 통근보조비 지급이라는 복리 혜택을 줄 수 있게 된다.

●●●● *29*

휴일 및 야간근무수당에 대한 과세

기본급에 더하여 지급되는 모든 종류의 수당은 기본적으로 소득세의 과세대상이다. 하지만 소득세법 제3b조 규정에 따라, 정규근무 시간에 속하지 않는 휴일 및 야간근무에 대해 지급한 수당 Sonntags-, Feiertags- oder Nachtarbeitszuschläge은 비과세 소득에 해당된다. 자세한 내용은 아래와 같다:

같은 법 제3b조 1항에 따르면,

- 야간근무에 대해, 기본급의 25%를 초과하지 않는 범위 내에서 지급되는 수당은 비과세이다.
- 야간근무, 특히 0시와 4시 사이의 야간근무에 대해, 기본급의 40%를 초과하지 않는 범위 내에서 지급되는 수당은 비과세이다.
- 일요일 근무에 대해, 기본급의 50%를 초과하지 않는 범위 내에서 지급되는 수당은 비과세이다.
- 법정공휴일 근무에 대해, 기본급의 125%를 초과하지 않는 범위 내에서 지급되는 수당은 비과세이다.
- 12월 31일 오후 2시부터의 근무에 대해, 기본급의 125%를 초과하지 않는 범위 내에서 지급되는 수당은 비과세이다.

- 12월 24일 오후 2시부터의 근무에 대해, 기본급의 150%를 초과하지 않는 범위 내에서 지급되는 수당은 비과세이다.
- 성탄절휴일(12월 25일과 26일)과 5월 1일 근무에 대해, 기본급의 150%를 초과하지 않는 범위 내에서 지급되는 수당은 비과세이다.

같은 법 제3b조 2항에 따르면,

- 기본급은 통상급여를 말하며, 위에서 기술된 비과세 대상에 해당하는 기본급은 시급으로 환산된 금액이 최고 50유로를 초과하지 않는 범위 내에서만 적용된다.
- 야간근무는 오후 8시부터 다음 날 오전 6시까지의 근무를 말한다.
- 일요일과 법정공휴일 근무는 해당일의 오전 0시부터 자정까지의 근무를 말한다.
- 법정공휴일 여부는 근무가 실제로 이루어지는 지역의 규정에 따른다(독일은 주마다 법정공휴일이 다르다).

같은 법 제3b조 3항에 따라, 야간근무가 자정 이전에 시작되었다면 같은 법 제3b조 1항과 2항의 규정과 달리 아래의 규정이 적용된다:

- 자정부터 다음 날 오전 4시까지의 야간근무에 대해 기본급의 40%까지 지급되는 수당은 비과세이다.
- 일요일 자정 이전에 시작되어 다음 날 오전 4시까지 이루어진 근무는 일요일 근무에 해당한다.
- 법정공휴일의 자정 이전에 시작되어 다음 날 오전 4시까지 이루어진 근무는 법정공휴일 근무에 해당한다.

이와 같이 비과세 수당으로 인정받기 위해서는, 근무일과 근무시간 및 시간당 급여에 대해 정확하게 기술된 증빙을 항상 비치해 두어야 한다.

2006년 7월 1일부터는 일부 수당에 대해 사회보험료 면제가 더 이상 허용되지 않는데(소득세는 여전히 면제), 시급이 25유로를 초과하는 경우, 그에 해당하는 수당 지급에 대해서는 사회보험료 납부 의무가 있다.

•••• *30*

식비 지원에 대한 과세

식비 지원에 대한 과세와 관련해서는 먼저 일반적으로 적용되는 규정에 대해 간략히 알아보고, 다음으로 회사에서 지원하는 중식보조비가 어떻게 과세되는지를 살펴봄으로써, 회사가 중식보조비 지원 방식을 결정하는 데 있어 참고해야 할 사항을 정리해 본다.

1) 식비 지원에 대한 일반 과세 규정

회사가 근로자를 대신하여 식비를 지불할 경우(출장을 갈 경우, 외부 세미나에 참석할 경우 등), 근로자가 '식비와 관련하여 정해진 세무상 인정가액 amtlicher Sachbezugswert'에 해당하는 금액을 스스로 부담하게 되면, 그 식비는 현물급여로서 본인의 소득에 가산되지 않고, 비과세 대상이 된다. 단 식비의 가액은 40유로를 초과해서는 안 된다. 만약 식비가 40유로를 초과하게 되면, 전체 금액이 과세 대상이 된다(후술할 현물급여 참조). 2007년에 적용될 세무상 인정가액은 아래와 같다:

- 조식: 1.50유로
- 중식: 2.67유로

- 석식: 2.67유로

달리 표현하면, 한 끼 식비가 40유로를 초과하지 않는 범위 내에서 사용자가 근로자를 대신하여 지급한 식비는, 식비에 해당하는 금액 전체가 과세대상 소득이 되지 않고, 세무상 현물급여 인정가액만이 과세대상이 된다.

2) 중식보조비 지원을 위한 다양한 방식: 점심 쿠폰 Essenbon의 제공

정확한 이해를 위하여 식비보조비 Essenzuschuss 중에서 먼저, 가장 일반적인 형태인 중식보조비를 중심으로 범위를 좁혀서 기술하고자 한다.

중식보조비를 현금으로 지급하기보다는 현물급여(쿠폰)의 형태로 지급하면 세제상의 이점을 취할 수 있다. 실무에서 많이 이용하는 형태는, 쿠폰발행회사 Essenbonorganisation와 계약을 체결하여 쿠폰을 제공받고, 이 회사와 가맹점 계약을 맺고 있는 식당 등 업소 Vertragsstätte / Akzeptanzpartner를 이용하는 것이다.

먼저 밝혀 둘 것은, 후술할 현물급여에 대한 월 44유로 규정은 중식비 지원에 대한 과세 규정에서는 그 적용이 배제된다는 것이다. 즉 현물급여에 대한 비과세 여부를 알기 위해서는 현물급여로 인한 지출을 합산하여 월 44유로를 초과하는지의 여부를 검토하게 되는데, 이때 중식비 지원 명목의 현물급여(쿠폰)는 합산하지 않는다는 것을 유의하기 바란다.

3) 쿠폰 제공과 근로소득세 과세

쿠폰을 매개로 하여 지급하는 중식보조비와 관련해서, 아래의 몇 가지 과세상의 고려사항을 검토해야 한다.

직원이 회사로부터 제공받은 쿠폰을 가지고 음식값을 계산하면서, 최소한 2.67유로(세무상 현물급여 인정가액)를 스스로 부담한다면, 회사로부터 제공받은 현물급여(쿠폰)의 가액은 근로소득으로 간주되지 않고(즉 본인의 급여에 가산되지 않고), 비과세 대상이 된다. 이처럼 비과세로 인정받기 위해서는, 쿠폰의 가액이 세무상 현물급여 인정가액(중식의 경우 2.67유로)을 제외하고 3.10유로를 초과해서는 안 된다. 달리 표현하면, 쿠폰의 가액이 5.77유로(2.67＋3.10)를 초과하지 않아야 한다.

이를 다시 회사의 관점에서 기술해 보면, 직원 본인이 2.67유로를 부담하면, 회사는 매 근무일에 중식비 명목으로 5.77유로 가액(이하)의 쿠폰을 직원들에게 비과세로 제공해 줄 수 있다. 바꿔 말하면 쿠폰의 가액이 5.77유로를 초과하지 않는다면, 회사는, 직원이 세무상 인정가액인 2.67유로를 부담하는 조건으로, 중식비(쿠폰)를 비과세로 제공할 수 있다.

이와 같이 근로자가 중식에 관한 세무상 인정가액인 2.67유로를 스스로 부담하면, 제공받은 쿠폰이 비과세가 되는데, **이 2.67유로를 회사가 대신 납부해 줄 수도 있다.** 회사가 이를 대납하게 되면, 이 2,67유로는 세무상 인정가액이면서 동시에 현물급여(쿠폰)를 제공받게 됨으로써 직원에게 추가로 생기는 경제적 편익이 된다. 따라서 추가로 발생한 경제적 편익은 당연히 근로소득세 납부 대상이 될 것이나(과세의 방식은 전술한 급여계산의 실례를 참조하기 바란다), 세법상 아래와 같이 사용자에 의한 일괄과세가 허용된다.

- 2.67유로에 대해 회사가 25%의 일괄세율로 근로소득세를 대납하는 것이 허용된다(일괄과세를 하게 되면, 경제적 편익에 대한 사회보험료가 면제된다).
- 이 세액에 대해 연대세와 교회세가 추가된다.

회사는 직원에게 매 근무일에 1장의 쿠폰만 제공할 수 있다. 따라서 회사는 해당 근로자가 매 근무일에 1장의 쿠폰만 사용했는지의 여부를 확인하기 위해 부재일(출장일, 휴가일 및 병가일) 등을 체크 Anwesenheitsdokumentation하고 있어야 한다. 즉 실 근무일을 따져 보아서 지급된 쿠폰의 수가 실제 근무일수를 넘지 않도록 관리해야 할 의무가 있다.

그러나 이처럼 일일이 직원들의 부재일을 체크하기란 결코 용이한 일이 아니다. 따라서 실무에서는 좀 더 효율적으로 운용하기 위하여, 아래와 같은 방식을 택하게 된다.

- 해당 근로자의 출장일이 월평균 3일을 초과하지 않는다는 조건이 충족되면, 각 직원당 매월 최대 15장의 쿠폰만을 제공함으로써, 사용자는 직원의 부재일을 체크해야 할 의무 Anwesenheitsdokumentation로부터 자유로울 수 있다.
- 이 경우, 휴가일 및 병가일은 고려하지 않아도 된다. 다시 말해서 휴가일과 병가일에 상관없이 월 15장의 쿠폰을 제공해도 된다.

이러한 전제 조건이 충족되지 않은 채로 보조비 지원을 운용한다면, 이제는 쿠폰의 가액(예를 들어 5유로)이 전액 해당 근로자의 과세대상 소득으로 간주될 것이다.

4) 쿠폰 제공으로 인한 실질적인 비용 절감액

전술한 바와 같이 대부분의 회사에서는 쿠폰을 통해 중식보조비를 지원하면서, 관리비용을 줄이기 위해 직원당 매월 최대 15장의 쿠폰을 지급하는 간편한 방식으로 운용하고 있다. 물론 이를 위해 몇 가지 전제 조건이 충족되어야 함은 말할 필요가 없다.

이와 같이 쿠폰 제공을 통한 중식비의 보조는 급여인상(현금수당 제공)과 비교하여 보조비 수혜 직원과 회사에게 실질적으로 어떠한 혜택이 주어지는지를 비교표를 통해 살펴보자. 아래의 비교표는 Sodexho Pass GmbH 라고 하는 쿠폰발행회사가 자사 홍보물에 제시한 비교표이다.

	직원이 2.67유로 부담하지 않음		직원이 2.67유로 부담함	
	쿠폰 제공	급여 인상	쿠폰 제공	급여 인상
쿠폰 가액	5.77	–	5.77	–
직원 부담	–	–	2.67	–
회사 부담	5.77	–	3.10	–
쿠폰 수 / 월	15장	–	15장	–
회사의 순부담 / 월	86.55	86.55	46.50	46.50
총부담액 역산(40%)	–	144.25	–	77.50
간접인건비(23%)	–	33.18	–	17.83
일괄과세(25%)	10.01	–	–	–
(일괄)교회세(7%)	0.70	–	–	–
연대세(5.5%)	0.55	–	–	–
쿠폰이용료(0.26 / 장)	3.90	–	3.90	–
회사의 총비용 / 월	101.71	177.43	50.40	95.33
회사의 총비용 / 연	1,220.52	2,129.16	604.80	1,143.96
비용 비교(절감 비율) / 연	**42.68%**	–	**47.13%**	–

* 총부담액 역산: 소득세율 40%로 역산한 회사의 총부담액(=86.55 / (1 − 0.4)). 예시한 40%가 다소 높아 보임.
* 간접인건비: 사용자가 총급여 Bruttogehalt에 더하여 추가적으로 부담해야 하는 사회보험료(급여계속지급보험 및 재해보험료 포함) 등을 말함. 2007년의 경우 사용자는 대략 총급여액의 23%(참고로 근로자의 사회보험료 총부담률은 약 20% 임)를 부담하게 됨.
* 일괄과세(25%): 세무상 인정가액인 2.67유로(경제적 편익)를 회사가 부담하고, 이에 대해 25%의 일괄세율로 근로소득세를 대납(10.01 =2.67유로×15장×0.25)하는 것이 허용됨.
* 교회세 및 연대세: 교회세(일반 및 일괄세율)는 주마다 세율이 상이함. 교회세와 연대세는 각각 일괄세액(10.01유로)에 세율을 곱하여 구함.
* 쿠폰이용료는 쿠폰 1장당 0.26유로. 쿠폰발생회사에 대해 지불하는 서비스 이용료임.
* 회사의 총비용: 쿠폰 가액 전액을 회사가 부담하고(5.77×15장), 2.67유로에 대해 25%의 세율로 세금을 대납해 주고(2.67×0.25×15장), 대납하는 일괄세액에 대하여 교회세와 연대세가 각각 부과되며 그리고 마지막으로 쿠폰이용료(0.26×15장)를 부담하게 됨.
* 비용 절감 비율: (2,129.16 − 1,220.52) / 2,129.16 =42.68%

위 비교표에서 보는 바와 같이, 현금 수당(결과적으로 급여인상)을 주는 방식보다 쿠폰을 통해 중식비를 보조하는 것이 비용상 훨씬 효율적임을 알 수 있다. 식비와 관련하여 정해진 세무상 인정가액인 2.67유로를 직원으로 하여금 부담하게 하지 않고, 회사가 직접 부담하는 방식을 택할 경우(가장 일반적인 방식임), 현금 수당을 지급하는 것과 비교할 때 약 43%의 비용을 절감할 수 있다. 직원의 입장에서 볼 때 쿠폰으로 받는 86.55유로라는 금액을 급여 인상을 통해 받는다고 가정하면, 144.25유로가량의 급여인상이 이루어져야 한다. 즉 그만큼의 급여인상 효과가 있다는 의미이다. 물론 2.67유로를 직원으로 하여금 부담하게 할 수도 있는데, 이 경우 현금 수당을 지급하는 것과 비교하면 회사의 입장에서 약 47%의 비용을 절감할 수 있다. 참고로 회사의 사정상 직원의 부담을 더 높게 할 수도 있을 것이다. 예를 들어 3유로를 부담하게 하면, 회사의 부담분은 나머지 2.77유로가 된다.

부연 설명하면, 직원이 부담하는 2.67유로(혹은 위 예처럼 3유로)는 근로소득세와 사회보험료가 이미 납부된, 말하자면 깨끗한 돈이다. 여기에 대해 다시 과세를 하게 되면 이중과세가 될 것이다. 이 금액을 직원이 직접 부담하게 하지 않고, 대신 사용자가 부담하게 할 수도 있는데, 이때에는 25%의 일괄세율이 적용된다. 직원이 부담하면 더 이상의 과세는 없다.

이와 달리, 근로계약서상 급여를 지불할 때 중식 쿠폰 가액을 차감하고 지급하는 것으로 계약을 맺거나 혹은 이미 존재하는 계약을 변경하는 경우도 상정해 볼 수 있다. 이때 급여에서 차감되는 쿠폰 가액은, 앞서와는 달리 아직 근로소득세와 사회보험료가 과세되지 않은 부분이다. 다소 복잡하나, 이런 경우에는 과세소득을 어떻게 정하는지를 참고로 살펴보기로 한다(소득세지침서 제31조 7항):

예) 근로계약서상 A 씨의 급여는 3,500유로이다. A 씨는 매월 제공받는 쿠폰 15장에 대하여 월 60유로를 총급여 Bruttogehalt에서 차감하여 급여를 정하는 것으로 계약을 갱신했다(급여계산 시 순급여액 Nettogehalt에서 쿠폰 가액을 차감하고 급여를 송금해 주는 것과는 전혀 다르다!).

이때 두 가지 경우로 나누어 살펴보아야 한다.

- 쿠폰 1장의 가액이 5유로(A 씨는 실제로 장당 4유로를 지불했다. 2.67유로 이상만 본인이 지불하면 동일한 결과를 나타낸다.)일 경우, 쿠폰 1장의 가액이 5.77유로를 초과하지 않아야 한다는 조건을 충족시키게 된다. 이때에는 근로소득세 과세 대상인 경제적 편익에 해당하는 금액은 세무상 인정가액인 2.67유로가 된다. 따

라서 근로소득세 과세대상은 3,480.05유로(3,500-60+(2,67×15 장))가 된다.

- 쿠폰 1장의 가액이 6유로일 경우(5,77유로를 초과하면), 전체 가액이 추가로 발생하는 경제적 편익으로서 과세대상 소득이 된다. 따라서 A 씨의 근로소득세 과세표준은 3,800유로(3,500-60+(6×15장)가 될 것이다.

5) 사내식당에서의 식사 제공

회사가 직접 운영하는 사내식당 Kantine에서 직원에게 식사를 제공할 경우, 이것도 현물급여에 해당되므로 과세가 되는 것이 원칙이다. 그렇다면 이 현물급여를 제공받음으로써 직원에게 추가로 발생하는 경제적 편익을 얼마로 볼 것인가?

회사가 직접 운영하는 사내식당에서 제공하는 식사 Katinenmahlzeit에 대해서는 세무상 인정가액이 경제적 편익이라고 간주된다. 즉 경제적 편익인 2.67유로(점심식사의 경우)에 대해서 회사가 대납을 하든지(무료로 식사 제공 unentgeltliche Mahlzeiten) 혹은 본인이 최소한 2.67유로 이상을 직접 부담함으로써(저렴한 가격으로 식사 제공 verbilligte Mahlzeiten) 사내식당에서 직원에게 제공되는 식사에 대한 과세가 완료되는 것이다. 사내식당에서 제공하는 한 끼 식사의 가격이 실제로 얼마인지는 과세에 영향을 미치지 않는다.

6) 특별한 경우의 예외 규정

중요한 업무상의 사유가 발생하여 이로 인하여 사용자가 근로자에게 식사를 제공하였다면, 이때의 식비는 전액 비과세 대상이다(소득세지침서 Lohnsteuer-Richtlinie 제31조 8항). 예를 들어, 중요한 주문이 밀려 있다든지 혹은 세무감사 때문에 회계 직원이 야근을 해야 한다면, 이때 사용자가 제공한 식사의 식비는 비과세 대상이 된다.

앞에서 언급한 것과 같이 출장 중에 사용자가 직원에게 제공한 식비는 세무상 현물급여 인정가액만이 과세대상 소득이 된다(소득세지침서 제31조 8항). 한 끼 식비의 가액이 40유로를 초과해서는 안 된다는 규정은 모든 경우에 해당된다.

•••• *31*

현물급여, 직원에 대한 호의표시 및
사내 행사비

1) 현물급여

근로관계를 매개로 하여 근로자에게 지급되는 모든 현물급여 Sachbezüge는, 후술할 호의표시(40유로 규정)에 해당되어 비과세로 구분되지 않는 한, 과세의무가 있는 근로소득으로 간주된다.

그러나 호의표시 Aufmerksamkeit에 해당되지 않는 지출을 합산하여 월 44유로(Freigrenze: 44유로를 초과하면, 그 초과분이 아닌 전체 금액에 대해 과세됨)를 초과하지 않는다면, 이 지출액은 근로소득으로 간주되지 않고, 따라서 비과세로 처리할 수 있다(복리후생비 freiwillige lohnsteuerfreie Sozialleistungen). 후술할 호의표시와 혼동할 여지가 많은데, 현물급여에 대한 44유로 규정은 월 단위로 하는 것이고, 호의표시에 대한 40유로 규정은 개별 건에 대한 규정이라는 것을 구분하여 이해하면 된다.

2) 직원에 대한 호의표시

직원에 대한 호의표시 Aufmerksamkeit로 지출되는 비용은 그 가액이

40유로를 초과하지 않는 한 비과세 대상이다. 직원에 대한 호의표시란, 경조사 등 직원 개인에 관련된 일을 계기로 하여 인정상 통상적으로 주고받는 책, 꽃, CD 따위의 선물을 말한다. 또한 식사시간 이외의 사내에서의 음료수와 간식의 제공, 결혼, 출산 및 입원 등 개인의 경조사와 관련된 선물, 특별한 작업(초과 근무 포함)에 투입된 직원에 대한 식사 제공 그리고 특별히 사업상 모임에 참석한 직원에 대한 식사 제공 및 선물 등 업무를 원활히 하기 위하여 제공된 식사 및 음료수 등이 모두 이에 해당된다. 다만, 그 가액이 **40유로**(부가세 포함)를 초과하지 않는 범위 내에서 제공할 경우에만 비과세로 처리할 수 있다(즉 급여로 간주되지 않는다). 그러나 이 금액을 초과할 시에는, 그 초과분이 아닌 전체 금액에 대해 현물급여로 간주하여 과세된다는 것을 유의할 필요가 있다.

3) 사내 행사비

직원을 대상으로 한 창립기념행사, 크리스마스 파티, 직원 야유회 등 회사의 공식적인 행사에 지출된 비용은 비과세소득에 해당되어, 각 직원의 근로소득에 합산되어 과세되지 않는다. 다만, 이러한 사내행사 Betriebsveranstaltung로 인정받기 위해서는, 그 행사가 전체 직원을 대상으로 한 통상적인 회사의 행사일 것과 그러한 통상적인 행사에 어울린다고 보이는 용도에 지출한 것이어야 한다.

또한 직원 일인당 지출 금액이 110유로(110유로 규정)를 초과하지 않아야 통상적인 사내행사로 인정이 되고, 비과세로 처리할 수 있다. 각 직원당 지출이 110유로(부가세 포함)를 초과할 경우, 그 초과분이 아닌 전체 금액에 대하여 과세된다는 것에 유의해야 한다. Freigrenze 개념은, 일정 한도금액까지는 면세를 인정해 주다가, 그 금액을 초과하게 되면 초과분이 아닌 전체 금액에 대해 과세하는 개념이고, Freibetrag 개념은 일정 한도금액을 초과하면, 그 초과분에 대해서만 과세가 되는 개념이다. 따라서 세법상 면세가 인정될 경우에, 이것이 Freigrenze에 해당하는 것인지 혹은 Freibetrag에 해당하는 것인지 확인해 보아야 한다. 통상적인 용도라고 한다면, 예를 들어 행사와 관련하여 제공된 음료수, 식사, 숙박, 입장료(예컨대 음악회), 차비 등등에 지출된 비용을 말한다.

때로는 부서 단위로 행사를 할 경우도 있는데, 이때 비록 전체 직원을 대상으로 해야 한다는 조건에 위배 되지만, 만약 타 부서도 이러한 행사를 하는 데 아무런 제약이 없다면 이것 역시 사내행사로 인정이 된다고 본다.

통상적인 행사여야 한다는 조건은, 그 행사가 일 년에 1회 내지 2회 정도 열리는 행사여야지 그보다 더 자주 열리는 행사는 통상적인 회사의 행사라고 보지 않는다는 점에 유의할 필요가 있다. 그러나 그 행사의 기간에 대해서는 아무런 제약이 없다.

대부분의 회사에서는 크리스마스 파티 때, 경품추첨 Tombola을 통해서 직원들에게 상품을 주기도 한다. 이때 그 선물의 가액이 직원에 대한 호의표시에 적용되는 40유로 이하이면, 비과세로 처리할 수 있다. 그러나 40유로 이상의 비싼 경품(여행권, TV 등)일 경우에는, 그 경품의 가액이 경제적 편익에 해당되어, 전체 금액이 본인의 급여에 추가되어 과세 처리가 되어야 한다. 그러나 경품을 주면서 본인에게 세금을 부담하라고 하는 것은 경우에 맞지 않기 때문에, 이때에는 회사가 과세의 부담을 직원 대신에 떠안으면 된다. 이와 같은 경우에는 세법상 회사가 **25%** 의 일괄세율로 대납하는 것이 허용된다.

4) 소득세법 제37b조에 의한 일괄과세의 허용

소득세법 제37b조에 규정된 일괄과세에 대해 알아보자. 간편 과세를 위해 2007년부터 새로이 도입된 이 제도는 선물 제공 등에 따른 현물급여와 회사 운영상의 이유로 해서 발생한 비용 Betrieblich veranlasste Zuwendungen(소득세법 제4조 5항 1문 1호상의 비용: 현금이 아닌 현물의 경우)에 대해서 사용자가 일괄세율로 대납을 할 수 있는 길을 열어 놓았다. 각각의 현물급여의 종류에 따른 일괄과세율은 아래와 같다:

- 우수 고객에 대한 여행상품 지급 Incentive-Reise 30%
- 회사 방문 고객에 대한 선물 Geschenke 30%
- 직원에 대한 선물 등 현물급여 Sachzuwendungen 30%
- 사내행사비 25%
- 직원에 대한 Job-Ticket 제공 15%

이전에는 Incentive-Reise 등에 소용된 비용은 회계처리 시 손금불산입 사항이었으나, 2007년부터는 이 비용과 회사가 부담한 일괄과세액이 회사의 정상적인 운영비용 Betriebsausgaben으로 인정이 된다.

●●●● *32*

직원에 대한 대여금의 과세 처리

직원에 대한 대여금 Arbeitgeberdarlehen은 2.600유로까지는 비과세로 제공할 수 있다. 이 금액을 초과하더라도 연 5% 이상의 이율을 부과하여 대여금을 제공하게 되면, 역시 급여계산 시 비과세된다.

그러나 이 금액(2.600유로)을 초과하여 **무이자**로 직원에게 대여금을 제공했을 경우, 전체 대여금액의 연 5%를 경제적 편익으로 간주하여, 이를 매달 개인 소득에 가산하여 과세하게 되는데(현물급여 급여계산 예시 참조), 다만 매달 변제를 한 이후 그 잔여 대여금이 2.600유로에 이를 때까지만 소득에 가산하여 과세하게 된다.

예) 직원 A는 2007년 4월 1일 회사로부터 대출받은 4,000유로를, 5월 1일부터 매달 급여에서 100유로씩 차감해서 갚기로 했다.

2007년 4월	원금 4,000	이율 5%	이자 16.66(4,000×5% / 12개월)
2007년 5월	원금 3,900	이율 5%	이자 16.25
2007년 6월	원금 3,800	이율 5%	이자 15.83
……			
2008년 5월	원금 2,700	이율 5%	이자 11.25

2008년 6월   원금 2,600   이율 5%   이자 -

위 예에서 매월 이자액(16.66유로, 16.25유로, ……)이 매월 급여에 가산되어 과세된다(현물급여 급여계산 예시 참조).

마찬가지로 **5% 보다 적은 이율**로써 대여금을 제공했다면, 5%와 실이율과의 차이 이율만큼의 금액이 역시 경제적 편익으로 간주되어 과세되는데, 이 또한 잔여 대여금이 2.600유로에 이를 때까지만 적용하게 된다.

•••• *33*

퇴사 시 미사용 휴가에 대한 금전 보상

연방휴가법 Bundesurlaubsgesetz 제7조 4항에 따라, 퇴사 시 미사용 휴가일에 대해서는 금전으로 보상해 주어야 한다. 같은 법 제11조 1항에 따라 금전 보상액수 Urlaubsentgelt 산정 방법은 아래와 같다.

최근 13주 동안의 급여를 기준으로 해서 일급을 계산한다(13주의 급여 대신 3개월 급여를 대입해도 된다). 이 급여에는 보너스 금액이 포함되지 않는다.

13주 급여(혹은 3개월 급여) / (13×주당 근로일) = 일급

이와 같은 방식으로 계산하면, 주 5일제 근무자의 경우, 1개월의 근무일수는 22일(13주×주 5일=65. 이것을 3개월로 나누면 약 22일이 됨)로 간주하는 셈이 되고, 주 6일제 근무자의 경우에는 1개월의 근무일수가 26일로 간주하는 셈이 된다.

위에서 산출된 일급에 잔여 휴가일수를 곱하면, 퇴사 시 미사용 휴가에 대한 금전 보상액수가 정해진다.

미사용 휴가일수를 정함에 있어 유의해야 할 것은, 근속기간이 6개월을 경과했느냐의 여부와 퇴사시점이 6월 30일 이전이냐 혹은 7월 1일 이후이냐의 여부이다.

6개월이 경과하지 않았다면, 휴가일수는 근무한 월에 따라 연차유급휴가의 1 / 12씩 부여하면 된다. 퇴사시점이 6월 30일 이전이면 역시 1 / 12씩 휴가를 부여하면 된다. 그러나 퇴사시점이 7월 1일 이후이면 연차유급휴가 전체에 대한 청구권이 있다는 것에 유의해야 한다. 따라서 2006년 7월 1일에 입사하여, 2007년 7월 31일에 퇴사했다면, 2006년의 휴가일수는 정규 연차의 6 / 12을 부여했을 것이며, 퇴사 시 2007년에 부여되는 휴가일수는 정규 연차유급휴가의 100%를 모두 부여해 주어야 한다.

●●●● *34*

누진유보제도

독일 소득세법 Einkommensteuergesetz 제32b조에 열거되어 있는 소
득은 통상의 소득세율 적용 방식과는 달리 특별하게 세율을 적용한다
고 되어 있다. 소위 누진유보제도 Progressionsvorbehalt에 관한 조항이
다. 누진유보제도에 따른 근로소득세 산정 방식은 아래와 같다:

예를 들어, A 씨가 이번 달에 급여 이외에 야간근무수당을 받았다고
하자. 이때 근로소득세액 계산 방식은, 우선 기존의 과세표준(급여에서
소득공제액을 차감한 금액)에 야간근무수당을 가산하여 새로운 과세표
준을 정하고, 세율표에 따라 그 과세표준에 따른 세율을 확정 짓고, 다
시 가산된 야간근무수당을 차감한 본래의 과세표준에 그 세율을 곱하
여 근로소득세액을 확정 짓는 것이다.

즉 소득세법 제32b조상의 소득은, 그 자체로는 비과세대상 소득으로
서 과세표준에 포함되지 않으나, 세율을 정할 때는 가공으로 과세표준
에 가산되어 가산된 과표에 따른 세율을 확정 짓는 방식으로, 상대적으
로 높은 세율이 적용되어 근로소득세를 조금 더 많이 납부하게 한다.
엄밀히 말하면 완전비과세 소득은 아니나, 과세소득으로 분류될 때보다
는 확실히 적은 세금을 내게 된다.

비과세 소득 steuerfreie Einkünfte이면서, 누진유보제도하에 놓이는 소득의 종류는,

- 실업급여 I과 II ALG I, II
- 상병급여 Krankengeld
- 산전후휴가급여 Mutterschaftsgeld
- 산전후휴가급여에 대한 사용자의 보조금
- 육아휴직수당 Elterngeld
- 이중과세방지협정 Doppelbesteuerungsabkommen(DBA)에 따라 비과세로 분류된 본국에서의 소득.

따라서 주재원이 부임과 귀임 시 동일한 과세연도(독일에서 무제한 납세의무가 있는 과세연도)에 한국에서 받은 급여 수입은 누진유보제도를 적용받는 수입으로 분류될 것이다.

제 4 장

근로관계의 유지와 관리를 위한 규정들

Das deutsche Arbeitsrecht in der Praxis

근로계약을 체결하고 근로관계가 시작되고 난 이후에는, 근로자와 사용자가 모두 근로계약상의 여러 근로조건들을 준수하면서 근로관계를 원활하게 유지하고자 노력하게 된다.

이와 같이 근로관계를 원활하게 유지하기 위해 알아두어야 할 규정에는, 노동법의 규정 이외에도 소득세법과 사회법의 규정들이 모두 해당될 것이다. 앞선 세 장에서 이미 상당수 이러한 규정들에 대해서 다루었다. 전술한 이러한 규정들 이외에도 노사관계를 원만하게 유지 / 관리하기 위하여 기본적으로 알아두어야 할 사항들을 근로관계의 유지와 관리라는 제목 아래에 정리해 보았다. 넓게 보면, 사실은 이 책에서 다루는 내용들이 모두 근로관계의 관리를 위한 규정들이라고 할 수 있을 것이다. 근로관계를 원활하게 유지 / 관리하기 위하여 관련 법규정들의 내용을 정확히 아는 것이 얼마나 중요한 것인지를 한 번 더 강조하기 위하여 이러한 제목을 뽑아 보았다.

이 장에서 다루는 내용들은 노동법상 근로자 수에 관한 규정, 단시간 근로관계에 관한 규정과 실무에서 자주 문제가 되는 병가에 관한 규정, 임산부 및 육아휴직에 관한 규정, 조기은퇴에 관한 규정 및 직업훈련생 제도에 관한 규정 그리고 프리랜서 고용에 관한 내용 등이다. 복리후생제도에 대해서는 실무에 용이하게 적용할 수 있도록 따로 요약하여 일별이 가능하게 정리해 놓았다.

●●●● *35*

노동법상 '근로자 수' 규정에 대한 오해와 이해

노동법 규정을 이해하는 데 있어서 자주 오해가 발생하는 부분이 근로자 수에 관한 규정이다. 대표적인 예로서 해고제한법에 따르면, '근로자 수가 **10인보다 많을 경우** 그 적용이 있다'라고 규정되어 있다. 국문으로 된 많은 참고자료를 보면 이를 '10인 이상'이라고 설명하고 있으나, 이는 옳지 않다. 10인의 근로자를 고용하고 있는 회사의 근로자는 해고제한법의 적용 대상이 아니다. 그렇다면 11인 이상이라고 해야 할 것인가? 그것도 정확하지 않다.

엄밀하게 우리 식으로 말하자면, '**10.25인 이상**'이 정확한 표현이다. 민법 제622조 5항과 해고제한법 제23조 1항에 의하면, 근로자 수의 계산은 주당 근로시간을 기준으로 한다. 주당 근로시간이 20시간 이내인 근로자는 0.5인으로 계산하고, 30시간까지는 0.75인 그리고 30시간보다 많을 경우에는 1인으로 계산을 한다. 따라서 풀타임으로 근무하는 9인의 근로자와 20시간을 근무하는 근로자 1인 및 25시간을 근무하는 근로자가 1인이 있다면, 해고제한법상 이 회사의 근로자 수는 **10.25인**(9+0.5+0.75=10.25)이 된다. 이론적으로 0.25인이 가능한 것이다.

참고로, 경영협의회의 결성 조건은 선거권 있는 상시 근로자 5인 이상(풀타임이냐 혹은 파트타임이냐의 여부는 불문)의 사업장 Betrieb이고, 경영조직법상의 근로자대표의 감사회 참여에 관한 공동결정법은 근로자 2,001인 이상(2,000.25인 이상이 아님: 근로시간에 따라 근로자 수를 산정하지 않고, 머릿수에 따름)의 물적회사에 적용된다.

근로자 수는 계속 움직이므로, 근로자 수 산정이 필요한 시점의 앞뒤 대략 12개월을 기준으로 해서 판단하는 것이 일반적이다. 참고로 해고제한법상의 근로자 수를 계산함에 있어서 직업훈련생은 포함되지 않으나, 간부급 직원 Leitender Angestellte은 합산을 한다. 그러나 예를 들어 판매지점의 지점장(서류상으로 지점장 임명이 된 경우)은 비록 간부급 직원이지만, 법 취지에 맞춰 볼 때 사용자의 지위를 가지기 때문에 근로자 수에 합산하지 않는 예외가 있다.

경영조직법 Betriebsverfassungsgesetz의 규정에도 근로자 수에 관한 규정이 나온다. 기업의 근로자 수에 따라, 감사회 멤버 중 근로자 대표의 수가 정해지는데, 이때는 위와 달리 근로자 수를 산정함에 있어서 간부급 직원을 포함시키지 않는다.

다소 복잡하지만 이를 간단히 정리해 보면, 개별적 근로관계를 규정한 법률에서의 근로자 수에는 간부급 직원이 포함되지만, 집단적 노사관계를 규정한 법률에서의 근로자 수에는 간부급 직원이 포함되지 않는다.

•••• *36*

근로시간

1) 법정근로시간

근로시간법 Arbeitszeitgesetz 제2조 1항에 따르면, 근로시간 Arbeitszeit 은 작업의 개시에서 종료까지의 시간에서 휴식시간 Ruhepausen을 제외한 시간을 말한다. 같은 법 제3조에 따르면, 1일 근로시간은 8시간을 초과할 수 없다. 다만, 6개월 혹은 24주 이내의 하루 평균 근로시간이 8시간을 초과하지 않는 범위 내에서 1일 10시간까지 근로시간의 연장이 가능하다. 따라서 1일 법정근로시간이 8시간이라고 해서, 8시간을 초과해서 근무를 시킬 수 없다는 의미가 아니라, 향후 6개월 이내 혹은 24주 이내의 어느 근무일의 근로시간을 임의로 줄여줌으로써 그 전체 기간 동안의 하루 평균 근로시간이 법정근로시간인 8시간을 초과하지 않도록 하면, 하루 10시간까지 연장해서 근로를 시켜도 무방하다는 것이다.

같은 법 제4조에 따라, 근로시간이 6시간보다 길어질 경우 최소 30분의 휴식시간 Ruhepausen을 부여해야 하며, 근로시간이 9시간보다 길어질 경우에는 최소한 45분의 휴식시간을 부여해야 한다. 따라서 휴식시간 없이 6시간보다 더 긴 시간을 근로시켜서는 안 된다. 이러한 원칙을 지키면서 다른 휴식시간을 설정할 수 있는데, 이때 부여하는 휴식시간의 최소 단위는 15분이 되어야 한다.

2) 예외 규정

같은 법 제7조 1항에 따르면, 단체협약이 허용하거나 혹은 단체협약에 근거하여 이루어진 사업장협약 Betriebsvereinbarung 혹은 공공사업장협약 Dienstvereinbarung이 허용하는 경우:

- 근로시간이 규칙적으로 그리고 대부분 근로대기상태 Arbeitsbereitschaft 혹은 대기성근무 Bereitschaftsdienst에 속할 경우, 같은 법 제3조의 규정과 달리 1일 근로시간을 10시간 이상으로 할 수 있다.
- 같은 법 제3조의 규정(6개월 혹은 24주 이내)과 달리, 초과된 근로시간을 조정하는 기간 Ausgleichszeitraum을 다르게 적용시킬 수 있다.

근로대기상태 Arbeitsbereitschaft는 물론이고, 대기성근무 Bereitschaftsdienst (종합병원의 의사와 같이 근무지 내에 머물러 있어야 하는 업무)의 대기 기간도 근로시간에 포함된다. 이는 2003년 9월 유럽법원 Europäischer Gerichtshof의 결정을 독일 국내법에 받아들여 적용시킨 결과이다. 이와는 달리 호출대기상태 Rufbereitschaft(사용자의 지시에 따라 정규 근로시간 이외의 시간에 지시한 장소에 머물면서 호출에 따라 즉시 근무지 혹은 작업장에 투입될 수 있도록 대기하는 것인데, 단체협약 혹은 개별근로계약상의 약정에 따라 이러한 근무형태가 가능하다)는 근로시간에 포함되지 않는다.

3) 파트타임으로의 전환 요구

최소 6개월을 근무한 근로자는 근로계약상 합의된 근로시간보다 더 적은 근로시간으로 근무할 것을 사용자에게 요구할 수 있다. 이때 근로자는 단축된 근로시간이 적용될 시점의 3개월 이전에 이미 근로시간의 단축 및 그 범위에 대해서 사용자와 합의를 끝내야 한다. 따라서 근로자는 그 이전에 사용자에게 서면으로 파트타임을 원한다는 의사표시를 해야 될 것이다. 참고로 근로시간의 범위란 근로자가 원하는 파트타임 시간대를 말하는데, 원하는 파트타임 시간대란 이론상으로 연속적이 아닌 단속적인 근로시간도 가능함을 의미한다.

사용자는 위의 요건을 갖춘 근로자가 파트타임을 요구하면, 다른 **긴박한 경영상의 이유** Dringende betriebliche Gründe가 없는 한 이를 받아들여야 한다.

단시간 근로와 관련하여 한 가지 덧붙일 것은, 만약 사용자가 파트타임을 풀타임 근로자로 혹은 풀타임을 파트타임 근로자로 전환할 것을 요구하는 것에 대해 근로자가 이를 거부한다는 이유로 해고를 한다면, 이 해고는 부당한 해고가 되어 효력이 없게 된다는 점이다.

•••• *37*

단시간 근로자의 고용에 관한 규정

단시간 근로자란 근로시간이 정규 근로자의 근로시간보다 짧은 경우를 통칭하는 것이다. 단시간 근로자 또는 파트타임 근무자에 대한 노동법의 적용은 정규 직원에 대한 그것과 하등의 차이가 없다.

여기서 말하는 파트타임은 독일어의 Teilzeitarbeit 혹은 Teilzeitbeschäftigung을 번역한 것인데, 우리가 일상적으로 사용하는 파트타임의 범위보다 훨씬 좁은 의미로 쓰이는 것이다. 혼동이 생길 여지가 많으나, 딱히 다른 단어로 대체할 만한 것이 없어서 그대로 쓰기로 한다. 독자들께서 조금만 주의를 기울이시면 혼동을 피할 수 있으리라 본다.

여기서는 먼저 실무에서 빈번히 행해지고 있는 Mini Job과 단기근무 Kurzfristige Beschäftigung 그리고 **학생 아르바이트**에 대해, 특히 사회보험료 및 근로소득세 면제의 관점에서 살펴보기로 한다. 단기근무 및 Mini Job에 관해서는 사회보험료 면제 등과 관련하여 규정의 적용이 까다롭고, 자주 개정되므로 급여계산 시 정확한 규정을 적용하는 데 주의를 기울여야 한다. 여기에 더하여 학생을 파트타임으로 고용할 경우에 유의해야 할 사항에 대해서도 살펴볼 것이다.

1) Mini Job
(Geringfügig entlohnte Beschäftigung; low paid job)

회사에서 **일시적**으로 인력이 필요하거나, 아주 단순한 업무를 위해 인력을 고용하고자 할 경우(사무실 청소, 자산 실사, 자료 정리 등), Mini Job이라는 고용 형태가 대안으로 떠오르게 된다.

'Mini Job'이라고 통칭되는 저임금 파트타임에는 두 가지 종류가 있다. 하나는 400-유로-Mini Job이고, 다른 하나는 401-800-유로-Mini Job이다(Mini-Job과 구별하여 흔히 Midi-Job이라고도 부른다). 후자는 월 급여가 401유로에서 800유로 사이에 해당하는 저임금 파트타임 근로자에게 사회보험료 계산 시 근로자의 부담분을 통상적인 요율인 50%보다 적게 부담하도록 해 주기 위한 제도로서, 근로소득세는 제출된 근로소득세카드 Lohnsteuerkarte에 따라 정규 직원과 똑같이 부담한다. 전자는 실무에 많이 쓰이는 고용 형태이므로, 좀 더 상세하게 설명하도록 한다.

평균 급여

400-유로-Mini Job(이하 Mini Job)이란, 월 평균 급여가 400유로를 넘지 않는 고용 형태를 말한다. 이때 평균 급여란 채용 후 일 년간 평균한 급여를 말한다. 참고로 여기에는 출퇴근보조금, 개인연금보험보조금 등은 합산하지 않는다. 이 보조금들은 이미 사용자가 각각 15% 및 20%의 일괄세율로 세금을 납부했기 때문이다. 그러나 월 급여가 비록 400유로를 초과하더라도,

- 그것이 일 년에 한 번 혹은 많아야 두 번 정도 초과한 경우 **그리고**
- 그것을 사전에 전혀 예상치 못한 경우(예컨대 동료의 갑작스런 병가 등의 이유로 초과근무한 경우)에는,

Mini Job의 전제 조건을 충족시키지 못한다고 보지 않는다. Mini Job으로 인정되면, 근로소득세와 사회보험료 산정 시 여러 가지 유리점이 있다. 참고로, 이전까지 주당 근로시간이 15시간 이내이어야 한다는 규정이 있었으나, 2003년 4월 1일 이후부터 이 규정은 폐지되었다. 즉 Mini Job을 판단함에 있어서 주당 근로시간은 하등의 의미가 없다.

근로소득세

Mini Job이라고 하더라도, 기본적으로는 근로소득세 과세 대상이다. 즉 근로소득세카드를 내고 정상적으로 근로소득세를 납부해야 한다. 그러나 소액급여를 지급하면서 근로소득세카드에 의한 급여계산을 하는 것이 다소 귀찮을 수도 있다. 이때는 사용자가 2%의 일괄소득세를 대신 부담하면 근로자는 근로소득세카드를 제출할 필요도 없고, 그 소득에 대해 면세가 된다. 이를 위해서는 전제 조건이 있는데, 사용자가 근로자를 대신하여 연금보험료를 일괄요율인 15%를 적용하여 대납해 주면 된다. 바꾸어 말하면, Mini Job으로 인정받기 위해서는 연평균 월급여가 400유로 이하이어야 하고 또한 사용자가 연금보험료를 일괄보험요율인 15%로 대납해야 한다.

참고로, 이때의 근로소득세는 세무서에 납부하는 것이 아니라, **Bundesknappschaft**(Mini Job의 사회보험료 수납기관)에 납부한다. 그리고 근로자와의 합의에 따라, 이 2%의 일괄 근로소득세를 근로자가 부담하게 할 수도 있다.

사회보험료

Mini Job으로 인정이 되면, 근로자는 사회보험료가 면제된다. 의료보험의 경우, 근로자가 공보험에 가입되어 있다면, 사용자가 13%의 일괄요율로 의료보험료를 대납해야 한다. 만약에 공보험에 가입이 되어 있지 않거나, 사보험에 가입하고 있다면, 사용자의 대납의무는 면제된다.

연금보험의 경우, 사용자는 15%의 일괄요율로 연금보험료를 대납해야 한다. 사용자가 일괄해서 연금보험료를 대납하기 때문에 근로자는 연금보험을 면제받게 되는데, 이때 근로자는 본인이 원할 경우에 이러한 연금보험의 면제옵션 Beitragsfreiheit을 포기할 수도 있다. 즉 통상요율인 19.9%(2007년 기준)보다 적게 냄으로써 자신의 연금보험 납부액이 줄어들기 때문에, 본인이 그 나머지를 납부하고자 할 경우이다. 15% 일괄요율로 사용자가 납부하고, 그 나머지 즉 19.9%−15%=4.9%는 본인이 부담하는 것이다. 이 경우 면제 옵션을 포기하겠다는 사실을 근로자로부터 서면으로 받아 놓아야 한다.

Mini Job에 대한 연금보험과 의료보험의 일괄요율은 2006년 7월 1일부터 각각 12%에서 15%로 그리고 11%에서 13%로 인상되었다. 따라서 이전보다 사용자의 부담이 5%−포인트 증가된 셈이다. 근로소득세카드를 제출하지 않을 경우에 사용자가 대납하는 소득세의 일괄요율은 2%로 종전과 동일하다. 따라서 Mini Job의 경우 사용자가 부담하는 사회보험료의 총요율은 종전의 25%에서 30%(15%+13%+2%)가 되었다.

다수의 Mini Job

여러 개의 Mini Job을 가지고 있을 경우 어떻게 이 규정을 적용하는

가? 다수의 Mini Job으로부터의 수입을 합산하여, 연평균 월급여가 400유로가 넘지 않으면, Mini Job으로 인정되어, 근로소득세 및 사회보험료 산정 시 전술한 규정을 적용받게 된다.

그러나 400유로를 초과하게 되면, 각각의 Mini Job에 대해 근로소득세 및 사회보험료를 납부해야 한다. 다만, 근로소득세는 대납이 허용되는데, 다수의 Mini Job을 합산하면 400유로가 넘지만, 그 개별 Mini Job의 수입이 400유로를 넘지 않는다면, 개별 Mini Job의 사용자는 소득세카드의 제출 없이 20%의 일괄소득세율로 근로자의 근로소득세를 대납해 줄 수 있다(전술한 2% 일괄과세와 구별).

연금보험의 면제옵션을 포기하는 경우, 한 Mini Job은 포기하고, 다른 Mini Job은 포기하지 않을 수는 없다. 모두 포기하든지 혹은 그렇지 않든지 일관되게 해야 한다.

2003년 4월 1일부터, 사회보험료 납부의무가 있는 본업 이외에 second job으로서 1개의 Mini Job을 갖는 것이 허용되었다. 즉 본업 이외의 Mini Job(요건을 충족한 경우)은 사회보험료와 근로소득세가 전술한 바와 같이 면제되는 것이다.

따라서 채용 시 다른 회사에서 Mini Job으로 근무하는지의 여부를 서면으로 작성해서 제출하게 해야 한다. 그렇게 해야만 다수의 Mini Job을 합산해서 근로소득세와 사회보험료의 대납 여부를 판단할 수 있기 때문에, 이는 매우 중요한 사항이다. 끝으로, 앞에서도 언급했듯이 단시간 근로자도 정규 근로자와 노동법상 동일한 대우를 받는다. 이는 휴가에 대한 청구권, 병가기간 동안의 임금계속지급 및 해고제한법의 적용을 받음에 있어서 불이익을 받지 않는다는 것이다.

2) 단기근무

여름철 휴가기간이나, 포도 수확철 등 단기간에 노동력이 필요할 경우에 단기근무 Kurzfristige Beschäftigung(seasonal work)라는 고용형태를 고려할 수 있다. 단기근무에 해당하는 요건을 충족시킬 경우, 사회보험료가 면제되어 근로자와 사용자 모두 비용을 절감할 수 있다.

단기근무의 요건

단기근무로 인정되기 위한 요건은,

- 지속적인 근무와 구별하여, 근무기간이 2개월(calendar day로 60일) 혹은 근무일(working day) 기준으로 50일 이하여야 한다. 대상 근무의 시작일에 그해(역년; calendar year)에 근무했던 단기근무의 근무일을 합산하여, 위 요건에 해당하는지의 여부를 판단하게 된다. 일주일에 5일 이상을 근무할 때는 2개월 규정을 적용하고, 일주일에 5일 미만을 근무할 때는 근무일 50일 기준을 적용해서 판단한다. 야간근무가 이틀에 걸쳐 이루어졌다면, 이 야간근무는 하루 근무로 산정한다.
- 직업적이고 지속적인 근무여서는 안 된다. 그 근무가 직업상의 근무로서, 지속적으로 행해지는 것이면 단기근무에 해당되지 않는다. 직업상의 근무냐 아니냐의 여부는 그 근무가 개인에게 경제적으로 가장 중요한 것이냐의 여부로 판단한다. 즉 대입자격시험을 치른 후 대학 입학 전까지 일을 한다든지 혹은 정년퇴직한 사람이 파트타임으로 일을 한다면, 그것은 경제적으로 직업이라고 할 만큼 중요한 일이 아니라고 판단한다.

사회보험료

위의 요건을 충족시키면 사회보험료가 면제된다. 사용자가 일괄세율을 적용해서 대납할 의무도 없이 면제가 된다. 이 근무가 비록 Mini Job에 해당되더라도, 단기근무의 요건을 충족시키면, 이제는 Mini Job으로 간주되는 것보다는 단기근무로 간주되는 것이 비용상 훨씬 유리할 것이다. 사용자가 일괄해서 근로소득세를 대납할 필요가 없기 때문이다.

Mini Job과는 달리 단기근무의 경우에는 연금보험 면제 옵션을 포기하고 자신의 부담분을 적립하는 것은 허용되지 않는다.

근로소득세

기본적으로 근로소득세카드에 근거해서 근로소득세를 납부해야 한다. 사용자에 의한 일괄과세도 허용이 되는데, 몇 가지 요건을 갖춘 단기근무의 경우, 25%의 일괄세율로 사용자가 근소세를 대납하는 것이 허용되기도 한다.

3) 외국인 대학생(유학생) 아르바이트

사회보험법상 **학생 Ordentlich Studierende(Studenten)**은 Universitäten, Technische Hochschulen, Pädagogische Hochschulen, Hochschule für Musik, Hochschule für bildende Künste 등 대학에 등록 immatrikuliert 되어 있는 학생을 말한다. 박사 과정 Promotionsstudium에 있는 학생

Doktorand(in)의 경우, 사회보험법상 학생에 해당되지 않는다. **박사과정**에 있는 학생은 연간 90일 규정의 적용을 받지 않고, 일반인과 마찬가지로 정식 노동허가를 받아서 제출해야 취업이 가능하고, 당연히 각종 사회보험료의 납부 의무가 있다. 독일에서는 대학 졸업(Diplom 및 Staatsexamen) 후 1-3학기 동안 계속해서 학적을 유지하는 경우가 일반적인데, 이 경우도 사회보험법상 학생이라고 보지 않는다.

외국인 근로자의 노동허가에 관한 시행령 Verordnung über die Arbeitsgenehmigung für ausländische Arbeitnehmer(Arbeitsgenehmigungsgesetz: ArGV) 제9조 9호에 따르면, 외국인 대학생(한국 유학생 포함)의 경우 연간(calendar year) 3개월(근무일 기준 **90일**)을 초과하지 않으면, 별도의 노동허가가 없이도 근로를 할 수 있다. 주요 참고 사항은 아래와 같다.

- 학기 중에는 주당 2일을 초과하여 일할 수 없으며, 주당 20시간을 초과할 수 없다(주-20시간 기준). 그 이상 일을 하기 위해서는 노동사무소에 노동허가를 신청하여 발급받아야 하며, 노동허가 없이 일을 하게 되면 **불법노동**이 된다(최대 주당 2일 근무를 하여 45주간 이내이면 90일 규정에 저촉되지 않는다).

- 방학기간에는 full time으로 일을 할 수 있다. 다만 방학기간은 7월 1일부터 9월 30일까지로 본다(당연히 이 기간 동안의 노동일은 위 90일 규정에 산입된다). 물론 이 경우, 여권에 '방학기간 중에는 취업이 허용된다'라는 구절이 반드시 들어 있어야 한다.

사회보험료

위 요건을 충족시키면 연금보험을 제외한 사회보험료(의료보험 / 간병보험 / 실업보험)가 면제된다. **연금보험**의 경우, Mini Job에 해당하면 본인은 면제가 되고, 사용자는 15%의 일괄요율로 보험료를 대납하게 되나, 그렇지 않으면 근로자와 사용자가 절반씩 부담해야 한다.

방학동안 전일제 full time으로 일을 한다면, 역시 사회보험료가 면제된다. 연금보험의 면제 여부는 전적으로 Mini Job의 요건에 해당하느냐에 달려 있다.

학생 아르바이트 채용 시 체크사항

- 재학등록증 Immatrikulationsbescheinigung을 반드시 제출해야 한다.
- 여권의 체류허가 면에 기재된 취업 허용에 관한 내용을 반드시 확인한다(방학 중 취업 허용 등).
- 여권을 복사하여 보관한다(인적사항 면과 체류허가 면).
- 본인의 자술서 및 서명: 90일 규정이 적용된다는 사실을 알고 있으며, 다른 회사에서 아르바이트를 언제부터 언제까지 했다는 내용(또는 현재 다른 회사에서는 일을 하고 있지 않다는 내용)과 이후 타 회사에서 일을 할 경우 이 사실을 즉시 회사에 알린다는 내용의 자술서를 서명과 함께 받아서 인사철에 보관한다.
- 근로소득세카드 및 사회보험등록증 Sozialversicherungsausweis을 제출하게 한다.

독일 대학생의 경우, 파트타임으로 고용 시 노동허가와 관련된 제한은 없다. 따라서 외국인 대학생의 경우처럼 연간 90일 규정 등을 적용받지 않는다. 다만 급여 처리 시 사회보험료 등과 관련하여 고려할 사항만 점검하면 된다. 기본적으로 모든 근로소득에 대해서는 사회보험의 가입 및 납부의무가 있으나, 해당 근로자의 신분이 학생으로 인정될 경우, 사회보험의 의무에 관해 다른 규정이 적용된다. 학생의 신분으로 취업을 하는 경우(계약직 혹은 정년직을 불문하고), 학기 중의 근로시간이 주당 20시간을 초과하게 되면(주-20시간 기준), 더 이상 학생으로 구분되지 않고 근로자로 간주된다. 근로자로 간주될 경우 의료, 간병 및 실업보험에 가입할 의무가 생긴다. 하지만 그 근로가 주말에 특히 집중될 경우(예를 들어 주말에 디스코텍 근무), 학업에 지장을 크게 주지 않는다고 보아, 근로시간이 20시간을 초과하더라도 학생의 신분을 인정하여 상기 사회보험의 가입의무가 면제된다. 연금보험의 납부의무는 그 취업이 Mini Job에 해당하느냐의 여부에 따라 판단하게 된다. 이에 해당되는 경우 연금보험의 납부의무도 면제된다.

●●●● *38*

병가 관련 규정

1) 병 가

우리가 일반적으로 말하는 병가는 부상 및 질병으로 인한 근로불능 Arbeitsunfähigkeit(AU)의 상태를 말한다. 이러한 근로불능으로 인하여 병가를 낼 경우, 급여계속지급법 Entgeltfortzahlungsgesetz 제5조에 따라 근로자는 이 사실을 즉시 회사에 알리고(신고의무), 의사의 증명을 받아서 이를 회사에 제출해야 한다(증빙의무).

같은 법 제5조 1항에 따르면, 병가일이 3일을 초과할 경우, 근로자는 늦어도 4일째에 의사의 증명을 사용자에게 제출해야 한다. 그러나 사용자는 필요할 경우에 사규 등의 규정을 통해, 병가가 있을 경우(하루의 병가라도 상관없이) 지체 없이 의사의 증명을 제출하라고 요구할 수 있다(같은 법 제5조 1항 3문).

근로자가 제출한 의사의 근로불능에 대한 증명 Arbeitsunfähigkeitsbeschei -nigung(AU-Bescheinigung)은 그 색깔 때문에 노란딱지 Gelber Schein 라고도 불리는데, 여기에는 언제부터 언제까지 부상/질병으로 인한 근로불능이라는 의사의 소견만 간략히 적혀 있고, 구체적인 병명이나 진단 및 치료 내용이 적혀 있지 않다. 진단서라고 하지 않고, 단지 증명이라고 번역할 수밖에 없는 이유이다. 이 증명은 부당해고에 관한 분쟁 시 매우 높은 증거력을 가진다. 외국에서의 휴가기간 동안에 발급된 외국인 의사의 증명도 동일한 증거력을 가진다. 다만, 외국인 노동자가 자신의 고향에 가서 휴가를 보내면서, 휴가 말미에 병이 생겨서 출근하지 못한다고 하면서 제출한 의사의 증명은 그 증거력을 의심받는다고 보면 되겠다.

사용자는 경우에 따라 근로자가 제출한 증명을 신뢰하지 못할 수도 있는데, 이때 의료보험조합에 의심스럽다는 사실을 통보하여 조사를 요청하기도 한다. 의료보험조합은 사용자의 요구가 있을 경우, 그 사실여부를 확인해 줄 의무가 있다.

사회법 5권 Sozialgesetzbuch V 제275조에 따르면, 의료보험조합(공보험조합을 말하며, 사보험 회사는 적용이 없음)은 사용자의 요구가 있으면, 병가를 낸 근로자의 근로불능(AU)에 대해 MDK(Medizinischer Dienst der Krankenversicherung)에 의뢰하여, 그 질병의 종류, 정도, 기간, 빈도 또는 진행 경과에 관한 사항이 포함된 감정소견서를 받아, 만약 문제가 있다고 판단될 경우 그 내용에 관해 사용자에게 통보해 주어야 한다. 이러한 내용, 즉 사용자가 이러한 프로세스를 안다는 사실 자체만으로도 근로자에게 부정직한 병가를 내는 것에 대한 심리적인 압박 요인으로 작용하여, 병가율을 낮추는 데 나름대로 기여할 수 있으리라고 본다. MDK는 의료보험조합에 의해 주 단위로 설립된 중립적인 기관으로서, 의료보험조합에 대한 의학적인 자문을 담당한다. MDK는 법에 의해, 대상 환자의 허락 없이도 그 환자의 병상 자료에 대해 열람할 수 있게 되어 있다.

같은 법 제275조 1a항 a) 및 b)호에 따르면, 아래의 경우에 근로불능

에 대한 의심이 있다고 본다:

- 지나치게 자주 병가를 낼 경우,
- 병가의 기간이 짧으면서 눈에 띄게 자주 병가를 낼 경우,
- 월요일 그리고 금요일에 병가가 집중할 경우,
- 동일한 의사가 눈에 띄게 반복적으로 근로불능 증명을 발급할 경우

어떤 것이 근로불능인가 하는 것은 근로계약상의 업무 내용과 연계해서 판단하면 된다. 예를 들어 비서가 다리를 다친 경우, 의자에 앉아서 근무를 하므로, 깁스를 한 상태에서 근무를 해도 회복에 네거티브한 영향을 주지 않는다면, 이를 근로불능이라고 볼 수 없다.

2) 급여계속지급에 대한 청구권

급여계속지급법 Entgeltfortzahlungsgesetz에 따르면, 부상 / 질병으로 인한 근로불능에 따라 병가를 낸 근로자는 6주(토, 일요일 포함 42일)까지 사용자가 급여를 계속해서 지급해야 한다. 급여계속지급을 요구할 수 있는 근로자는 단시간 근로자, 학생 아르바이트 및 직업훈련생을 모두 포함한다.

같은 법 제3조 1항 1호 및 2호에 따르면, **동일한** 부상 / 질병에 의한 근로불능으로 인하여 여러 차례 병가를 내는 경우, 매번 6주간의 급여계속지급을 요구할 수 없다. 다만, 아래의 두 가지 경우 중 하나에 해당하는 경우에는 다시 6주간 급여계속지급에 대한 청구권이 생긴다:

- 최종의 근로불능 이후 6개월이 경과한 경우 또는
- 최초의 근로불능 이후 12개월이 경과한 경우

동일한 질병인지의 여부에 대한 입증 책임은 사용자에게 있다. 사용자는 근로자의 협조 아래 의사나 의료보험조합에 문의해서 이에 대한 증명을 해야 한다. 근로자는 의사나 의료보험조합에 대하여 사용자가 문의해 올 경우에 필요한 답변을 해 주도록 요청해야 할 의무가 있다. 만약 근로자가 이를 이행치 않을 경우, 사용자는 급여계속지급을 거절할 수 있다.

같은 법 제6조에 따르면, 제3자의 귀책사유로 인한 근로불능의 경우, 이로 인해 사용자가 근로자에게 급여를 계속 지급했다면, 사용자는 근로자가 제3자에 대해 가지는 손해배상청구권을 대위한다.

6주(42일)가 경과한 후에는 사용자가 급여를 계속해서 지급하지 않고, 그 대신 의료보험조합이 근로자에 대해 상병급여 Krankengeld를 지급하게 된다(사회법 5권 제44조).

3) 무급 병가

급여계속지급법은 부상 / 질병으로 인한 근로자의 근로불능에 대해, 근로자의 귀책사유가 없을 경우에만 유급 병가를 보장한다. 그러나 귀책사유에 대해서는 법에 정한 바가 없다.

판례에 따르면, 상식적으로 예상할 수 있는 수준을 지나치게 넘는

행위로 인할 경우에 근로자에게 귀책사유가 있다고 간주한다:

- 지나친 알코올 및 마약을 한 경우: 중독의 경우는 귀책사유의 여부가 나뉘는데, 그 원인이 설명이 되지 않고, 개인에게 원인이 있다고 보이지 않으면 귀책사유가 없는 것으로 판단한다.
- 태만으로 인한 산재: 우리나라의 근로복지공단에 해당하는 Berufsgenossenschaft(BG)의 산재예방준칙을 준수하지 않음으로써 생긴 재해.
- 경솔로 인해 병이 생겼을 경우: 추운 날씨에 가벼운 옷차림으로 외출, 모르는 사람과 콘돔 없이 성관계, 에이즈에 감염된 자와 성관계, 의사의 경고에도 불구하고 심장병 있는 상태에서 흡연, 경찰과 실랑이를 벌이다 입은 부상 등
- 자신의 신체 상태가 감당키 어려운 여행에 참가한 경우(사하라 사막 횡단 여행단 참가)
- 몸싸움에 가담(자신이 발단이 되지 않은 몸싸움에 가담했을 경우는 예외). 술집주인이 싸우지 말고 나가라고 요구했는데도 불구하고, 응하지 않고 있다가 싸우고 다쳤을 경우.
- 스포츠로 인한 부상: 불충분한 장비를 가지고, 열악한 장소에서 본인의 육체적 힘과 능력에 명백하게 부치는 운동으로 인한 부상. 킥복싱, 번지점핑으로 인한 부상. 하지만 아마추어축구, 아마추어복싱, 낙하산, 가라데, 오토바이경기, 스키 등은 예외.
- 명백한 교통위반으로 인한 부상: 지나친 속도, 잘못된 추월, 우선신호를 무시한 주행, 장시간 운전으로 인한 사고, 안전검사를 필하지 않은 자동차로 인한 사고, 음주운전, 운전자가 명백히 음주를 한 것을 알면서 동승해서 난 사고, 반사작용에 영향을 미치는 약을 먹고 난 후 생긴 사고, 안전벨트 미착용 상태에서 난 사고, 부실한 타이어로 인한 사고, 어두운 곳에서 자동차 전조등 고장

으로 인한 사고 등.

다음의 경우에는 근로자에게 귀책사유가 없는 것으로 간주한다:

• 가족으로부터 전염된 병
• 위험하지 않은 스포츠로 인한 사고의 경우, 이것이 본인의 중대
한 부주의로 인한 것이 아닐 경우
• 중대한 위반 사실 없이 일어난 교통사고
• 특별히 위험하지 않은 부업의 수행으로 인한 사고

4) 자녀의 부상 / 질병으로 인한 병가의 경우

부양의무가 있는 자녀(12세까지)의 부상 / 질병으로 인한 병가의 경우
(가계 내에 보살펴 줄 다른 사람이 없을 경우에 한함), 무급이 원칙이
다. 이 경우 근로자는 연 10일까지 무급휴가를 신청할 수 있다(사회법
5권 제45조 2항). 이때 근로자가 공적 의료보험에 가입되어 있다면, 근
로자는 자녀의 상병으로 인한 무급병가 기간 동안의 급여를 의료보험
조합에 청구할 수 있다(상병급여 Krankengeld).

5) 휴가와 병가

휴가의 청구가 이행되기 위한 전제는, 만약 휴가를 가지 않았더라면
근무를 할 수 있었어야 한다는 것이다. 다시 말해서, 근무를 할 수 없
는 상태, 즉 부상 / 질병으로 인한 근로불능 상태에서는 휴가가 성립되

지 않는다는 것이다. 이때 근로불능 상태의 종류와 원인은 불문이다.

의사에 의해 증명되는(AU-Bescheinigung 제출) 병가는 휴가일에 산입하지 않는다는 것이 노동법상의 원칙이다. 연방휴가법 Bundesurlaubsgesetz 제9조에 따르면, 휴가 중 병가일은 의사의 증명을 제출할 경우 휴가일에 산입되지 않는다.

•••• *39*

직업훈련생 제도

1) 제도의 개요

독일의 직업훈련생 Auszubildende(r) 제도는 1969년에 처음으로 제정된 직업훈련법 Berufsbildungsgesetz(BBiG)에 따라, 실습과 이론을 병행하는 소위 이원제도 Duale Berufsbildung로 운영되고 있다. 이는 전통적인 도제교육의 흔적으로서, 현장 실습을 중시하여 직업학교를 졸업함과 동시에 즉시 현장에 투입될 수 있는 인력을 배출하는 독일 직업교육의 장점으로 볼 수 있다.

직업학교의 학생은 3년의 과정(직업의 종류에 따라 기간이 다소 상이하다. 농업관련 직업학교의 과정은 2년이다. 또한 김나지움 졸업자는 통상적인 교육기간보다 6개월이 적은 2년 6개월 과정이다.) 중에서 매년 3개월(6주씩 2번)가량은 학교에 등교하여 이론 수업을 받고, 나머지 9개월은 기업에서 실제로 근무를 하면서 업무를 익히게 된다. 훈련생이 직업학교에서 이론수업을 수강할 수 있도록, 사용자는 해당 기간 동안 근무면제를 해 주어야 한다(같은 법 제15조).

직업학교의 졸업은 해당 직업학교와 상공회의소(또는 수공업회의소)

가 주관하는 졸업시험을 통과함으로써 이루어지며, 졸업생은 훈련생으로 근무했던 기존의 회사와 정식 근로계약을 체결하거나 혹은 다른 회사를 개별적으로 접촉하여 근로계약을 체결함으로써 정식으로 직업인의 길을 걷게 된다. 만약 졸업시험을 통과하지 못하면, 재시험을 통과할 때까지 훈련생 과정을 연장할 수 있으나, 총 연장기간은 1년을 초과하지 못한다(같은 법 제21조 3항).

2) 직업훈련생의 채용

직업학교에 진학하고자 하는 학생은 직업학교를 통하거나, 상공회의소 혹은 개별적으로 회사와 접촉하여 직업훈련생계약 Berufsausbildungsvertrag을 체결한다. 이 계약은 직업훈련 과정이 시작되기 이전에 체결되어야 한다. 대부분의 직업학교의 개강이 9월이므로, 이 시기에 맞추어서 봄부터 훈련생을 구하고 여름 무렵에는 직업훈련생계약을 이미 맺어야 한다. 회사의 입장에서는 질 좋은 훈련생을 구하여, 급여의 부담 없이 회사의 업무를 충분히 가르치고, 이를 통해 잘 훈련된 인력을 직원으로 충원할 수 있다면 그만큼 회사에 도움이 되므로, 여러 경로를 통해 좋은 훈련생을 구하기 위해 연초부터 미리 준비를 하게 된다.

같은 법 제20조에 따라, 직업훈련생을 고용할 시 최소 1개월에서 최대 4개월까지 수습기간을 반드시 설정해야 한다. 같은 법 제22조 1항에 따라, 사용자는 이 수습기간 동안에는 예고기간 없이 언제든지 해고할 수 있다. 그러나 수습기간이 경과한 이후에는 일반해고는 불가능하고, 즉시해고만이 가능하다는 것이 특이점이다(같은 법 제22조 2항 1호). 즉 예고기간을 준수할 필요 없이 즉시해고를 할 만한 중대한 사유가 존재할 경우에만 해고가 가능하다는 것이다. 이때에는 반드시 해고의 사유를 명시해야 한다(같은 법 제22조 3항). 반면에 훈련생은 수습기간이 경과한 이후에도 4주의 예고기간 준수로 언제든지 직업훈련생 근로계약을 종료할 수 있다(같은 법 제22조 2항 2호).

같은 법 제17조 1항에 따라 직업훈련생에게는 훈련생의 연령에 맞추어 적정한 수준의 보수를 지급하도록 한다. 또한 매년 소액의 인상이 이루어지도록 법적으로 규정하고 있다. 직업훈련생에 대해서는 대략 월 600~700유로의 훈련생보수 Ausbildungsvergütung가 지급된다. 훈련생도 역시 사회보험료 납부의무가 있는데, 만약 급여가 325유로를 초과하지 않을 경우, 모든 사회보험료를 사용자가 부담해야 한다(사회법 4권 제20조 3항 1호).

3) 사내 훈련 전담직원

직업훈련생을 채용하고자 하는 회사는, 사내에 사용자의 위임을 받아 훈련생에 대한 교육 전반에 관하여 주관하는 훈련 전담직원 Ausbilder(in)(Trainer)이 있어야 한다. 이 전담직원은,

- 해당 직종에 관하여 전문적인 업무지식과 기본 자질을 갖춘 자로서, 직업훈련생 훈련담당자 Ausbilder(in) 시험에 합격하여 자격을 갖춘 자
- 상공(및 수공업)회의소가 주관하는 최소 94시간의 과정을 수료한 후, 자격시험을 통과한 자이어야 한다.

•••• *40*

임산부 관련 규정들

1) 임산부의 산전 후 근로금지

모성보호법 Mutterschutzgesetz 제3조 2항 및 제6조 1항에 따르면, 출산 전 6주에서 출산 후 8주(조산 및 쌍둥이 출산 시에는 12주)까지는 근로금지기간 Beschäftigungsverbot(BV)에 해당되어 임신 중인 여성근로자는 근로를 할 수 없다. 이 기간 동안 의료보험조합 Gesetzliche Krankenkasse이 사용자를 대신하여(공보험에 가입한) 임신 중인 여성근로자에게 산전후휴가급여 Mutterschaftsgeld를 지급하게 된다. 같은 법 제13조 1항(또는 제국보험시행령 Reichsversicherungsordnung 제200조 2항)에 따르면, 지급되는 산전후휴가급여의 액수는 그 근로자의 하루 순급여액 Nettoarbeitsentgelt pro Kalendertag에 해당하는 금액이며, 이 금액은 13유로를 초과해서는 안 된다.

같은 법 제14조에 의하면, 만약 임신 중인 여성근로자의 하루 순급여액이 13유로를 초과할 경우, 사용자는 실제 하루 순급여액과 13유로의 차액을 근로자에게 지급해야 한다. 사용자가 임신 중인 여성근로자에게 지급하는 이 차액을 산전후휴가급여에 대한 사용자의 보조금 Arbeitgeberzuschuss zum Mutterschaftsgeld이라고 한다.

2) 임산부와 작업장 안전

같은 법 제2조에 따라, 사용자는 임산부가 근로하고 있는 작업장의 시설물과 작업공구를 배치함에 있어서 임산부의 생명과 건강을 지키기 위한 예방 및 안전 조치를 충분히 갖추어야 한다. 또한 장시간 서서 근로해야 하는 임산부에게는 잠시 앉아서 쉴 수 있는 시간을 준다든지 혹은 장시간 앉은 상태에서 일하는 임산부에게는 잠시 일을 중단하고 쉴 수 있도록 배려하는 것을 포함한다. 사용자는 또한 임산부의 건강을 위하여 누워서 쉴 수 있는 공간을 작업장 내에 마련해 놓아야 한다.

이를 위하여, 임신 중인 근로자는 임신한 사실을 인지한 즉시, 그 사실을 사용자에게 알려야 할 의무가 있는데, 같은 법 제5조에 의하면 임신 중인 근로자는 임신의 사실 외에 예정 분만일도 함께 사용자에게 알려 주어야 한다(실무에서는 Mutterpass의 사본을 제출하게 하기도 한다). 이는 사용자로 하여금 산전 후 근로금지기간을 산정하게 하기 위함이다. 임신 중인 근로자로부터 임신 사실을 통보받은 사용자는 지체 없이 해당 감독관청(주로 Gewerbeaufsichtsamt에서 관장함)에 이를 신고해야 한다. 그러나 사용자는 해당 근로자의 임신 사실을 다른 근로자 등 제3자에게 알려서는 안 된다. 감독관청은 임산부의 작업 환경이라든가 해고 등과 관련한 사항을 관리 감독하는 역할을 수행한다. 또한 사용자는 경영협의회에도, 해당 근로자가 명시적으로 반대하지 않는 한, 그 근로자의 임신 사실을 통보해 주어야 한다.

3) 임산부와 해고

같은 법 제9조 1항에 의하면, 임산부에 대해서는 임신 중의 기간 동안 그리고 출산 후 4개월이 경과하기 이전의 기간 동안에는 몇 가지 예외적인 경우를 제외하고는 기본적으로 일반해고(즉시해고는 가능함)가 금지되어 있다.

만약 근로자가 임신한 사실을 모르는 상태에서 사용자가 그 근로자에 대해 (일반)해고 통보를 했다면, 해고 통보를 받은 후 2주 이내에 해당 근로자가 임신 사실을 사용자에게 알려올 경우, 사용자는 그 해고 통보를 철회해야 한다. 같은 법 제9조 2항에 따라, 임산부에 대하여 해고 통보를 한 사용자는 이를 지체 없이 감독관청에 알려야 한다.

본인이 원하는 경우(Eigenkündigung), 같은 법 제6조 1항에 명시된 출산 후 8주(혹은 12주)가 종료되는 시점에, 예고기간을 준수할 필요 없이, 근로계약을 해지할 수 있다(같은 법 제10조 1항).

●●●● *41*

육아휴직과 육아휴직수당

1) 육아휴직

부모의 손길이 가장 필요한 첫 3년 동안 부모가 영아를 잘 보살필 수 있도록 그리고 육아를 위해 일자리를 포기해야 하는 일이 없도록, 노동법은 출산 후 영아가 **만 3세**가 되기까지 무급 육아휴직 Elternzeit 을 보장하고 있으며 또한 휴직 후 이전과 유사한 업무에 복귀할 수 있도록 보장하고 있다.

연방육아휴직수당 및 육아휴직법 Bundeselterngeld – und Elternzeitgesetz (BEEG) 제15조 1항 내지 3항에 따르면, 무급 육아휴직은 자녀 1명당 통산하여 출산 후부터 최고 36개월까지 허용된다(자녀가 만 3세 되는 시점까지만 육아휴직이 허용됨). 산모뿐만 아니라 배우자도 육아휴직을 신청할 수 있으며 또한 동시에 함께 신청할 수도 있다(맞벌이 부부의 경우). 같은 법 제16조 1항에 따라, 기간을 나누어서 신청할 수도 있는데 최대 두 번으로 나누어서 단속적으로 신청하는 것이 허용된다(통산 36개월 이내). 세 번 이상으로 나누어서 신청하고자 할 경우, 반드시 사용자의 동의가 있어야 가능하다.

또한 같은 법 제15조 2항 4문에 따라, 자녀가 취학 첫해의 중요한 시기에 부모가 곁에서 돌볼 수 있도록, 3년의 휴직기간 중 최고 12개월을 사용하지 않고 적립해 두었다가, 자녀 출산 후 4년째와 8년째 사이의 시기에 사용하는 것도 허용이 된다. 단 사전에 사용자의 동의를 반드시 구해야 한다. 육아휴직 중에 재차 출산을 하는 경우에도 최고 12개월까지 자녀가 만 8세에 이를 때까지 휴직기간을 유보해서 사용할 수 있다.

같은 법 제16조 1항 및 2항에 따르면, 육아휴직은 출산 혹은 임산부 보호기간의 종료와 함께 휴직을 시작할 경우는 늦어도 휴직 개시 7주 전까지(2006년까지는 6주였음) 휴직기간에 대한 계획서를 사용자에게 제출함으로써 신청해야 한다.

같은 법 제21조 1항에 따르면, 육아휴직으로 인한 결원을 보충하는 목적으로 기간제근로계약을 체결하는 것이 허용된다. 같은 법 제21조 4항에 따르면, 육아휴직에 들어간 근로자가 조기에 회사로 복귀할 것을 신청한 경우, 사용자는 3주의 예고기간을 두고 육아휴직이 종료되는 시점에, 대체인력인 기간제 근로자를 해고할 수 있다. 이 경우 기간제 근로자는 해고제한법의 보호를 받지 못한다. 기간제 근로계약을 체결할 경우, 육아휴직에 들어간 근로자의 복귀 시점이 유동적일 수 있다는 점을 염두에 두고, 예를 들어 3년간의 기간제 근로계약을 체결하는 대신에 해당 근로자의 육아휴직의 기간에 연동하여(즉 조기에 복귀하면 그 시점에 맞추어서 기간제근로계약을 해지할 수 있도록) 기간제 근로계약을 체결하는 것이 바람직하다.

육아휴직 기간 중에도 근로자는 주당 30시간을 초과하지 않는 범위 내에서 단시간 근로(파트타임)를 할 수 있다. 또한 사용자의 사전 동의를 얻으면, 근로자는 육아휴직 기간 중에 타 회사에서도 파트타임 근무를 할 수 있다. 이때 사용자는 경영상의 중요한 사유가 있을 경우에는 타 회사에서 파트타임으로 근무하는 것에 대한 동의를 거부할 수 있다 (같은 법 제15조 4항).

같은 법 제17조 2항에 따르면, 육아휴직으로 인하여 사용하지 못한 연휴가는 육아휴직이 끝나는 해 또는 그 익년 말까지 이월하여 사용할 수 있다. 육아휴직이 끼어 있는 해에는 연휴가일수를 어떻게 계산해야 할까? 같은 법 제17조 1항에 따르면, 육아휴직 1개월당 연휴가는 1 / 12씩 줄어든다. 예를 들어 5월 3일까지 산모보호기간이고, 이어서 육아휴직에 들어갔다면 당해의 휴가일수는 5개월 / 12개월×휴가일수이다. 즉 하루라도 근무를 했다면 1개월 근무한 것으로 간주하여 휴가일을 산정한다.

2) 육아휴직수당의 지급

육아휴직수당 Elterngeld은 심화되고 있는 저출산율에 대한 대책의 일환으로서, 부모가 육아를 위해 자신의 근로소득을 포기할 경우, 국가가 월 최고 1,800유로까지 지원해 줌으로써 직업을 가진 부모가 경제적인 문제 때문에 출산을 꺼리는 것을 막는 데 그 목적이 있다. 독일어 원어를 직역하면 부모보조금이 되는데, 그 명칭에서 보듯이, 기본적으로 자신의 근로소득을 포기한 부모 중 한 명에게 수당이 지급된다.

2007년 1월 1일부로 발효된 연방육아휴직수당 및 육아휴직법 Bundeselterngeld − und Elternzeitgesetz(BEEG) 제2조 1항에 따르면, 2007년 1월 1일 이후에 출생한 자녀 1인당 신설된 육아휴직수당이 지급된다. 육아휴직수당의 액수는 출산 직전 12개월 동안 받았던 평균 순급여의 67%(단 월 최고 1,800유로)이며, 12개월(혹은 14개월) 동안 지급된다. 수당을 전액 받지 않고, 신청에 의해 매월 절반의 수당만 받을 수도 있다. 이렇게 되면 절반의 수당을 24개월 동안 받게 된다.

같은 법 제2조 2항에 따라, 순급여액이 1,000유로 미만인 저소득층에는 우대율이 적용되는데, 1,000유로 미만 매 2유로당 0.1%씩 가산하여 우대율을 적용(67%+0.1%)하게 되어, 우대율이 100%가 될 때까지 적용해 주게 된다. 계산을 단순하게 하기 위하여, 1,000유로 미만 매 20유로당 1%씩 가산하여 계산할 수도 있다. 따라서 순급여액이 980유로이면 육아휴직수당은 666.40유로(980×68%)가 되며, 이후 20유로당 1%씩 가산되어, 100%가 되는 순급여액 340유로에서는 육아휴직수당 340유로가 지급된다.

14개월 동안 지급되는 경우도 있는데, 추가되는 2개월을 소위 파트너를 위한 2개월 Partnermonate이라고 하여 맞벌이 부부 중 한 명이 육아휴직을 신청하고(12개월 지급 보장), 다시 다른 배우자가 육아휴직을 신청할 시 2개월 동안 육아휴직수당을 더 지급해 준다.

학생 및 출산 전에 실업자인 경우에도 육아휴직수당이 지급되는데, 기본보조금으로서 월 300유로가 12개월 동안 지급된다.

2007년 1월 1일 이전에 태어난 자녀에게는 기존의 연방육아보조금법 Bundeserziehungsgeldgesetz(2008년 12월 31일까지 한시적으로 적용)이 계속해서 적용되어, 출산 후 24개월간 육아보조금 Erziehungsgeld이 지급된다(첫 12개월간 월 450유로, 이후 12개월간 월 300유로 지급).

같은 법 제3조 1항에 따르면, 임산부가 받는 모성보호법 제13조 1항의 산전후휴가급여 Mutterschaftsgeld 및 산전후휴가급여에 대한 사용자의 보조금 Arbeitgeberzuschuss zum Mutterschaftsgeld은 육아휴직의 처음 2개월간 받는 육아휴직수당에서 차감된다. 산전후휴가급여와 육아휴직수당은 동일한 목적을 가진 급여이기 때문에, 중복 지급되지 않는다.

•••• *42*

조기은퇴제도

조기은퇴제도 Altersteilzeit란,

- 고령근로자가 은퇴 후의 준비를 순조롭게 할 수 있도록, 은퇴 5
  −10년 동안을 단축된 근로시간(파트타임)으로 일하면서, 은퇴 후
  를 대비하도록 하기 위하여 도입된 제도이며,
- 또한 이로 인해 생긴 일자리에 실업자 및 직업 교육을 필한 직업
  훈련생을 우선적으로 충원하기 위한 제도이다.
- 사용자의 입장에서도 노령의 근로자를 조기에 퇴직시킬 수 있다
  는 이점이 있다.

이런 취지에서 실업자 및 직업훈련생을 채용할 경우, 노동사무소로부
터 보조금을 받게 된다. '50%의 노동으로 70%의 임금'이란 슬로건에서
도 알 수 있듯이, 근로자는 적은 노동량으로 상대적으로 많은 임금을 받
게 되고 또한 은퇴 후를 대비하는 시간을 가질 수 있다는 장점이 있다.

이러한 조기은퇴제도의 대상이 되기 위해서는 조기은퇴법 Altersteilzeit-
gesetz 제2조 1항의 전제 조건을 충족시켜야 된다.

- 55세 이상으로서 조기은퇴법에 따라 사용자와 본 제도에 관해 합의한 근로자일 것.
- 이 제도에 들어가기 이전의 최종 5년 중에서 최소 3년은 전일제 근무 full time job를 했을 것.
- 이 제도하의 주당 근로시간이 현재 근로시간의 50%로 줄어들 것.

같은 법 제3조 1항 1호에 명시된 조기은퇴제도의 상세한 내용을 보면,

- 급여의 추가 지원: 이 제도에 합의한 직원은 50%의 근로시간에 해당하는 급여(규정급여액) Regelarbeitsentgelt를 받고, 여기에 더하여 사용자는 절반으로 줄어든 급여액의 최소한 20%에 해당하는 금액을 추가로 지원하게 되는데(70%=50%+20%), 회사의 추가 지원액에 대해서는 소득세와 사회보험료가 면제된다. 이때 추가로 지원하는 20%의 산정기준이 되는 소위 규정급여액은 연금보험 산정 시의 한도액을 초과할 수 없다. 즉 규정급여액(월 급여액의 50%)의 최고 금액은 5,250유로(구동독지역은 4,550유로)가 된다.
- 연금보험료의 추가 지원: 이 제도가 적용되는 근로자의 경우, 소득이 줄어듦으로 인해서 연금보험료 납부액이 줄어들고, 따라서 연금급부액 수령에 불이익이 초래될 수 있다. 이러한 불리점을 보완해 주기 위해 사용자는 추가적인 연금보험료를 지원해 주게 된다. **사용자가 추가로** 지원해 주는 연금보험료의 금액은 어떻게 산정이 되는가? 다소 복잡하지만 참고로 설명을 하면, 사용자가 추가로 지원하는 연금보험료의 산정 근거가 되는 금액은 규정급여액의 80%이다. 그러나 이 금액은 연금보험 산정 시 적용되는 상한금액(2007년의 경우, 구서독지역 월 5,250유로, 구동독지역 월 4,550유로)의 90%와 규정급여액과의 차액을 초과할 수 없다.

따라서 규정급여액의 80%에 해당하는 금액(그러나 위 차액을 초과할 수 없다)의 19.9%를 사용자가 추가로 해당 근로자가 부담하는 연금보험료에 더하여 납부해 주는 것이다.

- 위 전제 조건에 부합되면, 노동시간의 구성(매일 50% 근무 혹은 주당 3일만 근무한다든지 혹은 일 년에 6개월만 전일제로 근무한다든지 등등)에 대한 사항은 당사자의 합의에 따라 얼마든지 달리할 수 있다.
- 실무에서는 소위 Block Model이라고 하여, 은퇴까지의 기간을 두 기간으로 나누어서, 첫 기간은 전일제로 근무하고, 두 번째 기간은 근무 면제를 하는 방식으로 근로시간을 구성하게 된다. 즉 첫 5년은 전일제로 일하고 나머지 5년은 근무 면제(이렇게 함으로써 은퇴를 5년 앞당기는 결과가 됨)가 되며, 급여는 10년의 전 기간을 통하여 일률적으로 70%를 받는 방식으로 구성하게 된다.

같은 법 제3조 1항 2호의 두 가지 전제 조건이 충족되면, 노동사무소는 사용자가 부담한 추가 지원액을 환급해 준다(같은 법 제4조):

- 조기은퇴로 인해 생긴 일자리에 노동사무소에 실업자로 등록된 자를 대체 인력으로 채용할 경우,
- 직업교육을 필한 직업훈련생을 대체 인력으로 채용할 경우.

그러나 근로자 50인 이하의 소규모 기업의 경우에는 위 두 가지 전제 조건이 충족되지 않더라도, 추가 지원액이 환급된다.

이 제도는 도입 취지에서도 알 수 있듯이 실업률을 해소하고자 하는 노력의 일환으로 도입된 것이다. 그러나 특히 회사의 인력 구조상 노령의 직원이 많은 회사의 경우, 사용자 입장에서 볼 때 이 제도를 이용하

여 고령의 직원을 젊은 직원으로 대체할 수 있으며, 몇 가지 전제 조건
을 충족하게 되면, 노동사무소로부터 보조금을 지원받을 수 있는 이점
을 누릴 수도 있다.

•••• *43*

프리랜서 고용 시 유의할 사항

1) 프리랜서의 고용

사용자가 근로자 Arbeitnehmer를 채용하지 않고, 프리랜서 Freie(r) Mitarbeiter(in)를 고용하는 이유는 여러 가지가 있을 것이다. 한국계 중소기업의 경우, 회계업무 등 전문적인 지식을 요구하는 업무를 위해 프리랜서를 고용할 수 있을 것이고, 때에 따라서는 프리랜서 본인이 세무상의 이점을 활용하기 위해 프리랜서 고용계약을 선호하는 경우도 있을 것이다. 일반적으로 볼 때 사용자가 프리랜서를 고용하는 이유로는 다음의 몇 가지를 들 수 있다:

- 필요한 기간만큼 기간제로 고용할 수 있다.
- 채용에 있어서 경영협의회의 동의를 구할 필요가 없다.
- 해고제한법이 적용되지 않으므로, 언제든지 계약 해지를 할 수 있다.
- 사회보험료를 납부하지 않아도 된다.
- 실제 근무한 시간에 대해서만 지불하면 되므로, 병가에 대한 걱정을 할 필요가 없다.

프리랜서 고용계약을 해지할 경우, 그 해지시점은 고용계약기간을 기준으로 하는 것이 아니고, 보수를 어떤 방식으로 지급하고 있느냐를 기준으로 판단한다. 즉 주간 단위로 보수를 지급하고 있다면, 토요일까지 통보함으로써 다음 월요일부터 고용계약이 해지되고, 월 단위로 보수를 계산해 주고 있다면, 매월 15일까지 통보함으로써 월말에 고용계약이 유효하게 해지된다. 시간 단위로 지급하고 있다면, 다음 날부터 그 해지가 유효하다.

2) 가장 자영업의 개념

프리랜서 고용과 관련해서 유의해야 할 것이 바로 가장 자영업 Scheinselbständigkeit이라는 개념이다. 즉 외양은 자영업자이나 실제로는 근로자인 경우를 말한다. 근로자의 경우, 사용자는 근로소득세와 사회보험료를 원천징수해서 해당 기관에 납부해야 할 의무가 있다. 그런데 프리랜서를 고용할 경우, 사용자(이때에는 고용자가 됨)는 이러한 의무를 부담할 필요가 없게 되는데, 실제로 프리랜서인 경우에는 문제가 없으나, 외양만 프리랜서로 가장하고, 실제로는 근로자인 경우에는 사용자가 그의 납세의무를 해태한 것이 된다.

따라서 실제로 프리랜서를 고용할 경우, 세무서와 사회보험료 감독관청으로부터 가장 자영업자라는 판정을 받지 않기 위해서는 사전에 몇 가지 사항을 체크해야 한다.

- 프리랜서가 법적으로 자영업자라는 증빙을 제출하도록 한다(영업신고서 등).

- 근로계약 Arbeitsvertrag이 아닌 고용계약 Dienstvertrag을 체결해야 하며, 고용계약서에 제 세금에 대한 납부는 프리랜서 스스로 한다는 사실을 명기해 두도록 한다.
- 회사 명함을 만들어 주어서는 안 된다.
- 고정적으로 사용하는 책상을 마련해서도 안 되고, 회사의 PC 등을 사용하게 할 경우, 무료로 사용하게 해서는 안 된다.
- 휴가 및 병가는 근로자의 경우 유급일 것이고, 프리랜서라면 무급이 적용될 것이다.
- 한 회사로부터만 지속적으로 위임을 받아 용역을 수행한다면, 우선 가장 자영업자로 의심받을 것이다.
- 수행해야 할 업무와 그에 따른 보수 지급을 자세하게 명시해 두어야 한다.
- 업무가 너무 단순하다면 의심을 살 수 있다. 감독관청(Bund der deutschen Retenversicherung)은 일정한 업무군에 관한 자료를 가지고 있는데, 프리랜서가 수행하는 업무가 이러한 전문성을 요구하는 업무군에 속하지 않을 경우, 의심의 눈으로 들여다볼 것이다. 구분이 모호할 때에는 사전에 감독관청에 문의해 보는 것이 좋다.

의도적으로 가장 자영업자인 프리랜서를 고용했건 혹은 그렇지 않든 간에, 만약 사회보험료 감독관청의 외부감사 시, 가장 자영업이라는 판정이 내려진다면 사용자로서는 아래에 열거된 여러 가지 경우의 상황을 염두에 두어야 한다. 그리고 경우에 따라서는 프리랜서 계약을 해지 통보했는데, 프리랜서가 자신이 실제로는 근로자로 일했다는 이유를 들어 부당해고의 소송을 노동법원에 제기할 수도 있다.

- 프리랜서 고용계약이 근로계약으로 전환이 되면서, 사용자는 사용

자의 의무를 부담해야 한다. 즉 사회보험료 신고를 해야 하고, 근로소득세와 사회보험료를 원천징수해서 납부해야 한다.

- 6개월 이상을 근무했다면, 해고제한법의 적용을 받게 되어 사유 없이 해고할 수 없게 된다.
- 보수가 급여로 전환이 된다. 이 경우 문제가 될 수 있는 것은, 보수 책정 시 사용자가 부담할 사회보험료 부담분을 추가하여 보수로 지급하는 경우가 많기 때문에, 그 보수가 급여로 전환될 경우, 사용자는 급여의 약 20%에 해당하는 사회보험료 사용자분을 추가로 지출해야 한다. 말하자면, 어차피 회사가 부담할 사회보험료를 더 얹어서 프리랜서에게 보수로 주었으나, 근로계약으로 전환이 되면, 이제는 그 보수를 기준으로 해서 또다시 사회보험료를 더 지출해야 하는 이중부담이 생기게 된다.
- 그동안 탈루된 근로소득세를 추징당하게 된다. 세무서는 최소한 지난 4년간 소급해서 소득세를 추징할 수 있다.
- 사회보험료(근로자분+사용자분)도 소급해서 납부해야 한다.
- 사용자가 소급해서 지급한 소득세와 사회보험료를 프리랜서에게 청구할 수 있느냐 하는 문제가 생긴다. 프리랜서의 지불능력이 없으면 어쩔 수 없이 사용자가 물어야 한다. 사회보험료의 경우, 사용자는 프리랜서에게 그 지급을 청구할 수 있는데, 이 경우 근로자분만 해당이 되고, 그것도 최고 3개월분 이상을 청구할 수 없다.

•••• *44*

근로자 복리후생제도

회사에서 근로자의 복리를 위해 제공할 수 있는 제도에는 어떤 것이 있는지 알아보자. 이전 장에서 설명한 여러 가지 보조비와 몇 가지 새로운 내용들을 함께 묶어서 실무에 유용하게 적용할 수 있도록 정리해 본다. 독자들은 각자 현재 회사가 제공하고 있는 종업원 복리후생제도와 아래의 제도들을 일별해서 비교해 볼 수 있을 것이다.

- 통근보조비 지원
- 중식보조비 지원
- 직원에 대한 대여금
- 사내행사
- 직원에 대한 호의표시
- 주유 쿠폰 제공
- 인터넷 사용료 지원
- 이사비용 지원
- 기업노령연금제도

1) 통근보조비 지원

근로자에게 지급하는 통근보조비는 출퇴근 편도거리 일괄공제액의 한도 내에서 15%의 일괄세율로 사용자가 대납하는 것이 허용된다. 출퇴근 편도거리 일괄공제액은 15일×(편도거리−20)㎞×0.30유로의 간편 공식을 이용하여 구한다.

대부분의 회사에서는 Job−Ticket을 일괄 구입해서 직원에게 제공한다. Job−Ticket의 가격이 월 44유로를 초과하지 않는다면, 이는 비과세 대상으로서 근로소득세와 사회보험료가 면제된다. 만약 44유로를 초과한다면, 그 초과분이 아닌 티켓 가격의 전체 금액이 근로자 개인의 소득으로 간주되어 과세가 되지만, 이때 사용자가 그 초과분에 대해 15%의 일괄세율로 대납해 주는 것이 세법상 허용된다(티켓의 가격이 일괄 공제액을 넘지 않는다면). 자세한 내용은 제3장을 참고하기 바란다.

2) 중식보조비 지원

근로자에게 점심 쿠폰을 제공할 경우, 근로자에게 과세의무가 있는 소득은 소위 세무상 인정가액(한 끼 기준) amtlicher Sachbezugswert으로 한정이 된다. 2007년도에 고시된 중식에 대한 세무상 인정가액은 2.67유로이다. 사용자는 이 과세대상 소득마저도 25%의 일괄세율로 대납해 줄 수 있다.

점심 쿠폰을 제공할 경우, 유의할 점은 쿠폰의 가액이 세무상 인정가액을 제외하고 3.10유로를 초과하지 않아야 한다는 것이다. 달리 말하면, 쿠폰의 가액이 5.77유로를 초과하지 않으면, 사용자가 세무상 인정가액에 대한 과세를 25%의 일괄세율로 대납할 수 있고, 근로자는 추가의 비용 부담 없이 점심 쿠폰을 사용할 수 있다.

3) 직원에 대한 대여금

직원에 대한 대여금은 2,600유로까지는 비과세로 제공할 수 있다. 이 금액을 초과하더라도 연 5% 이상의 이율을 부과하여 대여금을 제공한다면, 역시 급여계산 시 비과세 대상이다. 무이자로 2.600유로를 초과하여 대여금을 제공했을 경우, 대여금의 연 5%에 해당하는 금액을 경제적 편익으로 보고 과세하게 되는데, 이를 매달 변제한 후 그 잔여액이 2,600유로에 이를 때까지만 소득에 가산하여 과세하면 된다. 계산의 예시는 제3장을 참고하기 바란다.

4) 사내행사

회사 창립기념행사, 연말파티, 직원 야유회, 직원 체육대회 등 회사의 공식적인 행사에 지출된 비용은 비과세소득에 해당되어, 직원 일인당 지출액이 각 직원의 근로소득에 합산되지 않는다. 이러한 행사가 전체 직원을 대상으로 하고 있고 또한 그러한 행사에 어울린다고 보이는 용도에 지출되었다면 이는 공식적인 사내행사로 인정된다. 그러나 사내행사라고 해서 무한정 비과세 대상이 되는 것은 아니다. 보통 일 년에 두세 번 정도만 인정이 되고, 직원 일인당 지출 금액이 110유로를 초과하지 않아야 한다.

5) 직원에 대한 호의표시

직원에 대한 호의표시로 지출되는 비용은 그 가액이 건당 40유로를 초과하지 않는 한 비과세 대상이다. 직원들의 생일축하 파티를 사무실에서 간단하게 베풀어주면서 지출된 비용, 개인의 경조사와 관련된 선물, 회사 창립기념선물, 추석 및 설날 선물(한국 회사의 경우) 등이 호의표시에 해당된다. 사내에서 제공하는 음료수, 커피 등도 마찬가지로 직원에 대한 호의표시의 범주에 들어간다.

다소 경우가 다르지만, 갑자기 주문이 밀린다든지 혹은 중요한 프로젝트 때문에 야근을 해야 할 경우가 생길 수도 있다. 이때 직원들을 위해 저녁식사를 제공했다면, 이 식비는 전액 비과세 대상이 된다. 이때에도 한 끼 식비의 가액이 40유로를 초과하지 않아야 한다.

참고로 직원에 대한 결혼축하금 Heiratsbeihilfen은 2006년 1월 1일 이전까지는 최고 315유로까지 비과세로 제공할 수 있었으나, 이후 비과세 대상에서 제외되었다.

6) 주유 쿠폰 제공

근로관계를 매개로 하여 근로자에게 지급되는 모든 현물급여는 호의표시에 해당되어 비과세로 구분되지 않는 한, 과세의무가 있는 근로소득으로 간주된다. 그러나 호의표시에 해당되지 않는 지출을 합산하여 월 44유로를 초과하지 않는다면, 이 지출액은 근로소득으로 간주되지 않고 따라서 비과세로 지급할 수 있다. 주유 쿠폰이 여기에 해당된다.

따라서 월 44유로를 초과하지 않는 범위에서 주유 쿠폰 Gutschein bei Tankstelle을 제공했다면, 이는 비과세 대상이 된다. 이때 주유 쿠폰은 금액으로 표시되어서는 안 된다. 금액이 적혀 있는 상품권은 현금과 마찬가지이기 때문에, 금액이 아닌 리터로 표시된 쿠폰이어야 된다.

7) 인터넷 사용료 지원

직원이 가정에서 사용하는 인터넷 사용료에 대해서도 보조비를 지원해 줄 수 있다. 전제 조건은,

- 월 최고 50유로 이하여야 한다.
- 보조비에 대해 사용자가 25%의 일괄세율로 근로소득세를 대납해야 한다.
- 직원은 보조비 금액에 해당하는 만큼의 인터넷 사용료가 평균적으로 지출된다는 진술서를 작성해서 사용자에게 제출해야 한다.
- 인터넷 사용료에는 인터넷 접속을 위한 기기의 설치비용(ISDN, Modem, PC)과 월 사용료가 모두 포함된다. 사용자가 이를 위해 PC를 증여했다면, 이에 따른 경제적 편익에 대해서도 25%의 일괄과세가 허용된다.

8) 이사비용 지원

취업, 전보발령, 이직 등 직업상의 이유로 이사를 한다면, 사용자는 그 이사비용에 대해 아래와 같이 비과세로 지원해 줄 수 있다:

- 운송료
- 주택을 구하기 위해 오고 간 교통비와 이사 당일 교통비(자가용 승용차일 경우 ㎞당 0.30유로) 및 숙박비.
- 해약예고기간 때문에 이중으로 임차료를 부담해야 할 경우, 어느 한쪽의 임차료(이전 주택의 임차료에 대해 지원한다면 최고 6개월까지 지원할 수 있고, 새 주택의 임차료에 대해 지원할 경우는 최고 3개월까지 지원 가능)
- 전기렌지 Kochherd 구입비용은 230유로까지 지원 가능.
- 상이한 학제로 인하여 자녀가 추가적으로 과외교습을 받을 필요가 생길 경우, 자녀 일인당 1,409유로까지 지원 가능.
- 기타 이사비용(이삿짐센터 인부에 대한 팁, 주방 전기렌지 설치비, 커튼 및 창문 차단막 구입비, 승용차 번호판 교체비용 등등). 기타 이사비용 sonstige Umzugsauslagen은 증빙에 따른 실비를 지원하거나 혹은 증빙 없이 일괄액수(lump-sum base)를 지원해 줄 수도 있는데, 부부의 경우 1,121유로까지, 독신의 경우 561유로까지 그리고 자녀 일인당 추가로 247유로까지 지원이 가능하다.

위에서 나열한 이사에 따른 비용은 사용자가 원한다면 임의로 지원해 줄 수 있는데, 만약 사용자가 지원해 주지 않았다면, 이 비용은 연말 소득세 정산 시 소득공제의 대상이 된다.

9) 기업노령연금제도

기업노령연금제도는 기업이 주체가 되어, 근로자를 위해 운영하는 연금제도로서, 주로 직접보장 Direktzusage, 연금공제조합 Pensionskasse,

연금기금 Pensionsfonds 및 직접보험 Direktversicherung의 형태를 통해 운영되고 있다.

이 중에서 직접보험은 사용자가 계약의 당사자가 되어, 근로자를 위해 생명보험회사와 생명보험계약을 체결하는 것이다. 이때 사용자는 개인별로 직접보험계약을 체결해 줄 수도 있고, 관리비용을 줄이기 위해 근로자 전체를 대상으로 집단으로 계약을 체결해 줄 수도 있다. 다만, 이러한 직접보험이 기업연금보험으로 인정받기 위해서는, 직접보험의 급부가 연금의 형태로 지불이 되어야 하고 또한 피보험자의 사망 시 배우자와 부양 자녀에게만 지급되는 조건으로 설계되어 있어야 한다.

기업연금보험법 Betriebsrentengesetz(BetrAVG) 제1a조 1항에 따르면, 근로자는 자신의 급여 중 일부를 직접 수령하지 않고, 사용자가 체결한 직접보험계약의 보험료로 전환하여 지불하도록 사용자에게 요청할 수 있으며(Entgeltumwandlung), 사용자는 근로자가 요청할 경우 직접 보험계약을 체결하여 급여의 일부를 보험료로 납부해 주어야 한다. 이렇게 하는 이유는, 급여계산 시 소득세와 사회보험료를 차감하는 전 단계에서 보험료(100유로라고 가정하자)를 지급하도록 하면, 단순계산을 통해 비교해 볼 때, 최종 급여계산 후 근로자가 순수하게 손에 쥐는 순급여액은 대략 40유로가량 줄어드는 반면에, 월 보험료 100유로의 생명보험에 가입하게 되는 결과를 낳기 때문이다. 즉 근로자의 입장에서는 적은 금액으로 유리한 연금보험상품에 가입하게 된다. 이렇게 되는 이유는 납부할 보험료 금액에 대해서는 소득세가 면제되고 또한 사회보험료(2008년 말까지)가 면제되기 때문이다. 사용자의 입장에서도 부담해야 할 사회보험료를 절감하는 효과가 있다.

제 5 장

....

근로관계의 종료

Das deutsche Arbeitsrecht in der Praxis

실무에서 빈번히 발생하면서도, 관련 제 규정을 잘 이해하고 있지 못하기 때문에 많은 시간과 에너지와 비용을 지불해야 하는 대표적인 경우가 바로 해고의 문제이다. 실무에서 해고를 어떻게 다루어야 하는 지에 관해 우선적으로 관련 법규정과 함께 이를 설명하고, 체크 리스트를 통해 면담을 하고, 경고 서신을 쓰고, 해고 통보를 하는 일련의 과정을 짚어 보고자 한다.

지나치게 낮은 업무 실적과 적절치 않은 근무 태도로 인해 사손을 끼치고, 업무 분위기를 해치며 또한 상사의 적법한 지시권 Direktionsrecht 행사를 저해하는 문제 직원의 경우, 적절한 조치를 취하고도 시정이 되지 않는다면 당연히 해고의 절차를 밟아야 할 것이다. 다만 이 과정에서 불필요한 마찰과 미숙한 대응으로 인해 원치 않은 결과를 초래할 가능성이 크다면, 이를 미리 예방한다는 차원에서 해고 관련 규정을 꼼꼼히 챙겨볼 필요가 있다.

해외지사 등에서 현지인을 관리해야 하는 주재원의 입장이라면, 익숙지 않은 언어와 상이한 문화에서 기인하는 문제 그리고 현지의 법규정에 대한 불충분한 이해 및 현지 관행에 대한 오해로부터 많은 문제가 발생할 가능성이 있으며, 이는 오히려 당연한 문제라고 할 수 있다.

관리자에게 필요한 덕목으로 자제력을 꼽는 경영학자가 많다는 것은, 그만큼 부하 직원을 다룸에 있어서 이성적인 대응보다는 감정적인 대응을 하는 사례가 많다는 사실에 다름 아니다. 특히 가부장적 권위에 익숙한 한국 매니저의 입장에서 본다면, 현지 부하 직원의 근무 태도는 성에 차지 않을 뿐더러, 때로는 상사의 권위에 대한 도전으로까지 여겨질 수도 있을 것이다.

그러나 이는 말하자면 문화의 차이에서 기인하는 것이지, 상사의 권위에 대한 도전이 아닌 경우가 오히려 훨씬 많다. 이것이 바로 한국에서 근무하는 매니저보다 외국 지사에서 현지인을 부하 직원으로 채용하여 관리하고 있는 한국인 매니저에게 자제력이 더더욱 요구되는 주요한 이유 중의 하나인 것이다. 독일에서의 근로자의 해고절차를 여기서 상세히 기술하는 이유는,

- 마음에 들지 않는 직원을 보란 듯이 해고하는 기술적 방법을 공유하려는 것이 아니라,
- 해고와 관련하여 독일 노동법이 규정하고 있는 사항들을 자세히 파악함으로써 독일 노동법에 대한 legal mind를 갖자는 것이며,
- 문제 직원에 대한 처리 및 직원과의 갈등을 사전에 조정하여 현지 직원을 매니저의 적이 아닌 진정한 동반자 관계를 형성하도록 하기 위한 전제 조건으로서, 도대체 독일 노동법의 테두리가 어디까지인지에 대한 지식을 공유하자는 것이며,
- 필요한 조치와 노력을 경주하였음에도 불구하고, 해고라는 마지막 선택을 할 수밖에 없는 불가피한 경우에, 어떻게 현지 노동법의 테두리 안에서 해고 절차를 마무리 할 수 있는지에 대한 지식, 즉 양 당사자가 모두 상처를 덜 받는 방식으로 절차를 마무리하기 위한 기본적인 지식을 공유하자는 것이다.

잘 알려져 있듯이, 독일에서는 근로자의 법적 지위가 상당한 정도로 보장이 되어 있기 때문에, 독일에서 기업을 경영하거나 관리자로서 현지 직원을 관리하기 위해서는 이에 대한 이해가 반드시 선행되어야 한다.

•••• *45*

해고제한법과 해고의 종류

1) 해고제한법

해고제한법 Kündigungsschutzgesetz(KSchG) 제1조 1항에 따르면, 근속연수가 6개월 이상인 근로자는 본 해고제한법의 보호를 받는다. 또한 해고제한법의 적용 대상이 되는 사업장 혹은 회사는, 같은 법 제23조에 따라 상시 근로자 수가 10.25인 이상인 사업장 혹은 회사이다. 요약하면, 상시 근로자 수가 10.25인 이상인 사업장 혹은 회사에 근무하는 근로자로서, 근속연수가 6개월 이상인 근로자는 해고제한법의 적용을 받는다. 이때 근로자의 범위에는 직업훈련생이 포함되지 않는다. **해고 제한법의 적용을 받는다**는 의미는, 사용자가 위에 해당하는 근로자를 해고할 경우, 반드시 정당한 해고 사유를 제시해야 하며, 이러한 정당한 해고 사유가 없이 행한 해고는 부당해고가 되어 해고제한법에 따라 무효가 된다는 뜻이며 또한 근로자는 그 해고가 부당하다는 이유로 노동법원에 소를 제기할 수 있다는 뜻이다.

2003년 12월 31일까지 해고제한법의 적용을 받는 사업장 혹은 회사의 기준은, 상시 근로자 수가 5.25인 이상인 회사였다. 따라서 2004년 1월 1일 이전에 입사한 근로자의 경우, 2003년 12월 31일에 상시 근로자 수가 5.25인 이었던 사업장 혹은 회사에 근무함으로 해서 해고제한 법의 적용을 받고 있었다면, 그 근로자(소위 구근로자 Altarbeitnehmer) 는 2004년 1월 1일 이후에도 계속해서 해고제한법의 적용을 받는다(같은 법 제23조 1항 3문). 즉 새 규정은 2004년 이후에 신규로 입사한 근로자에게만 적용이 된다.

2) 해고의 종류: 일반해고와 즉시해고

해고에는 일반해고 Ordentliche Kündigung와 즉시해고 Außerordentliche Kündigung가 있는데, **해고예고기간 Kündigungsfrist**이 있느냐 혹은 없느냐를 기준으로 구별한다. 즉 **즉시해고**의 경우는 위반의 사안이 중대하여, 해고예고기간을 준수할 필요 없이 즉시 해고를 할 수 있는 경우에 사용하는 용어인 반면에, **일반해고**라고 하는 것은, 우선 해고의 사유가 존재해야 함은 말할 것도 없고 또한 해고통지를 함에 있어서 해고예고기간을 준수하여 통지를 하여야 그 해고가 적법해지는 경우에 사용한다.

일반해고의 사유로는 첫째 일신상의 사유, 둘째 행태상의 사유, 셋째 경영상의 사유(긴박한 경영상의 필요)를 들 수 있다. 해고를 위해서는 이러한 사유가 반드시 존재해야 하며 또한 이러한 사유로 인하여 해고를 할 경우, 사용자는 해고예고기간을 반드시 준수해야 한다. 만약 이를 준수하지 않았을 경우, 동 해고는 적법한 해고로 인정받을 수 없게 된다. 해고가 정당하기 위해서는 사전에 근로자에게 위반 사안에 대해 경고를 하도록 하고 있는데, 이에 관해서는 후술하기로 한다.

3) 해고예고기간

사용자와 근로자 간의 힘의 균형을 고려하여 양자에게 동일한 예고기간 Kündigungsfrist을 적용하지는 않는다. 근로계약의 해지에 있어서 근로자는 사용자보다 용이하게 근로관계를 종료시킬 수 있다.

민법 제622조 1항과 3항에 따라, **사용자와 근로자 공히** 수습기간 동안에는 2주의 예고기간을 준수해야 하며, 당해 근로자의 근속연수가 2년 미만일 경우, 매월 15일 혹은 매월 말 일자를 기준으로 4주의 예고기간을 준수하여야 한다. 이 예고기간을 다른 것과 구별하여 **기본예고기간 Grundkündigungsfrist**이라고 한다.

같은 조 2항에 의하면, 근로자의 **근속연수**에 따라 **사용자**가 준수하여야 하는 예고기간은 다음과 같이 최고 7개월까지 늘어난다:

근속연수 2년째부터: 월말 기준으로 1개월
근속연수 5년째부터: 월말 기준으로 2개월
근속연수 8년째부터: 월말 기준으로 3개월
근속연수 10년째부터: 월말 기준으로 4개월
근속연수 12년째부터: 월말 기준으로 5개월
근속연수 15년째부터: 월말 기준으로 6개월
근속연수 20년째부터: 월말 기준으로 7개월

'월말 기준'이라 함은, 예를 들어 근속 2년차 직원인 경우(이 경우 예고기간은 월말 기준으로 1개월임), 오늘(8월 19일) 해고통지를 한다고 가정한다면, 8월 말 일자 기준으로는 오늘인 8월 19일이 월말로부터 역산하여 1개월이 되지 않으므로, 8월 31일자로 해고하는 것이 불

가능하고, 다음으로 가능한 일자인 9월 30일자로 해고할 수 있다는 의미이다. 이 경우 해고통지는 8월 31일까지 본인에게 도달하기만 하면 그 해고통지는 유효하게 된다. 간부급 직원의 경우, 분기 말 기준으로 해고예고기간을 정하기도 하는데, 이 경우 해고결정의 시기를 잘 계산해서 해고통지의 시점을 놓치지 않도록 주의할 필요가 있다.

근로계약서상 예고기간을 정함에 있어서 '사용자와 근로자에게 공히 적용된다'라고 명기되어 있다면 상관이 없으나, 이와 같이 명시적으로 적시되어 있지 않다면, 근로계약서상 명기된 예고기간은 사용자에게만 그 적용이 있고, 근로자는 **기본예고기간** Grundkündigungsfrist만 준수하면 된다.

예고기간에 대한 보다 자세한 사항은 제2장의 해고예고기간에 대한 설명을 참조하기 바란다.

4) 해고의 통지와 내용

민법 제623조에 따르면, 해고의 통지는 반드시 서면으로 해야 하며, 전자매체, 즉 팩스나 이메일을 통해 통지하는 것은 효력이 없다. 해고의 통지는 당사자에게 도달이 되어야 한다. 도달이 된 시점이 해고통지의 시점이 된다. 도달 시점에 대해 문제 제기가 있을 경우, 도달에 대한 입증책임은 이를 주장하는 사용자에게 있다.

따라서 해고통지를 할 경우, 가능하면 사내에서 직접 해당 근로자에게 해고통지서를 교부하여, 통지서를 수령했다는 확인을 서면으로 받아 놓는 것이 가장 확실한 방법이다. 만약 당사자가 수령을 거부할 경우, 이에 대한 입증을 위하여, 통지서 교부 시 다른 직원을 대동하여 증인이 되도록 해야 하는 경우도 생길 수 있다.

사무실에서 통지서를 교부하는 것이 불가능할 경우, 우편으로 해야 하는데, 이 경우 해고통지의 시점은 우편이 도달한 시점부터 기산된다. 이때는 배달증명 등을 통해서 우편의 도달에 대한 증명이 가능하도록 해야 한다. 보다 확실하게 하기 위해서는 인사과의 직원이 직접 해당 근로자의 집을 방문하여 교부하는 것도 좋은 방법이다. 이때도 수령을 거부할 것을 예상하여, 증인으로서 다른 직원과 함께 가는 것이 좋다.

통지의 시점이 언제부터 기산되느냐의 문제는, 해고제한법 제4조와 관련하여 중요한 의미를 가진다. 즉 해고 통지 후 3주 이내에 근로자는 그 해고가 부당함을 노동법원에 제소해야 하며, 이 기간 내에 소를 제기하지 않을 경우 같은 법 제7조에 따라 그 해고 통지는(통지를 한 시점부터) 유효하게 된다. 이와 같이 해고 통지의 기산 시점은 부당해고를 이유로 한 소송의 제기와 관련해서 중요한 문제가 된다.

해고통지서의 내용에 관해서 유의할 것은, 근로관계를 종료한다는 내용을 종료 시점과 함께 명료하게 표현해야 한다는 점이다. 이와 함께 사용자는 사회법 3권 제37b조의 규정에 따라,

- (근로자가) 지체 없이 직접 노동사무소 Agentur für Arbeit를 방문하여 구직자 등록을 해야 하며, 그렇지 않을 경우 실업급여를 수급함에 있어서 불이익을 받을 수 있다는 사실과
- 적극적으로 구직 활동을 해야 한다는 사실을,

해고통지서에 명시해서 알려 주어야 할 의무가 있다. 노동사무소에
구직자 등록을 지체하면 지체 일에 따라 실업급여가 차감되어 지급이
된다.

그러나 해고통지서에 **해고의 사유**를 명시할 의무는 없다. 통상적으로
해고한다는 사실만 명시할 뿐이지, 해고의 사유를 적시할 필요는 없다.
그러나 직업훈련법 제22조 3항에 따라, 수습기간 후에 직업훈련생을 해고
할 경우에는 예외적으로 해고의 사유를 명시해서 해고를 통지해야 한다.

참고로 독일 민법에서 정하고 있는 기간 계산법은 다음과 같다(민법
제187조~제193조):

- 기간을 일(Tag)로 정한 때에는 기간의 초일은 산입하지 않는다(제
  187조 1항: 초일 불산입 원칙). 예를 들어 도서관에서 1주일간 책
  을 대출하는 경우에, 대출하는 첫날은 24시간을 충족한 것이 아
  니므로, 이를 1일로 계산하지 않는다. 다만, 기간이 일의 처음부
  터, 즉 오전 0시에 시작하는 경우와 연령의 계산에서는 초일을
  산입한다(제187조 2항).
- 기간을 일(Tag)로 정한 때에는 기간 말일의 종료로 기간이 만료
  한다. 즉 9월 1일 오후 1시부터 4일간의 기간이 만료하는 때는 9
  월 5일 오후 12시이다(제188조 1항).
- 기간을 주, 월, 년으로 정한 때에는(이때 주, 월, 년의 처음부터 시작
  하는 때에는), 그 기간의 마지막 주, 월, 년의 말일의 종료로 기간이
  만료한다(제188조 2항). 즉 일로 환산하지 않고, 역(Kalenderwoche,
  -monat, -jahr)에 의해서 계산한다(제188조 2항). 월의 일수의 장
  단을 고려하지 않는다. 예를 들어 9월 1일 오전 0시부터 3개월 후의
  말일은 11월 30일 오후 12시이다.

- 기간을 주, 월, 년으로 정한 때에는(이때 주, 월, 년의 도중에서부터 시작하는 때에는), 마지막 주, 월, 년에서 그 기산일에 해당하는 날의 전일로 기간이 만료한다(제188조 2항). 예를 들어 9월 3일 오후 2시부터 3개월 후의 말일은 기산일이 9월 4일이 되고, 그로부터 3개월 후인 11월 4일의 전일인 11월 3일 오후 12시이다.
- 기간을 월로 정한 경우에 마지막 월에 해당일이 없는 때에는 그 월의 말일로 기간이 만료한다(제188조 3항). 예를 들어 1월 30일 오후 3시부터 1개월 후의 말일은 2월 30일이 되지만, 2월에는 30일이 없으므로 2월 말일로 기간이 만료한다.
- 기간 연장의 경우, 새로운 기간은 전 기간의 종료일로부터 기산된다(제190조).
- 기간의 말일이 공휴일(토요일, 일요일, 국경일)에 해당하는 때에는 그다음 날로 만료한다. 그러나 기간의 초일이 공휴일인 경우에는 그 적용이 없으며, 공휴일이 기간 도중에 있는 경우에도 마찬가지이다(193조).
- 기간의 역산은 위 기준을 모두 역으로 하여 계산하면 된다. 즉 총회의 소집(총회 개최일은 9월 12일)은 1주간 전에 통지해야 된다고 할 때, 기산일은 9월 11일이 되고, 그로부터 1주간 전인 9월 5일 오전 0시에 그 기간은 만료한다. 따라서 늦어도 9월 4일까지 총회 소집통지서가 발송되어야 한다(민법상 도달주의가 원칙이나, 총회의 소집은 예외적으로 발송주의를 취한다).
- 참고로, 일자와 시간이 모두 포함된 기간의 계산에서는 일자는 역법적 계산법에 의해, 시간은 자연적 계산법(즉시로부터 기산)에 따른다. 예를 들어 9월 5일 오후 2시부터 6일과 6시간의 기간이 만료하는 경우, 기산일이 9월 6일이므로 그로부터 6일간이 만료하는 때인 9월 12일 오후 12시에서, 다시 6시간 후인 9월 13일 오전 6시가 된다.

5) 경영협의회와의 관계

사용자는 모든 종류의 해고에 대해 해고의 통지 이전에 경영협의회에 이를 알려야 한다(경영조직법 제102조 1항). 이때 개략적으로 해고 사실만 알리지 않고, 충분히 그 사안에 대해 알려주어야 추후 형식상의 미비를 이유로 그 해고가 무효로 간주되는 것을 피할 수 있다. 이 부분이 가장 중요한 부분인데, 설사 경영협의회가 그 해고에 대해 동의를 했다 하더라도, 이 부분에 하자가 있다면, 근로자는 추후 해고의 무효를 주장할 수 있다.

경영협의회는 일반해고의 경우 **1주일**의 기간 동안 소견표시를 할 시간을 가질 수 있고, 즉시해고의 경우, **3일**간 소견표시를 할 시간을 가질 수 있다. 즉 각각의 경우 회사는 경영협의회가 상기 기간 동안 의견제시를 할 수 있도록 기다려야 한다. 이 기간 동안 어떤 의사표시도 없으면 동의한 것으로 간주한다(경영조직법 제102조 2항). 일수는 working day가 아니고 calendar day를 기준으로 한다. 다만 민법 제193조에 따라 마지막 날이 토요일, 일요일 또는 법정 공휴일인 경우, 그다음 working day가 마지막 날로 간주된다.

경영협의회가 동의를 거부할 경우, 그와 상관없이 사용자는 해고 통지를 할 수 있는데, 다만 이때 회사가 경영협의회로부터 받은 거부 의견서 사본을 해고통지서에 첨부하지 않으면, 그 해고통지는 유효하지 않게 된다(경영조직법 제102조 4항). 같은 법 제102조 5항에 따르면, 경영협의회가 동의를 거부한 상태에서 해고가 단행되었고 또한 이에 대해 근로자가 소를 제기하였다면, 사용자는 동 근로자의 고용을 해고예고기간 종료 후부터 법적 분쟁이 종료될 때까지 계속해서 유지해야 한다. 다만, 사용자는 다음의 3가지 조건에 해당하면, 법원에 신청을 함으로써 이러한 계속 고용의 의무를 부담하지 않을 수 있다:

- 근로자의 소 제기가 승소할 가능성이 충분하다고 보이지 않거나 혹은 소 제기 자체가 악의적으로 보일 경우,
- 계속 고용을 사용자가 부담하는 것이 경제적으로 감당하기 어려운 경우,
- 경영협의회의 동의 거부의 이유가 논리적으로 명백하게 설명되지 않은 경우.

결론적으로, 경영협의회에 대하여 해고 사안에 관해 충분히 알리고, 소견 표시를 할 시간을 주었다면, 그것으로 형식상의 요건은 충분히 갖추었고, 경영협의회가 동의를 하든 하지 않든 상관없이 해고 통지를 할 수 있다. 즉 동의 거부를 했다고 하여 사용자가 해고 통지를 독자적으로 하지 못하는 것은 아니다.

●●●● *46*

일반해고와 해고의 사유

---

1) 일신상의 사유에 의한 일반해고

일신상의 사유는, 주로 질병 때문에 근로계약상의 의무를 더 이상 지속할 수 없을 경우에 해당한다. 또한 근로자의 육체적 또는 지적 능력에 기인한 문제로 인하여 그 근로자의 업무 성과가 지속적으로 타 근로자의 50% 이하밖에 안 될 경우도 일신상의 사유에 의한 해고 Personenbedingte Kündigung에 해당한다. 일신상의 사유로 인한 해고의 경우, 그 특성상 사전에 경고를 요하지는 않는다. 경고를 통해 개선되고 말고 할 여지가 없기 때문이다.

실무에서도 가장 다루기 까다로운 문제가 바로 질병으로 인한 해고의 문제이다. 따라서 질병으로 인한 해고에 관해서는 따로 후술하기로 한다.

2) 행태상의 사유에 의한 일반해고

행태상의 사유로 해고 Verhaltensbedingte Kündigung를 하기 위해서

는, 해고의 사유 이외에 두 가지 조건이 선행되어야 한다. 첫째, 그 이유가 일회성이 아니라, 향후에도 시정되지 않고 계속적으로 반복되어서, 근로계약상 명기된 근로자의 의무를 이행하지 못할 것이라고 보이는 경우(Zukunftsprognose)에 해고의 조건이 충족되었다고 본다. 둘째, 이해관계의 비교형량 Interessenabwägung의 문제이다. 즉 모든 근로자에게 동일한 절대적인 기준을 들이댈 것이 아니라, 개별 근로자의 여러 가지 상황적인 요소들을 감안하여 상대적으로 판단해야 한다는 것이다. 입사한 지 얼마 되지 않은 신입사원이 한 달에 두세 번씩 지각하는 것과 근속연수가 20년이 넘은 고참 직원이 어느 달에 어쩌다가 두세 번 지각한 것은 비록 지각의 횟수는 동일하나, 그것은 동일하게 비교할 성질의 것은 아니다.

이러한 비교형량의 기준으로는 아래의 몇 가지 사항이 있는데, 독일의 노동법은 이러한 기준을 비교 참작하여 근로관계를 유지함으로써 부담하게 될 사용자의 이해관계(부담하게 될 손해)가, 해고를 당함으로써 부담하게 될 근로자의 이해관계(부담하게 될 손해)보다 중할 경우, 해고의 조건이 충족되었다고 보고, 사전에 이러한 이해관계의 비교형량을 판단해 볼 것을 요구하고 있다.

- 근로자의 근속연수
- 근로자의 연령
- 부양가족의 수
- 가족 관계(혼인 여부 등)

이해관계의 비교형량과 관련하여, 근로자의 문제되는 행태가 회사에 어떻게 불이익을 초래하는지에 대해 그 인과관계가 확실히 입증되는지 여부도 충분히 고려해야 한다.

행태상의 사유로 해고를 할 경우, 반드시 사전에 1~2회 서면 경고를 하여야 한다. 경고를 통해 개선이 될 수 있는데도 불구하고, 경고를 하지 않고 해고 통지를 했다면 이 해고는 무효가 된다. 경고에 대해서는 후술하기로 한다. 그러나 사용자가 인내를 갖고 근로자에게 문제의 행위에 대해 개선할 것을 요구하는데도 불구하고, 근로자가 자신의 행태를 변화 및 개선하지 않겠다고 본인의 입장을 명백히 밝힐 경우에는 개선의 여지가 없는 것으로 판단되므로, 이때에는 예외적으로 사전 경고 없이 해고를 통지할 수 있다고 본다. 행태상의 사유에 해당하는 예를 몇 가지 들어보면 아래와 같다. 아래 사유 중 몇몇 사유는 사안의 경중에 따라 동시에 즉시해고의 사유가 되기도 한다:

- 인터넷의 사적사용 및 오용: 요즘 문제가 많이 되고 있는 사안으로써, 사용자가 명시적으로 인터넷의 사적사용을 금지했는데도 불구하고(예: 사내규정에 명시), 사적으로 사용했다면, 이는 일반해고의 사유에 해당한다. 만약 근로자가 근로시간의 대부분을 인터넷 경매에 매달린다든지 혹은 온라인 채팅을 한다면 이는 경우에 따라서 즉시해고의 대상이 되기도 한다.
- 업무 능력의 미달: 단순히 업무 처리 능력이 다른 근로자보다 늦다는 이유는 해고 사유로 인정되지 않는다. 업무성과가 지속적으로 다른 근로자보다 현저히 낮은 경우(다른 근로자의 업무성과의 50% 미만)에만 일반해고의 사유에 해당한다.
- 횡령, 뇌물수수 및 절도 등 범죄행위: 회사의 기물을 훔치는 행위, 횡령 또는 뇌물수수는 당연히 해고의 대상이다. 그 물건의 가치가 사소하다는 이유로 해고가 부정되지는 않는다. 이때 횡령 및 절도 대상 물건의 가치에 따라, 예고기간을 기다릴 필요 없이 즉시해고도 가능하다.
- 병가 중의 금지된 행위: 병가 중인 근로자가 저녁에 술집에서 술

을 마시고 있었다면, 이는 해고의 대상이 된다. 왜냐하면, 병가 중의 근로자는 건강을 회복하는 데 방해가 되는 행위를 해서는 안 되기 때문이다. 마찬가지로 병가 중인 근로자가 다른 곳에서 부업을 했다면 이 또한 해고의 대상이다.

- 허가 없이 부업을 할 경우: 근로계약상 모든 유상 또는 무상의 부업은 사용자의 승인을 받아야 함에도 불구하고, 이를 위반했다면 이는 해고의 대상이다. 퇴근 후 야간에 주유소에서 일하는 경우, 이를 통해 육체적으로 피로가 쌓여 다음 날의 근무에 지장을 줄 것이므로, 반드시 사용자에게 알려서 승인을 받든지 혹은 중지해야 한다.

- 음주: 취업규칙 또는 사규 Betriebsordnung에 따라 사내에서 음주가 금지되어 있는데도 불구하고, 음주를 한 사실이 계속 적발된다면, 이는 일반해고의 사유가 된다. 그런 사규가 없다면, 음주 사실만으로는 해고를 할 수 없고, 음주로 인한 구체적인 근로계약상의 의무 위반에 대해 개별적으로 사용자가 입증할 수 있을 경우에만 그 해고가 정당하게 된다.

- 네거티브한 행위를 타 직원에게 충동질하는 경우: 사안이 중하다면 즉시해고의 사유가 될 수도 있다.

- 병가 시 의사의 증명서를 제출하지 않은 경우.

- 작업 / 업무 지시에 대한 거부: 수동적인 거부가 아니라 대놓고 지시를 정면으로 거부할 경우, 이는 즉시해고의 사유가 될 수도 있다.

- 사용자 또는 상사에 대한 모욕: 사안이 중하다면 즉시해고의 사유가 될 수도 있다.

- 부하 직원과의 부적절한 관계.

- 근로자가 회사와 사업상 혹은 다른 이유로 경쟁관계에 놓여 있는 경우. 사안에 따라 즉시해고의 사유가 될 수도 있다.

- 출퇴근 시간을 자동 컨트롤하는 시스템이 적법하게 도입되어 있

는 경우에 근로자가 임의로 이를 회피할 때에는 몇 번의 규칙적
인 경고 후에 일반해고를 할 수 있다. 동 시스템을 임의로 조작
한다든지 하는 경우에는 즉시해고의 사유가 될 수도 있다.

- 업무용 전화의 사적사용도 사안의 경중에 따라 일반해고의 사유
  가 될 수 있다.
- 잦은 지각도 일반해고의 사유가 된다. 상사의 지적에도 불구하고
  지속적으로 지각을 한다면 이는 당연히 일반해고의 사유에 해당
  이 된다. 일 년에 20~30회가량 지각을 하고, 규칙적으로 경고를
  받았다면 정당한 해고로 받아들여진다.
- 무단 휴가: 자의로 휴가를 사용하거나 혹은 연장을 하는 경우, 이
  는 사안의 경중에 따라(즉 회사의 업무에 지장을 초래한 정도에
  따라) 즉시해고의 사유가 될 수도 있다.

3) 기업 경영상의 사유에 의한 일반해고

기업 경영상의 긴박한 사유란, 기업의 대내외적인 환경 변화, 즉 매
출의 감소, 계약의 감소, 기업의 구조조정, 휴업 등의 사유로 회사가
더 이상 해당 직원의 고용을 유지할 수 없는 경우를 말한다. 이때 경
영상의 사유에 의한 해고가 정당한 해고로 받아들여지기 위해서는,

- 정리해고를 해야 할 정도로 긴박한 경영상의 필요성이 존재해야
  하고,
- 기업 내 타 부서에 해당 인원을 재배치할 여지가 없어야 하며,
- 또한 정리해고 대상 근로자의 선정 Sozialauswahl이 근속연수, 연
  령, 가족관계 및 장애 여부를 고려하여 공정하고 적절하게 이루어

져야 한다.

경영상의 사유에 의한 해고 Betriebsbedingte Kündigung의 경우에 종종 언급되는 개념이 소위 근로계약의 변경해지 Änderungskündigung이다. 이는 해고의 한 형태로서, 기존 근로계약조건과는 다른(주로 상대적으로 열악한) 조건을 사용자가 제시하면서, 근로자가 그 조건을 수용할 경우에는 새로운 근로계약이 체결되는 것이고, 만약 수용하지 않을 경우에는(경영상의 사유에 의한) 해고통지가 되는 것이다. 상술한 전제조건 중 정리해고의 긴박성이나, 타 부서에의 재배치의 여지가 없다는 것을 입증하는 것으로서, 사용자가 해당 근로자의 고용을 유지하기 위해 최선의 노력을 경주했다는 반증으로서의 의미가 있다. 우선 변경해지를 시도해 보고, 근로자가 이를 수용하지 않는다면, 동 경영상의 사유에 의한 해고는 정당한 해고로 간주될 확률이 훨씬 높아질 것이다.

경영상의 사유에 의한 해고와 관련하여 참조할 것은, 구조조정을 명분으로 정리해고를 단행하면서, 예를 들어 외식사업을 하는 자회사를 설립하여 이 자회사에 사내식당의 운영을 위탁하고, 기존에 있던 사내식당의 근로자를 정리해고 한다면, 이는 긴박한 경영상의 필요성이라는 전제 조건이 충족되지 않는 것으로 보아, 부당해고에 해당되어 그 해고는 허용되지 않는다는 점이다.

4) 질병을 사유로 한 해고

질병 자체는 해고의 사유가 되지 못한다. 개괄적으로 보면 추후에도 회복될 기미가 보이지 않는지, 회사의 입장에서 볼 때 경제적으로 손해

가 막심한지 그리고 직장을 유지해야 하는 직원의 이해관계와 해고를
해야 하는 회사의 이해관계의 정도를 비교해 보아 그에 따른 손실의
정도가 어느 쪽이 더 심한지 등을 우선 비교 검토해 봐야 한다. 아래
의 3가지 전제 조건이 **동시에** 충족되는지의 여부를 우선 검토하고 난
후에 해고통지를 하도록 한다.

(1) 향후 회복에 대한 전망이 부정적이면(negative Prognose) 정당한
    해고가 되기 위한 최소한의 요건은 충족된다. 교통사고를 당해
    수술을 하고, 재활 치료를 받고 있는 중이라면 향후 회복에 대한
    전망이 부정적이지 않기 때문에 해고를 할 수 없다. 전망을 하는
    시점에 대해 어느 시점을 기준으로 해야 하는가라는 문제가 생
    기는데, 해고 통지를 한 시점을 기준으로 해야 한다. 따라서 해
    고 통지 후 어느 시점에서 봤더니 긍정적이라 하더라도, 해고의
    시점에서 부정적으로 전망되었다면 그 해고는 정당하다.

(2) 회사 경영상의 입장에서 볼 때 더 이상은 용납할 수 없다는 것
    이 입증되면 그 해고는 정당하다. 위 (1)의 이유 하나만으로는
    해고가 정당화될 수 없고, 동 근로관계를 계속 유지하는 것이 회
    사 경영의 입장에서 혹은 경제적인 관점에서 더 이상 감수할 수
    없는 지나친 부담을 사용자에게 지운다면 그 해고는 정당하다고
    인정된다.

(3) 여기에 더해서, 고용을 유지해야 하는 직원의 이해관계와 해고를
    해야 하는 회사의 이해관계의 정도를 비교해 보아 그에 따른 손
    실의 정도가 어느 쪽이 더 심각한지에 대한 검토가 있어야 한다
    (Interessenabwägung). 고용을 유지해야 하는 직원의 사유가 더
    절실하다면 그 해고는 정당하지 않다고 판단될 수 있다. 이러한

비교형량의 기준으로는 근로자의 근속연수 / 연령 / 혼인 여부 등 가족관계 / 부양가족의 수 등이 있는데, 독일의 노동법은 이러한 기준을 비교 참작하여 근로관계를 유지함으로써 부담하게 될 사용자의 이해관계(부담하게 될 손해)와 해고를 당함으로써 부담하게 될 근로자의 이해관계(부담하게 될 손해)를 사전에 비교형량하여 판단해 볼 것을 요구하고 있다. 이해관계의 비교형량과 관련하여, 근로자의 질병이 회사에 어떻게 불이익을 초래하는지에 대해 그 인과관계가 확실히 입증되는지의 여부도 충분히 고려해야 한다.

이와 같이 해고의 경우, 사안에 따라 개별적, 구체적으로 판단해야 하며, 누구에게나 적용되는 일반적인 기준은 존재하지 않는다. 특히 질병을 이유로 하는 해고 Krankbedingte Kündigung의 경우 그 판단이 간단치가 않다.

지나치게 잦은 병가의 경우, 총 병가일을 합하여 일 년에 약 6주가량이 되면 일단 그 병가가 지나치게 잦은 것이라고 판단을 하게 된다. 그러나 이 정도 가지고는 해고를 할 수 없다. 대략 2~3년간 계속해서 연간 근무일의 15~20% 정도의 결근율을 보여야 비로소 그 해고가 정당하게 된다. 장기 병가의 경우 역시 개별적, 구체적으로 상술한 전제 조건을 검토해 보아야 하는데, 우리가 상식적으로 생각하는 정도로는 노동법원에서 정당한 해고로 받아들이지 않는다고 보면 된다.

중소 규모의 기업에서는 이러한 장기 병가로 인한 공백을 메우기 위하여 지속적으로 대체 인력을 채용하는 것이 경제적으로 쉬운 일이 아니다. 또한 타 직원으로 하여금 업무를 대체하게 하는 것도 이내 한계에 다다르게 된다. 언제까지 다른 직원이 초과근무를 할 수는 없는 일이고, 그로 인해 휴가를 제대로 사용하지 못함으로 해서 생기는 불만을 언제까지 무마할 수는 없기 때문이다. 따라서 가능하면 빠른 시일 내에 해당 근로자와 합의를 하여 해고보상금을 매개로 근로관계를 종료시키는 것이 여러모로 유리할 것이다. 또한 해고를 단행하여 노동법원에서 조정에 들어간다면, 가능한 한 원하는 만큼 보상금을 줌으로써 조속히 근로관계를 종료시키는 것이 현명할 것이다.

•••• *47*

즉시해고와 해고의 사유

민법 제626조에 따르면, 즉시해고는 해고예고기간을 준수할 필요 없이, 즉시 해고하는 것을 말한다. 이때에는 반드시 중대한 사유가 있어야 한다. 즉 해고예고기간을 기다릴 수 없을 정도의 중대한 사유가 발생했다고 판단될 경우, 즉시 해고할 수 있는데 이를 즉시해고라고 한다. 회사는 즉시해고에 해당하는 중요한 사유를 인지한 시점으로부터 14일 이내에 해고를 통지해야 하며, 이 기간(제척기간)이 경과하면 법적 분쟁 시 법원은 그 해고를 인정하지 않는다. 2주가 지나도록 아무런 조치를 취하지 않았다는 것은, 회사가 그 사안을 중대한 사안으로 판단하지 않았다는 것으로 추정되기 때문이다.

아래의 사유(보기)에 해당하면 사용자는 해고예고기간을 준수할 필요 없이 근로자를 해고할 수 있다. 하지만 해고로 인하여 법적 분쟁으로 문제가 확대되는 경우가 흔하므로, 해고의 정당함을 주장하기 위해서는 사전에 각별한 준비와 주의가 필요하다.

- 회사 재산에 대한 횡령, 절도의 경우, 그 사안의 정도가 중할 경우
- 근무시간을 자주 어긴다면 일반해고 사유에 해당하나, 지나치게 빈번하게 근무시간을 어길 경우, 경고장을 이미 보냈다면 예고기

간 없이 해고가 가능하다.
- 승인 없이 자의로 휴가를 사용한 경우. 사안의 경중에 따라 즉시 해고의 사유가 된다.
- 회사 업무상의 기밀을 누출한 경우
- 근로자가 회사와 사업상 혹은 다른 이유로 경쟁관계에 놓여 있는 경우. 사안이 중할 경우 즉시해고의 사유가 된다.
- 상습적으로 성희롱을 한 경우
- 상사를 심하게 모욕한 경우
- 상사의 업무지시를 거부할 경우. 이는 일반해고의 사유에 해당하나, 수동적인 거부가 아니라, 대놓고 지시를 정면으로 거부하는 경우, 즉시해고의 사유가 된다.
- 흉기를 가지고 폭력을 행사한 경우

위에서 보는 것처럼 즉시해고의 경우, 많은 부분에서 행태상의 이유에 의한 일반해고의 사유와 겹치고 있다. 사안의 경중에 따라 일반해고의 사유에 해당되거나 혹은 즉시해고의 사유에 해당이 된다고 판단하게 된다. 따라서 실무에서는 즉시해고의 통지를 함에 있어서, 추후 내용상 및 형식상의 미비점으로 인하여 즉시해고의 사유로 인정이 되지 않을 경우에 대비해서, 통지서에 즉시해고가 인정되지 않을 경우, 일반해고의 해고예고기간에 해당하는 기간을 둔 시점(몇 년 몇 월 며칠이라고 명기)에 해고(일반해고)한다는 문구를 명시하여 해고 통지를 하게 된다(Umdeutung). 즉시해고를 할 정도로 사안이 중하다는 객관적인 판단이 불명확할 경우, 해고예고기간을 정하여 일반해고를 하는 것도 하나의 방법이 될 수 있다.

근로자 역시 회사를 상대로 예고기간 없이 근로계약을 해지할 수 있다. 예를 들어, 급여를 지불하지 않거나, 회사가 근로계약 사항을 위반

했거나, 시정요구에도 불구하고 노동법상의 규정들이 준수되지 않을 경
우 등이다.

●●●● *48*

특별 해고보호 대상 근로자

독일의 노동자는 해고제한법(KSchG)에 의해 고용을 보호받고 있으나, 이에 더하여 특별히 보호를 받고 있는 대상이 있다.

1) 중증 장애인

사회법 9권 제85조에 따르면, 해고 대상 근로자가 중중장애인일 경우, 반드시 해당 관청(Integrationsamt)의 동의를 받아서 해고(일반 및 즉시해고)를 해야 한다. 같은 법 제91조에 따라, 즉시해고의 사유가 발생하여 즉시해고를 할 경우, 동 사유가 발생한 시점으로부터 2주 이내(민법제 626조 2항의 제척기간)에 주무 관청에 승인 신청을 해야 한다.

2) 임산부

모성보호법 Mutterschutzgesetz 제9조에 따르면, 해당 근로자의 임신사실을 알고 있었거나, 해고통지 후 2주 이내에 근로자가 자신의 임신사실을 알려오면 회사는 이 근로자를 (일반)해고할 수 없다. 이미 통보

254 독일 노동법 실무

한 해고는 효력을 상실하게 된다. 출산 6주 전부터 출산 후 8주까지는 법정 근로금지기간에 해당되며, 임신의 시작 시점부터 출산 후 4개월까지는 특별 해고보호에 해당되어 원칙적으로 해고를 할 수 없다. 그럼에도 불구하고 즉시해고의 사유에 해당되어 해고를 할 경우, 반드시 주무 관청의 승인을 받은 후에 해고를 해야 한다(같은 법 제9조 3항). 즉시해고의 사유가 발생한 때로부터 2주 이내에 주무 관청에 승인 신청을 해야 한다.

3) 육아휴직 중의 근로자

연방육아휴직수당 및 육아휴직법 Bundeselterngeld – und Elternzeitgesetz (BEEG) 제18조에 1항에 따르면, 육아휴직 직전 최고 8주간 그리고 육아휴직기간(출산 자녀 일인당 최고 36개월) 동안에는 (일반)해고를 할 수 없다. 그럼에도 불구하고 즉시해고의 사유에 해당되어 해고를 할 경우, 반드시 주무 관청의 승인을 받은 후에 해고를 해야 한다. 즉시해고의 사유가 발생한 때로부터 2주 이내에 주무 관청에 승인 신청을 해야 한다.

4) 경영협의회의 위원

해고제한법 Kündigungsschutzgesetz 제15조 1항에 따라, 경영협의회의 위원에 대해서는 임기 기간 동안 그리고 임기 종료 후 1년간은 일반해고가 허용되지 않는다. 즉시해고만이 가능하다.

5) 직업훈련생

직업훈련생법 제22조 1항과 2항에 따라 직업훈련생은 수습기간 동안에는 어떠한 예고기간도 없이, 언제든지 해고를 할 수 있으나, 수습기간을 통과한 직업훈련생에 대해서는 일반해고가 허용되지 않고, 즉시해고만이 허용된다.

6) 단체협약에 정한 근로자

단체협약에 의해 일반해고가 허용되지 않는 근로자 그룹을 지정하는 경우도 있는데, 일반 산업에서는 볼 수 없고, 공무원들에게 적용이 되는 경우가 있다. 근속연수 몇 년 이상 혹은 연령이 몇 세 이상인 근로자는 일반해고가 허용되지 않고, 즉시해고만이 허용되는 것으로 단체협약을 체결하기도 한다.

이 중 몇몇 근로자 그룹(수습기간을 통과한 직업훈련생 / 경영협의회 위원)은 즉시해고를 함에 있어서도, 일반해고였다면 준수하여야 할 해고예고기간이 경과한 후에야 그 해고가 정당한 해고가 되는 경우도 있다(soziale Auslauffrist). 즉 예고기간을 준수한 즉시해고라는 다소 애매한 기준을 지켜야지만 그 해고가 유효하게 된다.

•••• *49*

경고장 발송

1) 직원 면담의 중요성

직원 면담 Mitarbeitergespräch의 중요성은 절대 과소평가될 수 없다. 조직 내에서 구성원 상호 간의 소통의 중요성은 경영 효율성의 측면에서 볼 때 가히 절대적이라고 할 수 있기 때문이다. 특히 현지 직원들을 상대해야 하는 한국인 관리자로서는, 그렇지 않아도 문화적, 기질적 차이로 인해 벌어져 있는 노사 간의 간극을 메울 도구는 지속적이고도 심도 있는 대화 이외에는 없는 것이 또한 사실이다.

우리 한국인이 자주하는 얘기에 밥 한 끼 같이 먹자라는 말이 있다. 끼니를 거를 정도로 가난했던 지난 시절의 아픈 기억과 음식을 먹으면 긴장과 경계심이 풀어진다는 생물학적인 지식이 더해진 우리만의 독특한 친화력 강화의 무기이다. 그러나 밥 한 끼 먹으면 현지 직원들과도 끈끈한 유대감이 절로 생길까? 아마도 몇몇 한국인 관리자들은, 자신이 점심을 사겠다는 얘기에 현지 직원들이 '왜?'라는 반응을 보이는 것을 한번쯤은 경험해 보았을 것이다. 생일이라든지 진급을 했다든지 등의 계기도 없이, 한국식으로 내가 점심을 사겠다고 한다면, 아마 거의 대부분의 현지 직원들은 이처럼 의아하게 생각할 것이다. 네 것 내 것

그리고 개인 것 회사 것 이렇게 확실하게 구분하고 사는 서구인들의 사고방식이 이런 것이다.

물론 이런 정서적인 접근방식이 전혀 필요 없다는 말을 하려는 것은 아니다. 한국계 현지법인의 현지 직원 중에는 이러한 한국인의 정서적인 호의를 무척 높이 평가하는 부류도 있다. 그러나 대부분은 이를 부담스럽게 생각하거나 또는 약게 이용해 먹으려고 하는 것이 사실이다. 보다 중요한 것은 공식적인 면담을 통한 서로 간의 소통인 것이다. 오히려 이것이 현지 직원들이 한국인 관리자에게 진정으로 요구하는 것이다.

직무기술서 Stellenbeschreibung를 통한 공식적인 업무의 구분과 보고 채널의 확립 그리고 그에 대한 피드백, 공정한 평가 이런 것들이 직원 면담을 통해 조율이 되어야 하는 것이다. 이러한 점은 마땅치가 않다, 이러한 점은 아주 잘 처리됐다 등 분명한 의사 표현이 오히려 현지 실정에 맞는다는 점을 상기해야 할 것이다.

마찬가지로 문제 직원에 대한 처리에 있어서도, 한국식으로 무조건 두고 볼 것이 아니라, 그때그때 면담을 통해 직원의 애로와 불만을 경청하고 또한 상사의 입장에서 분명한 시그널을 전달해 주어야 한다. 오랫동안 인내하고 봐주려고 노력을 해 왔는데도 불구하고 개선의 여지가 없으므로, 더 이상의 인내는 곤란하다며 해고라는 최후의 카드를 뽑아든다면, 아마도 현지인들은 왜 그동안 아무 말도 없다가 갑자기 이러느냐고 이해를 하지 못할 것이다. 그리고 오랫동안 참았다는 한국식의 논리는 현지의 법정에서는 전혀 통하지 않고, 오히려 참았다는 것은 일종의 받아들인다는, 즉 수동적인 승인의 의미로 해석될 뿐이라는 사실을 잊어서는 안 된다. 이러한 의미에서 후술하는 바와 같이 문제 직원의 문제 행위에 대해서는 공식적으로 반응을 하여 분명한 의사 전달과 함께 향후 해고라는 최후의 수단까지 사용할 수 있다는 점을 명확하게 밝혀 두어야 할 것이다.

2) 경고장의 의미

해고는 그야말로 최후의 수단이 되어야 하며, 해고 이전에 제재조치로서 문제를 회피할 수 있었다면, 이러한 조치를 취했느냐 그렇지 않느냐 하는 것은 추후 그 해고의 정당함을 판단하는 데 중요한 기준이 된다.

내용상으로 경고장 Abmahnung은 신호의 전달이다. 문제 행위에 대하여 공식적으로 개선을 요구하는 문서이자, 향후 개선이 되지 않을 시 해고까지 이를 수 있다는 사전 경고를 의미한다.

또한 형식상으로, 경고장은 해고를 정당화하기 위한 수단이다. 행태상의 사유에 의한 일반해고의 경우, 사전에 경고장을 발송하지 않았다면, 그 해고는 정당하지 않은 것으로 간주된다.

3) 경고장을 줄 수 있는 권리자

경고장은 해고가 정당화되기 위한 전 단계로서의 기능이 있다는 것은 전술한 바와 같다. 경고장이 이러한 기능을 하기 위해서는, 적법한 자에 의해서 경고장이 발송되어야 함은 자명하다.

적법한 경고장을 발부할 수 있는 권리자로는, 우선 대표이사, 인사팀장 및 등기부에 등재된 서명권자 Prokurist를 들 수 있다. 또한 이들로부터 위임을 받은 자도 적법하게 경고장을 발부할 수 있다. 이와 관련하여 민법 제174조는, 위임을 받은 자가 위임장을 제시하지 않는 한, 그의 일방적인 법률행위는 무효라고 되어 있어, 경고장 발부 시 반드시 위임장을 첨부할 것을 요구하고 있다.

부서에서 실질적으로 지시권을 행사하는 부서장도 적법한 경고장을 발송할 수 있다고 보기도 하는데, 부서장이 실질적인 인사권을 부여받고 있지 않는 한, 부서장은 적법한 경고장을 발부할 수 없는 자로 보는 것이 타당하다.

4) 경고장의 요건 및 내용

경고장은 이미 발생한 사안에 대해서만 발부할 수 있고 또한 동일한 (혹은 유사한) 사안이 재발했을 경우, 해고를 할 수 있는 것이다. 일어나지 않은 사안에 대해 경고를 하고, 그 사안이 실제로 발생했을 경우에 해고를 하는 것은 허용이 되지 않는다. 또한 동일한 사안에 대해 경고장을 발송하고, 동시에 해고를 통지하는 것도 인정되지 않는다. 차라리 경고장 없이 해고를 통지한다면 몰라도, 동일한 사안에 대해 경고를 하고, 동시에 해고를 통지하는 것은 받아들여지지 않는다.

때로는 여러 가지 사안이 시차를 두고 동시에 발생하여, 하나의 경고장 안에 여러 사안을 동시에 담은 경고장 Sammelabmahnung을 발부할 경우도 생기는데, 이 경우 그중 하나의 사안이 부당한 것으로 판정이 나면 그 경고장 자체가 무효가 되므로, 각 사안에 대해 개별적으로 경고장을 발송하도록 해야 한다.

해고를 통지하기 이전에 몇 번의 경고장을 발송해야 하는가에 대해서는 규정이 없다. 사안에 따라 다르게 판단할 필요가 있는데, 통상 1회 혹은 좀 더 신중을 기하기 위하여 2회의 경고장 발송 후에 해고를 통지하는 것이 좋다. 수회의 경고장 발송은 오히려 해고의 정당성을 주장하는 데 있어서 장애가 되기도 한다. 그렇게 수회 경고장을 발송하고도 해고를 통보하지 않았다면, 그것은 받아들일 만한 경미한 사안인 것으로 해석되는 것이다. 그러나 잦은 지각(경미하게 몇 분 정도 지각)을 이유로 경고장을 발송하는 경우, 경고장을 규칙적으로 수회 발송해야 되는 경우도 있다(판례에 따르면, 지각의 횟수가 20~30회가량이 되어야 해고의 사유가 되며, 경고장도 이에 맞추어 하나의 경고장에 수차례의 지각 내용을 상세히 작성하는 식으로 수회 발송해야 한다).

경고장 발송은 해고의 전 단계에 해당된다. 즉 더 이상 신뢰관계의 회복이 어렵겠다고 판단해서, 해고를 위한 수순을 밟는 단계인 것이다. 경고장을 통해서 다시 신뢰관계가 회복된다면 더할 나위 없이 바람직할 것이나, 그렇지 않을 경우, 신속하게 판단을 해서 1~2회 경고장 발송 후 바로 해고 통지를 하는 것이 경영의 효율성 측면에서 맞다.

이와 같이 일관성 있고 계획성이 있게 처리하기 위해서는 경고장의 발송을 각 부서장에게 맡길 것이 아니라, 인사부서장에게 전담하게 하는 것이 좋다.

경고장은 원칙적으로 형식에 제약이 없다. 구두에 의한 경고장도 가능하다. 하지만 추후 증빙의 수단으로 사용될지도 모르기 때문에, 반드

시 서면으로 경고장을 작성하는 것이 좋고, 사본은 항상 인사철에 보관
해 두어야 한다.

경고장의 내용은 두 부분으로 나누어진다. 하나는 근로계약을 위반한
행위에 관한 것이고(참고 기능 Hinweisfunktion), 다른 하나는 재발 시
해고하겠다는 경고에 관한 부분(경고 기능 Warnfunktion)이다. 즉 이러
한 사실에 대해 더 이상 묵과하지 않겠다는 것을 알리고, 재발의 경우
해고를 당할 수도 있다는 것을 공식적으로 알리는 내용으로 구성된다.
경고장의 중요한 구성요소로는,

- 경고 Abmahnung라는 문구가 있어야 하며,
- 아주 상세하게 근로계약 위반 사실을 명시해야 하며(시간, 일자,
  장소, 행위),
- 재차 위반 시, 노동법상의 기타 조치 또는 해고될 수 있다는 사
  실을 명시해야 한다.

경고장이 발송된 후, 1년에서 2년 정도 경과한 시점까지 그와 관련
하여 다른 잘못이 없다면, 해당 근로자에게 알리고, 경고장를 인사철에
서 없애는 것이 신뢰회복 및 동기부여 차원에서 권할 만하다(실제로
경고장은 무한정 효력이 있는 것은 아니다). 경고장은 법정 분쟁 시 증
거력이 있기 때문에 근로자가 아주 민감하게 반응하는 사안이다.

5) 경고장 발부 전 단계의 조치

경고장을 발부한다는 것은 해고를 하겠다는 의사결정이 이미 내려졌

음을 말한다. 가벼운 견책성 편지는 상관이 없으나, 경고장을 발송하면 그것은 이미 해고를 전제로 하고 있다는 의미로 받아들여지기 때문에 명확한 사유가 전제될 때에만 경고장을 발송해야 한다. 즉 경고장 발송은 해고절차의 첫 단계에 해당하는 것이다.

전술한 바와 같이 오랜 기간 동안 관찰한 결과 더 이상 묵과할 수 없어서 해고하겠다는 것은 법정 분쟁 시 전혀 해고사유로 인정을 받지 못한다. 따라서 문제점이 발생하면 먼저 해당 직원과 면담하여 해결방안을 찾고, 그래도 문제가 반복적으로 발생하면 해고사유로 충분히 입증할 만한 사유가 있는지를 면밀히 검토해 보고 난 후에 해고 결정을 하고, 이후 경고장을 발송하면서 해고절차를 시작하게 되는 것이다.

그러나 경고장을 발부할 정도까지는 미치지 못하는 가벼운 위반 행위에 대해서도 사전에 조치가 필요할 것인가가 문제가 되는데, 아래에 설명하는 질책 Rüge과 견책 Ermahnung을 통해 이러한 사안에 접근할 수 있을 것이다. 사소한 사안이나 또는 심증만 있는 사안에 대해서는 질책이나 견책이 적절한 수단이 된다. 이때, 주의할 것은 해고의 전 단계로 기능하는 것은 오로지 경고장뿐이며, 질책과 견책은 해고의 전 단계로 기능할 수 없다는 점이다.

질책 Rüge

별로 심각하지 않고 또한 일회성의 문제 행위에 대해서는 우선 가볍게 꾸짖음으로써 근로자에게 시그널을 전달해야 한다. 이를 통해 근로자가 자신의 행위를 되돌아볼 수 있도록 하는 것이다. 그때그때 가벼운 질책을 통해서 상사가 불만족스럽다는 것과 어떠한 행위가 불만족스러운지를 알려주는 것이 좋다. 지나치게 참는 것은 좋은 방법이 되지 못하므로, 적절하게 꾸짖어 주어야 한다. 질책을 서면으로 하게 되면 상대방이 심각하게 받아들이기 때문에, 처음에는 구두로 하는 것이 좋다.

한번의 잘못이라도, 본인이 자각하고 재발하지 않도록 하겠다고 공손히 얘기하면, 가벼운 질책으로 그칠 수 있지만, 주의를 주는데도 불구하고 그럴 수도 있다는 식으로 반응을 보인다면, 동일한 사안이 재발할 경우에 더 이상 좌시하지 않겠다는 의사를 분명히 전하기 위한 수단으로서, 공식적인 견책이나 경고장을 발부하도록 한다.

견책 Ermahnung

견책이 질책과 다른 점은 공식적인 외양을 가진다는 것과 서면상으로 한다는 점이다. 신호 전달뿐만 아니라, 향후 문제 행위를 되풀이하지 말라는 내용을 포함하게 된다. 경고장과 달리 견책은 경고라는 문구를 사용하지 않으며, 해고와 연관되지 않는다.

견책은 서면으로 하는 공식적인 문서로서, 인사철에 보관한다는 점에서 경고장과 유사한 효과를 거둘 수 있다. 인사철에 보관한다는 사실을 반드시 알려서 회사가 동 사안을 가볍게 여기고 있지 않다는 것을 보여주도록 한다.

6) 경고장 발송의 방법

경고장의 교부 시 이를 증명할 수 있도록 반드시 증인이 있는 상태에서 당사자에게 직접 교부하거나(사무실), 인편을 통해 교부(자택)하여야 한다. 등기우편도 가능하나, 되도록이면 직접 교부하거나, 인편을 통해 교부하는 것이 낫다.

경고를 받은 직원은 당장에 항의하지 않고, 장래에 소송이 제기될 경우, 이전에 교부된 경고장의 정당성에 대해 이의를 제기할 수도 있다. 이를 사전에 예방하기 위해, 경고장을 교부하면서 본인이 경고장의 내용에 대해 시인하는 내용의 메모와 함께 서명을 하도록 하는 것이 좋다. 물론 본인이 거부하면, 이를 강제해서는 안 된다.

●●●● *50*

상호 합의에 의한 근로관계종료계약의 체결

1) 근로관계종료계약

기본적으로 계약자유의 원칙 Vertragsfreiheit에 따라 사용자와 근로자 양 당사자가 상호 합의하여, 근로관계종료계약 Aufhebungsvertrag(혹은 Auflösungsvertrag)을 체결함으로써 언제든지 장래를 향해 근로관계를 종료할 수 있다. 다른 계약과 마찬가지로 청약 Angebot과 승낙 Annahme으로 계약이 이루어진다. 근로관계종료계약은 주로 해고보상금 Abfindung을 매개로 하여 이루어지게 된다.

그렇다면 어떠한 경우에 그리고 왜 근로관계종료계약이 테마가 되는가? 아래의 경우에 사용자와 근로자는 근로관계종료계약을 염두에 두게 된다.

- 사용자 입장에서 볼 때, 해고 Kündigung는 예고기간을 기다려야 하는 등 해고제한법에 따른 요건이 까다롭다는 점이 있다. 또한 해고로 인하여 추후 법정 소송으로 비화될 확률이 높기 때문에, 어차피 노동법원에서의 조정단계에서 해고보상금을 매개로 하여 조정이 될 것이라면, 미리 적절한 보상금에 합의함으로써 근로계

약을 조기에 종료시키는 것이 경제적이라는 판단을 하게 된다.

- 경영협의회의 개입을 피할 수 있다. 계약에 의한 근로관계의 종료는, 사적자치에 의한 양 당사자 간의 계약이기 때문에 경영협의회가 개입할 여지가 없다.

- 정당한 사유가 발생하여 일반해고에 의해 근로계약이 해지될 입장에 있는 근로자의 경우, 차라리 합의에 의해 근로관계를 종료시키는 것이 유리하다는 판단을 하게 된다. 근로자의 입장에서 재직증명서에 해고당했다는 사실보다는 합의에 의해 근로관계를 종료시키게 되면, '개인적인 사유로 근로관계를 종료한다'라는 구절이 들어갈 것이므로, 추후 재취업 시 훨씬 유리하다는 판단을 할 것이다. 사용자 입장에서도 정당한 해고 사유가 존재하므로, 이 경우에는 해고보상금을 거의 주지 않고서도, 근로관계를 수월하게 조기에(예고기간을 준수할 필요 없이) 종료시킬 수 있다는 이점이 있다.

- 일부 근로자 그룹(산모 / 육아휴직 중의 근로자 / 중증장애인 / 직업훈련생 / 경영협의회 위원)의 경우, 법에 의해 일반해고가 원천적으로 봉쇄되어 있다. 그러나 계약을 통해서는 언제든지 근로관계를 종료할 수 있는 것이다.

근로관계종료계약의 위와 같은 유연한 점에도 불구하고, 동 계약의 체결을 꺼리게 되는 요소가 있는데, 이는 아래와 같다:

- 동 계약은 해고보상금을 매개로 하기 때문에, 사용자는 일단 비용의 부담을 느끼게 된다.

- 2006년 1월 1일부로 해고보상금에 대한 소득세 비과세 혜택이 없어졌기 때문에, 근로자의 입장에서 해고보상금에 대한 매력이 떨어진다. 하지만 해고보상금은 여전히 사회보험의 면제 대상이

다(사회보험료 산정 시 과표에 산입되지 않는다).

- 근로자가 사회보험법상 불이익을 받을 수 있다. 즉 근로자가 원하여 동 계약을 체결했고 / 근로관계를 종료시킬 만한 중대한 사유가 존재하지도 않고 / 그로 인해서 의도적으로 실업자가 되어 실업급여 수혜의 대상이 되었다면, 최고 12주간 실업급여의 수급이 제한될 수 있다(Sperrzeit). 이 수급제한기간에는 실업급여가 주어지지 않으면서, 동시에 같은 기간만큼 총 수급기간이 줄게 된다. 즉 실업급여와 수급기간 모두에 대해 영향을 미치게 된다. 실업급여의 총수급대상기간은 그때까지의 취업기간과 연령에 따라 상이하게 정해지는데, 최소 6개월에서 최고 12개월(57세 이상은 32개월)까지 수급에 대한 청구권이 있다. 그러나 동 계약에서 근로자가 원해서 한 것이 아니라, 사용자가 원해서 계약을 체결한 것으로 작성한다면, 수급제한기간의 설정을 회피할 수도 있다.
- 역시 사회보험법상 불이익을 받을 수 있는데, 만약 근로자가 일반해고에 해당되었다면 부여받았을 해고예고기간을 스스로 포기한 셈이므로, 노동사무소는 이 기간을 휴지기간 Ruhenszeit으로 정하고, 이 기간에는 실업급여를 지급하지 않는다. 그러나 동 계약에서 근로관계의 종료시점을 해고예고기간을 고려하여 정한다면, 휴지기간의 설정을 회피할 수 있고, 따라서 근로자는 이로 인한 불이익을 받지 않을 수 있다.

근로관계종료계약을 체결함에 있어서, 내용상 유의해야 할 점들은 아래와 같다:

- 민법 제623조에 따르면, 해고 통지와 근로관계종료계약 Auflösungsver-trag은 반드시 서면으로 해야 한다.
- 전술한 사회보험법상의 불리한 점에 대해서 사전에 근로자에게

충분히 설명을 하고, 계약서상에도 명기하도록 해야 한다.

- 해고보상금의 지급으로 여타 청구권에 대한 보상은 완료되었다는 내용과 해고보상금의 지급일을 명확히 기재하도록 한다.
- 계약상 근로관계의 종료일까지 근무를 면제시킬 필요가 있을 경우, 이에 대한 내용과 미사용 휴가를 근무면제 기간 동안 사용하게 한다든지 하는 방법으로 잔여 초과근무시간과 미사용 휴가일을 모두 소진하게 하는 내용을 포함시키도록 한다.
- 사회법 3권 제37b조의 규정에 따라, 지체 없이 직접 노동사무소 Agentur für Arbeit를 방문하여 구직자 등록을 해야 하며 또한 적극적으로 구직 활동을 해야 한다는 구절을 포함시키도록 한다.

2) 해고보상금의 액수

해고보상금의 액수에 대해서는 미리 정해진 기준은 없고, 협의에 따라 달라진다. 위에서 언급한 바도 있지만, 일반해고 혹은 즉시해고에 의해 정당한 해고로 받아들여질 확률이 높을수록 해고보상금의 액수는 낮아질 것은 자명한 일이다. 사용자의 해고예고기간도 고려해 보아야 한다. 일반해고라면 부여했을 예고기간에 해당하는 기간 동안은 어차피 급여를 지급해야 하기 때문이다. 일반적으로 재직기간 1년당 0.5개월의 총급여 Bruttogehalt에 해당하는 금액을 기준으로 판단하면 될 것이다.

근로자가 동 계약이 해고의 협박을 피하기 위하여 강압적으로 체결하였다고 하여 사후에 취소를 주장하는 사례가 있는데, 만약 실제로 해고의 사유가 없는데도 불구하고 이러한 협박을 하였다면 당연히 법위반이 되어 부당해고에 해당될 것이다. 또한 적법하지 않은 사유로 해고

통보가 이루어졌고, 이어서 근로관계종료계약을 맺었다면, 사후에 동 계약이 취소될 위험이 높다.

3) 고령근로자의 해고 시 유의할 사항

55세 이상의 고령근로자를 해고해야 할 입장이라면, 경우에 따라서 사용자가 그 근로자가 수급하는 실업급여의 전부 또는 일부를 노동사무소에 배상 Erstattung해야 하는 의무가 생길 수도 있다는 사실을 사전에 체크해 보아야 한다. 상환의무가 있는 실업급여는 그 근로자가 57세 이상부터 수급하게 되는 실업급여로 제한된다. 따라서 최대 32개월 간의 실업급여에 해당한다.

사회법 3권 제147a조 1항 및 3항에 따르면, 아래의 경우에 사용자는 배상 의무를 부담해야 한다:

- 해고된 근로자가 55세 이상이어야 한다.
- 상시 근로자 수가 21인 이상인 사용자에게만 적용된다. 상시 근로자 수가 20인 이하인 사용자는 이러한 의무가 면제된다. 직업훈련생과 중증장애를 가진 직원은 근로자 수 산정 시 제외된다. 상시 근로자가 40인 이하인 사용자는 배상의무액의 2/3가 경감되고, 60인 이하인 사용자는 1/3이 경감된다.
- 고령근로자는 실업이 발생한 시점으로부터 최근 4년간 최소한 24개월을 그 사용자에게 고용되어 있어야 한다.
- 고령근로자에 대하여 즉시해고의 사유가 존재했었다면, 사용자는 이러한 의무로부터 면제된다.

•••• *51*

해고의 다툼: 노동법원에의 제소

1) 노동법원의 재판권과 재판관할

노동법원법 Arbeitsgerichtsgesetz 제1조에 따르면, 노동법원, 주노동법원 및 연방노동법원은 노동법과 관련된 사건에 관한 재판권 Gerichtsbarkeit을 행사한다.

같은 법 제2조 및 제2a조는 판결절차 Urteilsverfahren와 결정절차 Beschlussverfahren에 있어서의 위 법원들의 전속관할(배타적인 재판관할권)에 관해 규정하고 있다. 이에 관하여 몇 가지만 꼽아 보면 아래와 같다.

- 근로관계에 있는 근로자와 사용자 간의 민사분쟁
- 단체협약 당사자 간의 민사분쟁
- 경영조직법상 벌과금 규정에 관한 분쟁
- 공동결정법과 관련된 분쟁(근로자 대표의 임면에 관한 분쟁)
- 사단의 단체협약 체결능력 및 체결권에 관한 분쟁 등

노동법원 Arbeitsgericht은 1심법원으로서, 각 재판부 Kammer는 직업법

관인 재판장 1인과 근로자 측 및 사용자 측 이익을 각각 대변하는 명예법관 2인으로 구성된다(같은 법 제16조). 명예법관은 5년의 임기로 주법무부 Oberste Landesbehörde 또는 주법무부가 위임한 기관에서 임명한다(같은 법 제20조).

주노동법원 Landesarbeitsgericht은 2심법원으로서, 1심판결 Urteil에 대한 항소 Berufung와 1심결정 Beschluß에 대한 항고사건 Beschwerde 을 관할한다(같은 법 제8조 2항 및 4항). 각 재판부의 구성은 노동법원과 동일하다. 단 주노동법원의 명예법관은 만 30세 이상이어야 하고, 법원에서 명예법관으로 최소 5년 이상의 경력을 가진 자이어야 한다(같은 법 제37조).

연방노동법원 Bundesarbeitsgericht은 3심법원으로서, 2심판결에 대한 상고 Revision와 항소가 허용되는 판결에 대하여 항소 대신 제기된 비약상고 Sprungrevision 사건을 관할한다(같은 법 제8조 3항 및 제76조). 각 재판부 Senat는 직업법관인 재판장 1인과 역시 직업법관인 배석법관 2인 그리고 근로자 측 및 사용자 측 이익을 각각 대변하는 명예법관 2인으로 구성된다. 연방노동법원은 에어푸르트 Erfurt에 소재하고 있다.

2) 해고무효소송의 제기와 소송절차

근로자는 해고통지를 받은 날로부터 3주 이내에, 해고의 부당함과 기타 이유에 의한 해고의 무효를 주장하기 위하여 노동법원에 소를 제기할 수 있다(해고제한법 제4조). 통상 해고통지 후 3주 이내에 소를 제기해야 하나, 해고제한법 제5조 1항에 따라, 극히 예외적인 경우에는 신청에 의해 그 이후에도 허용이 된다. 즉 모든 노력을 다하였는데도 불구하고, 3주 이내에 소를 제기하지 못했다는 정황이 인정될 경우이다.

노동법원에서 1심 재판이 진행되기 전에, 먼저 판사 주재하에 화해 Vergleich가 시도된다. 이 단계에서 판사는 해고보상금을 매개로 해서, 우호적으로 화해를 하도록 유도하게 된다(Güteverhandlung). 해고 통지를 했다는 사실은, 이미 상호신뢰를 바탕으로 하는 근로관계를 다시 회복시킨다는 것이 힘들다고 보기 때문에, 대개의 경우 해고보상금, 근로관계 종료일 및 재직증명서의 내용에 관한 합의를 통해 근로관계를 종료하게 된다.

그러나 양 당사자 간에 화해가 이루어지지 않으면, 정식으로 1심재판이 시작되는데, 대도시의 경우 이 재판 과정이 수개월을 끌기도 한다. 해고가 정당한 것으로 판결이 나면, 해고통지에 적시된 해고일에 근로관계가 종료되나, 만약 해고가 적법지 않은 것으로 판결이 나면, 해고 근로자를 복직시키고, 그동안 지급하지 않은 급여를 소급해서 일괄 지급해야 한다. 근로자의 입장에서도 판결의 결과에 대해 확신할 수 없으므로, 대개의 경우 적정한 선에서 타협을 하는 것이 서로에게 현명한 방법이 된다. 양측의 변호사를 통해 지속적으로 타협점을 찾는 노력을 할 필요가 있다.

노동법원법 제11조는 소송과 관련하여, 소송대리능력 혹은 변론능력에 대해 규정하고 있는데, 1심에서는 변호사를 선임할 필요 없이, 본인이나 노조 혹은 사용자단체의 대리인이 소송을 대리할 수 있다. 2심부터는 통상 변호사 선임이 필요한데, 다만 변론능력 Postulationsfähigkeit이 있는 사용자단체와 노조의 대리인은 2심에서도 소송을 대리할 수 있다. 3심에서는 변호사를 선임해야 한다.

같은 법 제61a조 2항은 해고무효소송 사건의 신속한 처리를 위한 규정을 두고 있는데, 해고 근로자가 소를 제기한 후 2주 이내에 화해심리 Güteverhandlung가 열리도록 하고 있다.

3) 화해와 해고보상금

위에서 설명한 바와 같이, 법정소송으로 야기될 불확실성(소요기간, 패소 가능성, 복직)을 감안한다면, 감정에 치우쳐 상대를 굴복시키고야 말겠다는 대처방식은 결코 바람직하지 않다.

1심법원에서 정식 심리가 열리기 이전의 화해심리에서 가급적이면 화해를 하는 것이 바람직하다. 그러나 굳이 화해심리 단계에 가지 않고서도 해고통지 이전 혹은 해고통지 직후 그리고 경우에 따라서는 소제기 이후에 화해심리기일 Gütetermin이 확정된 이후에도 양 당사자 간에 얼마든지 협상을 할 수 있는 여지가 있다. 전술한 바와 같이 근로관계종료계약을 통해서, 해고보상금을 매개로 합의를 할 수도 있다.

이와 같이 금전적인 보상을 통해서 원만하게 마무리를 하는 것이 좋은데, 그렇다면 어느 정도의 선에서 해고보상금을 지급해야 할 것인가가 문제가 된다. 정당한 사유가 존재하여 그로 인해 해고가 적법한 것으로 판정될 가능성이 클수록, 해고보상금의 액수는 낮아질 것이고, 그렇지 않을 경우 그 액수는 높아질 것이다. 해당 노동법원의 정치적 성향도 보상금의 수준에 영향을 미치는데, 전통적으로 사회민주당 집권지역의 노동법원은 노동자에 친화적이라고 할 수 있으며, 비록 정치적 편향성이 없더라도, 근로자가 회사에 대해서는 경제적 약자라는 사실 때문에, 많은 경우 회사의 양보를 암묵적으로 촉구하는 경향이 있다는 점도 참조해야 한다.

법원에 의한 직권조정, 양 당사자 간의 합의 혹은 근로관계종료계약에 의해 정해지는 해고보상금의 수준은 근속연수에 따라 정해지는데, 통상적으로 근속연수 일 년당 0.5개월에 해당하는 총급여액 Bruttogehlat과 1개월에 해당하는 총급여액 사이에서 정해진다. 보상금의 수준에 영향을 미치는 요인으로는 부양가족의 수, 재취업 가능성의 정도, 당사자의 협상력, 회사의 지불능력, 법원의 성향 등등이다.

4) 소송비용 Prozesskosten

다른 민사분쟁과 달리, 노동법원의 경우 1심에서 승소하더라도, 승소자의 변호사비용 Anwaltskosten을 패소자가 배상하지 않아도 된다(노동법원법 제12a조). 즉 변호사비용은 소송당사자가 각각 부담해야 한다. 그러나 항소심인 2심에서는 패소자가 승소자의 변호사비용을 배상해야 한다. 단 전술한 바와 같이 노조 혹은 사용자단체의 변론능력 있는 대리인이 소송을 대리할 경우에는 변호사비용을 부담하지 않아도 될 것이다.

마찬가지로 재판비용 Gerichtskosten도 소송당사자가 각각 부담해야 한다. 다만, 1심이 열리기 이전의 화해심리에서 화해가 성립되면, 재판실비(gerichtliche Auslagen: 우편송달료, 증인에 대한 일당 및 여비, 소송에 필요한 서류의 서기료, 감정인에 대한 일당 및 여비 등)를 제외한 재판비용은 부과되지 않는다.

재판비용법 Gerichtskostengesetz 제11조에 따르면, 노동사건의 경우 재판비용의 예납 Vorschuss이 면제된다. 이는 경제적으로 넉넉지 않은 근로자로 하여금 해고무효소송의 제기를 법률에 정해진 시일 안에 할 수 있도록 배려하는 차원의 규정이다.

재판비용은 재판수수료(gerichtliche Gebühren: 인지대를 포함한 수수료)와 재판실비로 나눌 수 있는데, 그 액수는 소가 Gegenstandswert 혹은 Sachwert에 따라 다르게 부과된다. 그렇다면 소가는 어떻게 정해지는가? 같은 법 제42조 4항에 따르면, 노동사건의 경우 소가는 근로자의 3개월 총급여액 Bruttogehalt이다. 각각의 소가에 따른 재판비용 액수는 같은 법 부록 2의 일람표에 제시되어 있다. 각 당사자에게 부과되는 비용이다.

변호사비용은 변호사수임료법 Rechtsanwaltsvergütungsgesetz에 따라 정해진 수임료율에 따라 부과된다. 참고로 경제적으로 취약한 소송당사자에게(주로 근로자) 국선변호사를 선임해 주는 제도 Beiordnung eines Rechtsanwaltes가 있는데, 이러한 소송당사자를 위하여 노동법원장은 노동법원법 제11a조에 따라, 아래의 경우에 국선변호사를 선임해야 한다.

- 상대 측이 변호사를 선임하여 소송을 대리하고 있는 경우,
- 소송이 명백히 악의적이 아닐 경우,
- 노조원이나 사용자단체의 회원이 아니어서, 노조 혹은 사용자단체가 소송을 대리하지 않은 경우.

결론적으로 해고무효소송을 진행함에 있어서 염두에 두어야 할 비용(소송비용)은 재판비용과 변호사비용 두 가지로 나뉜다.

제 6 장

집단적 노사관계 관련 법규정 및 실무

Das deutsche Arbeitsrecht in der Praxis

근로자의 경영참가제도라고 하면 우리에게 떠오르는 단어가 있다. 바로 독일식 공동결정법이 그것이다. 영미식 노사관계법과 특징적으로 구별되는 이 제도는, 독일 기업(물적회사)의 최고 의사결정기구라고 할 수 있는 감사회 Aufsichtsrat의 위원을 노사동수로 구성하도록 강제하고 있는 독특한 법이다. 근간에 이러한 독일 특유의 근로자 경영참가제도에 대한 개혁의 필요성을 경영계 일각에서 제기하고 있으나, 그 근본적인 틀이 쉽게 바뀔 것으로 보이지는 않는다.

감사회의 구성을 통하여 근로자에게 회사의 경영에 직접적으로 참여할 수 있는 기회를 부여하고 있는 공동결정법과는 달리, 회사의 일상적인 운영에 있어서도 독일 회사의 근로자는 회사의 경영에 간접적으로 참여하게 되는데, 이 역시 독일 기업에 특유한 경영협의회 Betriebsrat를 통해 이루어지며, 이 경영협의회에 폭넓은 경영참여권을 부여하고 있는 원천이 바로 경영조직법 Betriebsverfassungsgetz이다. 이러한 경영협의회의 경영참여권은 주로 사업장협약 Betriebsvereinbarung을 통해 구체화된다.

이 장에서는 이러한 독일 특유의 협력적인 노사관계법에 관하여 알아보고자 하며, 특히 경영협의회에 대하여 보다 자세하게 정리를 하였다. 독일 현지에서 기업을 경영하면서 가장 먼저 고려하여야 할 사항이 바로 경영협의회에 관한 것이기 때문이다.

●●●● *52*

경영조직법에 대한 이해

1) 경영조직법

경영협의회 Betriebsrat의 모태인 노동협의회 Arbeitsrat에 관한 규정은 1919년 바이마르 헌법에 처음으로 명문화되었고, 그 후 1920년 2월 4일에 근로자의 사회적 및 개인적 사안에 관한 이해관계를 대변하는 기구로서의 경영협의회의 구성과 그 경영협의회의 권리의무관계를 규정한 경영협의회법 Betriebsrätegesetz이 정식으로 제정되었다.

 * 국내에서 출간된 경영학 및 노동법 교과서에는 Betriebsverfassungsgesetz
   가 거의 대부분 경영조직법으로 번역이 되어 있다. 여기서 Betrieb이라
   는 단어는 기업, 회사 혹은 (개별)사업장을 뜻한다. 물론 경영이라는 의
   미도 있다. 동사형인 betreiben은 운영하다, 기업을 경영하다의 뜻을 가
   진다. Verfassung의 뜻은 국민들의 권리와 의무관계를 규율한 규정 또
   는 공동체의 구성원이 지켜야 할 원칙적이고 기본적인 규정을 말한다.
   그래서 한 국가의 헌법을 Verfassungsrecht라고 하는 것이다. Verfassung
   은 또 구성, 조직이라는 의미도 가지고 있다. 즉 어떤 단체를 조직한다
   는 것은 구성원이 단체를 조직하기 위해 기본적인 규정들을 지켜나가는
   것에 다름 아니라는 의미를 이 Verfassung이라는 단어가 말해 주고 있
   는 것이다. 즉 이 단어의 의미를 쫓아 가다보면 '조직한다는 것은 기본

규정을 지키는 것이다'라고 말할 수 있다. 따라서 Betriebsverfassung이 라는 단어는, 회사라는 이익단체의 구성원(근로자와 사용자)이 회사를 만들고, 조직해 나가면서 지켜야 할 **기본적인 규정**을 말하는 것이다. 애 초에 이 법이 만들어졌을 당시의 명칭이 경영협의회법 Betriebsrätegesetz 이었음을 상기하면, 이 법이 회사에서 경영협의회를 구성하고 운영하는 방법에 관한 규정이라는 것을 알 수 있다. 이 경영협의회를 구성하고 운영하는 것의 내용은, 경영협의회를 매개로 하여 근로자와 사용자가 회사의 경영에 관해 공동으로 협의해 나간다는 것이며, 이것이 회사를 운영해 나가는 독일 개별 기업들의 기본적인 틀이라는 것을 대내외에 밝히는 것에 다름 아닌 것이다. 이름하여 독일의 **기업기본법**이며, 이 번 역이 오히려 그 법률의 내용과 원어의 명칭에 부합하는 것이라고 생각 된다. 한국어로는 그 명칭을 집합적으로 부르는 것이 더 적합한 것으로 판단되므로, Betriebsverfassungsgesetz의 번역을 **산업기본법**으로 하자고 제안해 본다.

나치 정권하인 1934년 1월 20일 경영협의회법이 폐지되어, 국가 노 동에 관한 법률 Gesetz zur Ordnung der nationalen Arbeit로 대체되었 으며, 이후 과도기 법률을 거쳐 1952년 1월 14일 마침내 경영조직법이 제정되기에 이른다.

이 경영조직법은 1972년 대대적으로 개정이 된 바 있으며, 이후 수 차례의 부분적인 보완을 거쳐, 마지막으로 2001년 7월 27일 개정(동년 9월 25일 공표)되어 현재까지 시행되고 있다.

2) 경영조직법의 조문 내용 일람

경영조직법은 총 8장 132개의 조문으로 이루어져 있다: 제1장(제1

조~제6조)은 경영협의회의 일반적인 설립 요건, 노동조합과 사용자 단체의 지위, 단체협약을 통한 다양한 근로자 대표기관의 구성 그리고 소규모 기업 및 개별 사업장에서의 경영협의회의 구성 및 이 법의 적용을 받는 근로자의 범위에 대해 규정하고 있다.

제2장(제7조~제59a조)은 경영협의회의 구성 및 위원의 선출, 의장의 선출, 경영협의회의 해산 신청, 경영협의회 위원의 해촉에 관한 내용, 각종 위원회의 구성, 협의회의 소집, 회사 내에 복수의 협의회가 구성되어 있을 경우의 총협의회 Gesamtbetriebsrat의 구성 및 콘체른 협의회의 구성에 대해 규정하고 있으며, 제3장(제60조~제73b조)은 미성년 근로자 및 직업훈련생의 이해관계를 대변할 대표기관의 구성에 관해 규정하고 있다.

제4장(제74조~제113조)은 경영조직법의 핵심적인 내용으로서, 인사와 관련된 사안, 사회적인 사안(social affair: 구성원 간 사회적 관계의 형평성 유지와 관련된 사항) 및 회사 경영에 관련된 사안에 있어서 단순한 정보권(혹은 청문권)에서부터 협의 / 제안권, 동의거부권 및 강제적 공동결정권 Mitbestimmungsrecht까지 근로자의 **경영참여권** Beteiligungsrecht에 관해 규정하고 있다.

제5장(제114조~제118조)은 해운업, 항공업 그리고 소위 경향사업(정치, 종교, 자선, 교육, 학문, 예술 및 언론에 종사하는 사업 및 단체) 및 종교단체의 경영협의회 구성에 적용되는 특별규정에 관해 규정하고 있다.

제6장(제119조~제121조)은 벌칙 규정에 관해, 제7장(제122조~제124조)은 법개정에 관해 그리고 마지막 제8장(제125조~제132조)에서는 경

과규정 및 부칙에 관해 규정하고 있다.

전술한 바와 같이 경영조직법은 경영협의회의 구성과 운영 및 권한에 관한 기본 규정이다. 그 주요한 내용은 후술할 '경영협의회와 근로자의 경영참여권'에서 자세히 다루도록 하겠다.

●●●● *53*

공동결정법에 대한 이해

1) 독일 기업의 의사결정기구와 감사회의 의결

독일의 물적회사(주식회사, 주식합자회사 및 유한회사)의 의사결정은 세 가지 기구에 의해 이루어진다: 주주총회, 감사회 및 이사회. 영미식 회사와는 달리 독일의 자본회사는 주식회사법 Aktiengesetz 및 유한회사법 GmbH-Gesetz에 따라 소위 복층 의사결정기구를 두고 있는데, 감사회 Aufsichtsrat와 이사회 Vorstand가 그것이다.

> * Aufsichtsrat의 번역을 감사회로 하였다. 감사위원회라고 번역할 경우, 그 기능과 역할이 전혀 다른데도 불구하고 한국 주식회사의 감사위원회와 혼동할 여지가 많기 때문이다. 감사회의 멤버는 감사회 위원이라고 번역하여, 한국의 감사 및 감사위원회 위원과 구별하여 사용하였다.

이사회는 회사의 일상적인 업무를 관장하는 기관이며, 감사회는 이사회의 업무를 감독하고, 결산서류를 감사하며 또한 이를 외부에 보고하는 업무를 주관한다. 독일 회사의 감사회는 이사회의 이사에 대한 임면 권한이 있는 자본회사의 명실상부한 최고 의결기관이다(형식적으로는 주총이 최고 의결기관이긴 하지만).

감사회의 구성은 같은 수의 근로자 대표와 주총에서 선출된 주주 대표로 이루어진다. 주식회사법 제95조에 따라 감사회는 최소 3인의 감사회 위원 Aufsichtsratsmitglieder으로 구성되는데, 감사회 위원의 수는 납입자본의 크기에 따라 정해진다. 감사회 위원의 수는 3배수여야 한다(광산업 공동결정법 및 공동결정법에서는 다른 규정을 둘 수 있다). 감사회 위원은 여러 회사의 감사회 위원직을 동시에 수행할 수 있는데, 최대 10개 회사의 감사회 위원직을 겸임할 수 있다.

감사회의 결의는 법률과 정관에 다른 규정이 없다면, 감사회 위원 과반수의 출석과 출석 감사회 위원 과반수의 찬성으로 의결된다(주식회사법 제108조).

이러한 독일 기업의 의사결정 기구하에서 근로자의 경영참여권은,

- 경영조직법에 따라 보장된 경영협의회의 공동결정권 Mitbestimungsrecht을 통해 행사되거나,
- "광산, 철광 및 철강산업의 감사회와 이사회에서의 근로자의 공동결정에 관한 법률", "광산, 철광 및 철강산업의 감사회와 이사회에서의 근로자의 공동결정에 관한 보완 법률" 및 "근로자의 공동결정에 관한 법률(공동결정법 Mitbestimmungsgesetz)"의 규정에 따라 물적회사의 감사회의 절반을 구성한 근로자대표를 통해 실현된다.

아래에 주식회사와 유한회사의 근로자대표를 감사회 위원으로 선출하도록 규정한 광산업 공동결정법(1951년 / 1956년)과 모든 물적회사(주식회사, 주식합자회사 및 유한회사)를 대상으로 한 공동결정법(1976년)에 대해 살펴본다.

2) 광산업 공동결정법(Montan–Mitbestimmungsgesetz: 광산, 철광 및 철강산업의 감사회와 이사회에서의 근로자의 공동결정에 관한 법률)

1951년 5월 21일 제정 공표된 '광산, 철광 및 철강산업의 감사회와 이사회에서의 근로자의 공동결정에 관한 법률(광산업 공동결정법)'은 광산채굴업 및 철강업을 주로 영위하는 상시 근로자 1,001인 이상의 기업(주식회사와 유한회사)의 근로자 대표가 감사회에 참여할 수 있는 근거를 마련한 법률이다(제1조 2항).

이 법률(제4조)에 따르면, 동 산업에 종사하는 기업의 감사회는 11인의 감사회 위원으로 구성된다.

- 주주 측 대표 4인과 기타 1인
- 근로자 측 대표 4인과 기타 1인
- 기타 1인

근로자 측 대표 중 최소한 2인은 그 기업에 근무하는 근로자여야 한다. 이 2인의 후보는 해당 기업의 **경영협의회**가 비밀투표로 선출해서, 해당 노동조합 및 노동조합 상급단체에 추천하여 이의가 없으면 감사회 위원으로 확정된다(제6조 1항 및 2항). 나머지 2인의 근로자 측 대표와 기타 1인은 해당 노동조합의 상급단체의 추천을 받아 역시 경영협의회에서 비밀투표를 거쳐 감사회 위원으로 선출된다.

같은 법 제9조에 따르면, 납입자본이 1천만 유로 이상의 기업은 정관(주식회사의 정관은 Satzung, 유한회사의 정관은 Gesellschaftsvertrag이라는 용어를 쓴다)의 규정을 통해 15인의 감사회 위원을 둘 수 있다. 이 경우 최소한 3인의 근로자 대표는 그 기업에 근무하는 근로자이어야 한다. 납입자본이 2천 5백만 유로 이상의 기업은 역시 정관의 규정을 통해 21인의 감사회 위원을 둘 수 있다. 이때 최소한 4인의 근로자 측 대표는 그 기업에 근무하고 있어야 하며, 주주 측 및 근로자 측 기타 위원의 수는 2인이 된다.

법률 혹은 정관에 정한 감사회 위원의 과반수 이상의 출석으로 감사회의 의결 정족수는 구성된다. 감사회의 구성이 노사동수로 구성되어 있는 관계로, 경우에 따라서는 감사회에서의 결의가 노사 간의 첨예한 대립(Patt-Situation)으로 인하여 가부동수가 될 수도 있는데, 이의 해결을 위하여 감사회 위원에는 반드시 1인의 중립적인 인사가 포함되도록 법률로 규정하고 있다(제4조 1항).

또한 이 법률(제13조)에 따라, 감사회는 노무이사 **Arbeitsdirektor**를 선출하여, 이사회의 멤버 중 한 명이 인사노무업무를 전담하도록 해야 한다. 단 이 노무이사는 그 기업에 근무하는 감사회 위원이 반대하면 선출되지 못한다.

3) 광산업 공동결정법 보완 법률(Montan-Mitbestimmungsergänzungsgesetz: 광산, 철광 및 철강산업의 감사회와 이사회에서의 근로자의 공동결정에 관한 보완 법률)

광산업 공동결정법이 시행되고 난 후, 많은 기업들이 지주회사를 따로 설립함으로써, 광산업 공동결정법의 적용(광산채굴업 및 철강업을 주로 영위하는 상시 근로자 1,001인 이상의 주식회사와 유한회사)을 회피하려는 시도가 있었다. 1956년 8월 7일 공표된 '광산, 철광 및 철강산업의 감사회와 이사회에서의 근로자의 공동결정에 관한 보완 법률'은 기업들의 이러한 시도를 무력화하기 위한 것으로서, 광산업 공동결정법의 적용을 받는 기업을 **지배하는 기업(지주회사)**에 대해 적용된다.

이 법률(제5조)에 따르면, 이 법의 적용을 받는 기업(광산업 공동결정법의 적용을 받는 기업을 지배하는 기업)의 감사회는 15인의 감사회 위원을 두어야 한다.

- 주주 측 대표 7인
- 근로자 측 대표 7인
- 기타 1인

이 중 근로자대표는 콘체른 내 기업에 고용된 5인의 근로자와 노동조합이 위촉한 2인으로 구성해야 한다. 납입자본이 2천 5백만 유로 이상의 기업은 역시 정관의 규정을 통해 21인의 감사회 위원을 둘 수 있다. 근로자 측 및 주주 측 대표 각 10인 그리고 기타 1인으로 감사회가 구성된다. 이 경우 근로자대표는 콘체른 내 기업에 고용된 7인의 근로자와 노동조합이 위촉한 3인으로 구성해야 한다(제6조).

같은 법 제7조에 따르면, 상시 근로자 8,001인 이상의 기업집단(콘체른)은 그룹 내 개별기업의 감사회를 구성할 근로자대표의 선출을 위한 대의원을 선출할 수 있다.

4) 공동결정법 Mitbestimmungsgesetz

1976년 5월 4일 공표되어 동년 7월 1일부터 시행된 '근로자의 공동 결정에 관한 법률(공동결정법)'은 근로자대표의 감사회 참여에 관한 법 규정을 상시 근로자 2,001인 이상의 **모든 물적회사**에 적용하도록 그 범 위를 확장하였다.

공동결정법에 따르면, 감사회는 감사회 위원의 2／3의 찬성으로 의장 과 부의장을 선출한다(제27조 1항). 2／3를 얻은 후보자가 없을 경우, 두 번째 투표에서는 주주 측 위원들이 의장을 선출하고, 근로자 측 위 원들은 부의장을 선출한다(제27조 2항). 따라서 대부분의 감사회에서는 주주 측 인사가 감사회 의장이 된다(이는 헌법에 보장된 사유재산권에 대한 배려의 측면이 있다). 이전의 광산업 공동결정법 및 보완 법률에 서는 노사 간 가부동수의 문제를 중립적인 인사의 선출로써 해결하고 자 했는데, 1976년의 공동결정법에서는 그 해결책으로서, 감사회 의장 에게 투표 시 2개의 의결권을 부여함으로써 캐스팅 보터의 역할을 하 도록 하고 있다(제29조 2항).

상시 근로자 2,001인 이상 그리고 10,000인 이하의 기업은 노사 대 표 각 6인의 감사회 위원을 두어야 한다. 10,001인 이상 그리고 20,000 인 이하의 상시 근로자를 고용하고 있는 기업은 노사 대표 각 8인의 감사회 위원을 두어야 하며, 20,001인 이상의 상시 근로자를 고용하고 있는 기업은 노사 각 10인씩 20인의 감사회 위원을 두어야 한다(제7 조). 참고로 노사 각 6인으로 감사회를 구성할 경우, 근로자 대표는 근 로자 중에서 4인 그리고 노동조합 측 대표 2인으로 구성해야 한다. 근 로자 대표가 8인(10인)인 경우, 근로자 중에서 6인(7인) 그리고 노조 측 대표 2인(3인)으로 구성해야 한다.

 기업에 고용된 근로자를 대표할 감사회 위원에는 반드시 간부직원들을 대표할 최소 1인의 위원을 포함시켜야 한다(제15조 1항). 공동결정법에서는 **간부직원**을 근로자의 범위에 포함시킨 점이 특색이라 하겠다. 경영조직법 제5조 3항에서는 간부직원을 근로자의 범위에서 배제시키고 있다('근로자 수에 대한 이해와 오해' 참조).

 근로자 측 감사회 위원의 선출은 근로자들이 직접 선출할 수도 있으나, 같은 법 제12조에 따라 근로자의 5% 또는 근로자 50인의 서명이 있으면, 감사회 위원의 선출을 담당할 대의원을 선출하여 간접적으로 선출할 수도 있다.

 참고로, 공동결정법의 적용을 받지 않는, 상시 근로자 501인 이상 2,000인 미만의 물적회사의 경우에는, 소위 '1/3 근로자 대표 참여법 Drittelbeteiligungsgesetz' 제1조 1항 1호~3호에 따라 감사회 위원의 1/3을 근로자 대표에게 할당하도록 되어 있다.

 독일의 공동결정법에 대한 보다 자세한 내용은, 독일노동조합총연맹(DGB) 산하의 한스-뵈클러 재단 Hans-Bökler-Stiftung을 통해서 알 수 있다. 이 재단은 정부 보조금과 감사회의 근로자 대표가 받는 감사회 위원의 보수를 기부받아서 운영되고 있는데, 주로 근로자의 공동결정을 촉진하기 위한 연구 조사와 근로자 대표 기구에 대한 자문을 담당하고 있다.

5) 비덴콥 위원회 Biedenkopf-Kommission

독일의 공동결정법에 따라, 상시 근로자 2,001인 이상의 물적회사에 서는 감사회를 노사동수로 구성해야 한다. 이 제도로 인하여, 외국 기 업들이 독일에 투자하기를 주저함으로써 독일의 경제에 악영향을 미친 다는 재계의 비판을 받아들여, 21세기에 적합한 공동결정법의 제정을 위해 제도의 개혁이 필요하다고 보아, 2005년 중반 당시 슈뢰더 수상 은 감사회에서의 근로자 대표의 공동의사결정 시스템에 대한 개선을 위하여 위원회를 구성하게 된다. 이 위원회의 위원장은 작센 주지사를 역임한 Kurt Biedenkopf 인데, 위원장의 이름을 따서 위원회의 명칭을 비덴콥 위원회라고 한다. 유의해야 할 것은, 위원회의 발족 이유는 공 동결정법을 전면적으로 개정하는 것이 아니라, 단지 21세기 경영환경과 유럽연합 Europäische Union에 적합한 제도로 거듭나기 위한 개혁안을 제시하기 위한 것이라는 사실이다.

2006년 12월에 비덴콥 위원회는 첫 보고서를 제출했는데, 이 보고서 는 위원회의 합의된 보고서가 되지 못하고, 단순히 몇 가지 안을 제안 하는 데 그쳤다. 2007년 3월 현재까지도 독일의 공동결정법에 대한 노 사 및 학계의 의견 조율이 되지 않고 있는데, 사용자 측은 강경하게 감사회에서의 노사동수를 반대하고, 대신에 현재 상시 근로자 501인 이상 2,000인 미만의 물적회사에 적용되는, 1/3 근로자 대표 참여법 Drittelbeteiligungsgesetz의 규정과 같이 대규모 물적회사의 감사회에도 근로자 대표를 1/3만 할당하는 개선안을 강하게 주장하고 있다.

그럼에도 불구하고, 2007년 5월 지멘스 그룹이 금속노조 이사회 멤 버 중 한 명을 그룹 노무이사 HR Direktor로 임명하여 센세이션을 일

으켰는데, 우리 입장에서 보면 대단한 발상의 전환이 아닐 수 없다. 전국 규모의 노조 간부가 재벌그룹의 인사노무담당이사로 스카우트된다는 것은 상상만 해도 즐거운 일이 아닌가? 만약 한국에서 그런 일이 일어난다면, 색안경을 끼고 볼 일이지만, 독일의 노사 지평에서는 그게 불가능한 일도 아니어서, 바로 이것이 독일 노사관계의 건강성을 보여주는 것이고 또한 지금까지의 독일 공동결정법이라는 제도의 중간 성적표가 아닐까 생각한다.

●●●● *54*

경영협의회와 근로자의 경영참여권

1) 경영협의회의 설립

경영조직법 제1조 1항에 따라 선거권 있는 근로자가 5인 이상(이 중 3인 이상이 피선거권 있는 근로자여야 하며, 풀타임이냐 혹은 파트타임이냐의 여부는 불문)인 사업장에서는 경영협의회를 설립할 수 있다. 경영협의회의 설립은 경영협의회 위원의 선출을 통해 이루어진다. 이때 선거권 있는 근로자라 함은 만 18세 이상의 모든 근로자를 말하고, 피선거권 있는 근로자라 함은 재직기간이 6개월을 경과한 모든 근로자를 말한다(같은 법 제7조 및 제8조).

> * Betriebsrat의 번역은 경영협의회로 하였다. 경영협의회는 기업 내 근로자의 사회 / 경제적인 이해관계를 대변하는 상설 협의체를 말한다. 경영이라는 단어 때문에 혹 사용자 측의 기구라는 어감이 먼저 와 닿을 수도 있다는 것이 이 번역의 단점일 수 있으나, 근로자가 사용자와 함께 회사의 경영에 관해 협의하는 기구라는 의미로서 번역되었을 것이라는 배경을 짐작하기란 그리 어렵지 않다. 교과서에 따라서는 종업원평의회로 번역하기도 하는데, 영어 번역인 workers' council 과 유사한 맥락의 번역이다. 개인적으로는 **사업장협의회** works council가 더 적절한 번역이라고 생각한다.

경영협의회의 위원 구성은 위 조건을 충족한 근로자의 수에 따라 달라진다.

- 근로자 수   5 ~   20인: 위원 1인
- 근로자 수   21 ~   50인: 위원 3인
- 근로자 수   51 ~   100인: 위원 5인
- 근로자 수 101 ~   200인: 위원 7인
- 근로자 수 201 ~   400인: 위원 9인
- 근로자 수 401 ~   700인: 위원 11인
- 근로자 수 701 ~ 1,000인: 위원 13인
- 근로자 수 1,001 ~ 1,500인: 위원 15인
- 계속……
- 근로자 수 7,001 ~ 9,000인: 위원 35인

근로자 수가 9,001인 이상일 경우, 위원의 수는 추가 근로자 수 3,000인마다 2인의 위원이 추가되는 방식으로 정해진다.

소수의 성을 가진 근로자의 수에 비례하여 경영협의회의 위원을 할당하도록 규정하고 있는 2001년 개정 경영조직법에 따라, 3인 이상의 위원으로 구성된 경영협의회에는 소수의 성(여성 혹은 남성)을 가진 근로자의 수에 비례하여 위원을 할당하여야 한다(제15조 2항).

경영협의회 위원의 선출을 위한 정규적인 선거는 매 4년마다 3월 1일부터 5월 31일 사이에 열린다. 2002년에 이어 2006년 봄에 개별 기업의 경영협의회 정규 선거가 있었다. 이 시기 이외에도 선거가 있을 수 있는데, 아래의 경우에 해당된다.

- 경영협의회가 신규 설립된 경우,
- 선거 후 24개월 경과 이후에 상시 근로자 수가 50% 이상 증가하였거나 혹은 감소하였을 경우,
- 경영협의회 위원 선출을 위한 선거가 무효로 인하여 취소되었을 경우,
- 경영협의회가 자체 결의 및 노동법원의 명령에 의해 해산되었을 경우

같은 법 제13조 3항에 따르면, 정규적인 시기 이외의 시기에 선출된 경영협의회의 임기는 차기 정규 선거가 있는 해의 5월 31일에 종료된다. 다만, 경영협의회 선출 후부터 다음 정규 선거가 있는 해의 3월 1일까지의 기간이 1년이 채 되지 않을 경우, 그 경영협의회의 임기는 차기 정규 선거가 있는 해의 5월 31일에 종료되는 것이 아니라, 차차기 정규 선거가 있는 해의 5월 31일에 종료된다. 따라서 경영협의회의 선거는 일정한 연도(예: 2002년, 2006년)에 열리게 되는 것이다.

경영협의회의 설립을 위해서는 우선 피선거권 있는 3인의 근로자로 이루어진 선거위원회 Wahlvorstand를 구성하고, 사내 게시판에 이를 공고하여야 한다. 선거를 관장할 선거위원회는 늦어도 기존 경영협의회의 임기가 종료되기 10주 전에 구성되어야 한다. 선거위원회는 선거 6주 전에 선거와 관련된 공식서류(선거인명부/선거권 있는 근로자 수/선출될 경영협의회 위원의 수/남녀 성비율에 따른 여성 위원의 수/투표일 및 장소/개표일 및 장소)를 완비하여 사내 게시판에 공고하여야 한다.

신규 설립의 경우, 같은 법 제17조 3항에 따라, 최소 3인의 근로자 혹은 해당 노동조합이 근로자총회 Betriebsversammlung를 소집할 수 있으며, 이 근로자총회에서 선거위원회를 선출하여 선거를 조직, 관장

하도록 한다. 이미 경영총협의회 Gesamtbetriebsrat 혹은 콘체른 경영협의회 Konzernbetriebsrat가 존재하고 있다면, 경영총협의회 혹은 콘체른 경영협의회가 선거위원회를 선출(임명)하여 경영협의회의 선거를 조직, 관장하도록 한다. 같은 법 제17조 2항에 따라, 선거위원회는 근로자총회에 참석한 (재석)근로자의 과반수로 선출된다.

2001년 개정된 경영조직법에 따라, 선거권 있는 근로자 수가 **50인 이하인 사업장**에서는 선거에 있어서 간소화된 규정이 적용되고 있다(같은 법 제14a조 1항). 즉 같은 법 제17a조 1항 및 2항에 따라, 기존 경영협의회의 임기가 종료되기 4주 전에 선거위원회를 구성하면 되고 또한 선거위원의 수를 반드시 홀수로 구성(같은 법 제16조 1항)할 필요도 없다. 보다 중요한 사항은, 신규 설립을 위한 선거위원회의 선출이, 개정 경영조직법 제17a조 3항에서는 근로자총회 재석 근로자의 과반수가 아니라, **선거 당일 Wahlversammlung**에 참석한 근로자의 과반수에 의해 이루어진다는 것이다. 이는 전체 근로자의 의사에 반하여 사업장 내에 경영협의회가 구성될 수도 있다는 것으로서, 상시 근로자 50인 이하의 중소기업에 경영협의회가 용이하게 설립되는 길이 열렸다는 것을 의미한다.

경영협의회의 설립은 전적으로 근로자의 자의에 의한 사안으로서, 사용자가 여기에 개입할 수 없다. 근로자는 원하면 설립을 할 수도 있고, 원하지 않으면 설립하지 않을 수도 있다. 경영협의회의 선거를 방해하거나, 경영협의회의 설립에 따른 불이익이 있을 것이라는 협박을 통해 선거에 영향을 미치거나 혹은 설립에 따른 이익을 보장해 줌으로써 선거에 영향을 미치는 방법으로 경영협의회의 정당한 설립을 방해하는 자는, 경영조직법 제119조에 따라 최고 1년의 징역 혹은 벌금형을 선고받을 수 있다.

2) 경영협의회의 업무

경영협의회가 선출되고 나면, 우선 경영협의회 의장과 부의장을 선출하게 된다. 의장과 부의장은 동일한 근로자 그룹에 속해서는 안 된다. 즉 의장이 생산직 직원 그룹에 속하면, 부의장은 사무직 직원 그룹에 속하도록 해야 한다. 경영협의회는 집단협의체로서, 위원의 과반수 의결로 의사결정을 하게 되며, 의장 개인이 단독으로 의사결정을 할 수 없다.

의장은 회의를 소집하고, 의제를 설정할 수 있다. 회의는 주로 근로시간에 소집되며, 경영협의회의 결의는 위원 과반수의 출석과 출석 위원의 단순 과반수의 찬성으로 의결된다.

경영협의회의 운영에 필요한 제반 설비와 경비는 사용자가 제공하고 부담한다. 경영협의회 회의의 개최 빈도의 제한에 관해서는 법규정이 없다. 경영협의회의 재량에 따라 회의를 수시로 소집할 수 있다. 사용자나 인사담당자는 경영협의회가 명시적으로 초대할 경우에만, 회의에 참석할 수 있다. 사용자는 또한 경영협의회 위원의 재교육(노동법 관련 교육)을 위한 비용도 부담해야 하며, 경우에 따라서는 경영협의회가 회사를 상대로 하는 소송비용도 부담해야 한다.

경영조직법 제37조 2항에 따르면, 사용자는 경영협의회 위원이 경영협의회의 업무를 정상적으로 수행하기 위하여 필요하다면 회사의 업무를 면제해 주어야 한다. 이를 위해 때로 근로시간 이외의 시간에 경영협의회의 업무를 수행해야 했다면, 그 시간만큼 초과근무 수당을 지급하든지 혹은 향후 1개월 이내에 그 시간만큼 근무 시간을 면제해 주어야 한다.

2001년 개정된 경영조직법 제38조의 경영협의회 전임자 규정에 따르면, 상시 근로자 200인 이상의 사업장에서는 최소 1인 이상의 경영협의회 위원은 회사의 근무가 전적으로 면제되며, 경영협의회의 업무만을 수행할 수 있다(경영협의회 전임자). 이로 인해 어떠한 급여상의 불이익도 받지 않는다.

경영총협의회 Gesamtbetriebsrat의 구성은 한 기업이 다수의 지역 사업장으로 나누어져 있고, 각각의 사업장마다 경영협의회가 구성되어 있을 경우에 설립할 수 있다. 개개의 경영협의회의 권한과 범위를 넘어서는 사안에 대해 경영총협의회가 전체 사업장을 대표하여 그 이해관계를 대변하며, 경영총협의회가 사용자와 체결하는 사업장협약(후술 참조)을 총사업장협약 Gesamtbetriebsvereinbarung이라고 부른다.

다수의 기업으로 구성된 그룹사에 있어서, 각 개별기업에 경영총협의회(혹은 개별 경영협의회)가 구성되어 있을 경우, 그룹의 수준에서 각 개별 기업의 근로자의 이익을 대변할 상위 경영협의회를 구성할 수 있는데, 이를 콘체른 경영협의회라 한다. 콘체른 경영협의회는 개별 경영협의회가 다룰 수 없는 그룹 전반적인 사안에 대해 그룹에 속한 근로자의 이해관계를 대변한다.

이 외에도 사업부제로 편제된 회사의 경우, 각 사업부별로 사업부 경영협의회를 구성할 수 있고, 은행 및 보험회사의 개별 지점별로도 지점 경영협의회를 구성할 수 있다.

3) 경영협의회의 경영참여권

경영협의회의 권한에 관하여는 경영조직법에서 규정하고 있다. 경영조직법은 경영협의회의 권한과 관련하여 인사와 관련된 사안, 사회적 사안(social affairs: 구성원 간 사회적 관계의 형평성 유지와 관련된 사항) 및 회사의 경영과 관련된 사안에 있어서 단순한 정보권(혹은 청문권)에서부터 협의/제안권, 동의거부권 및 강제적 공동결정권 Mitbestimmungsrecht까지 그 **경영참여권** Beteiligungsrecht을 단계적으로 구분하여 규정하고 있다.

정보권은 어떤 사안에 관하여 경영협의회가 사용자 측에, 사전에 그리고 자세하게 통지할 것을 요구할 수 있는 권한을 말한다. 협의/제안권이라 함은, 사용자 측에 대하여 어떤 사안에 관하여 경영협의회와 협의를 할 것과 대안에 대해 청취를 하고, 때에 따라서는 경영협의회가 솔선하여 어떤 사안에 대하여 제안을 할 수 있는 권한을 말한다. 그러나 최종 결정은 사용자가 단독으로 할 수 있다. 동의거부권이 부여된 사안에 관하여는 경영협의회의 동의가 없을 경우, 사용자는 그 사안을 임의로 시행할 수 없다. 그럼에도 불구하고 회사 경영의 필요상 즉시 시행을 해야 할 필요가 있을 경우, 사용자는 노동법원에 동의대체절차 Zustimmungsersetzungsvefahren(아래 상술 예 참조)를 밟은 후 시행할 수 있는 길이 있기는 하다. 강제적 공동결정권이 부여된 사안은 경영협의회의 동의가 없는 한, 사용자는 그 사안을 독자적으로 시행할 수 없다.

(1) 사회적 사안(구성원 간 사회적 관계의 형평성 유지와 관련된 사안)

사회적 사안에 관한 규정은 경영조직법의 핵심적인 내용으로서, 실질적이고 강제적인 공동결정권에 관한 규정(제87조)이다. 아래의 사안에 대해서는 경영협의회의 사전 동의 없이는 사용자가 단독으로 결정할 수 없다. 경영협의회는 아래 사안의 시행에 관하여 사용자 측에 사업장협약 Betriebsvereinbarung의 체결을 요구하게 된다. 실무에 있어서 사용자는 경영협의회와 다수의 사업장협약을 서면으로 체결하여 회사를 운영하게 된다.

- 사내 질서 및 종업원의 행태에 관한 사항: 사규, 금연규정, 음주금지규정, 출입문에서의 검색규정, 주차장 사용규정, 전화 사용규정, 출입증 규정 등. 출장 및 출장비지급 규정은 이에 해당되지 않는다.
- 일일 근로시간의 시종, 휴식시간 및 주당 근로요일의 책정 등 근로시간에 관한 사항
- 일시적으로 통상 근로시간을 연장하거나 단축하는 경우(초과근무 등)
- 임금 지급의 시간, 장소 및 방법에 관한 사항
- 휴가사용에 관한 일반규정의 제정, 휴가 계획안 및 휴가의 사용시기에 관해 종업원과 합의가 도출되지 않을 경우, 그 휴가 사용시기의 확정
- CC 카메라, time stamping clock, 전화사용 data 체크장치 및 기타 관련 EDP 프로그램 등과 같이 종업원의 근태 등을 감시하는 기술적 장치의 도입과 사용
- 업무상 재해 및 직업병 방지를 위한 규정 및 산업재해방지법에 따른 근로자 보호를 위한 규정
- 사내복지제도의 형태, 구성 및 운용에 관한 사항(예, 기업연금기금의 적립, 사내식당, 사내 유치원 등). 그러나 사내복지제도의 도입 및 완전한 폐지는 회사가 단독으로 결정할 수 있다. 단 제도의 완전한 폐지가 아니고, 변경하거나 축소할 경우는 제도의 구

성, 운용에 해당되어 경영협의회의 동의가 반드시 있어야 한다.
- 사원주택의 할당, 할당취소 및 운용규정의 확립
- 급여체계, 급여지급에 관한 원칙의 제정 및 신규 급여시스템의 도입, 운영 및 변경에 관한 사항(보너스규정, 13개월 급여규정 등)
- 성과급 급여체계의 도입
- 포상금이 부여되는 제안제도에 관한 규정
- 작업그룹을 만들어 자체 책임하에 업무를 달성하도록 업무를 총체적으로 위임할 경우 이에 관한 규정

상기의 사안(사회적 사안)에 대해 사용자와 경영협의회가 합의를 도출하지 못할 경우, 같은 법 제76조에 규정된 중재기구 Einigungsstelle 가 개입하여 구속력 있는 결정(중재안)을 내릴 수 있다. 사용자와 경영협의회는 사업장협약의 체결을 통해 상설 중재기구를 둘 수도 있다. 중재기구는 사용자와 경영협의회가 추천한 같은 수의 위원으로 구성되며, 의장은 양측의 합의에 따른 중립적인 인사로 한다.

(2) 인사와 관련된 사안

인사문제와 관련된 사안이라 함은 주로 인력계획(경영조직법 제92조), 개별 인력관리와 관련된 사안(같은 법 제99조) 및 근로계약의 해지에 관한 사안(같은 법 제102조)을 말한다.

인력계획에 관한 사항은 강제적 공동결정권이 없고, 정보권 및 협의권만 있다.

채용, (채용 및 배치전환에 따른)직무군에의 편입 및 직무군의 재편

성, 배치전환, 근로자를 대상으로 한 설문조사의 설계(제94조) 등 **개별
인력관리**와 관련된 사항에는 경영협의회의 동의가 필요하다(**강제적 공
동결정권**). 경영협의회가 이에 관해 거부를 하게 되면 사용자는 이를
독자적으로 시행할 수 없다. 다만, 시급한 사안의 경우, 사용자는 경영
협의회가 동의를 거부하더라도, 이의 관철을 위해 노동법원에 법원의
판결로서 경영협의회의 동의를 대신해 줄 것을 신청할 수 있는 방법이
있다(같은 법 제99조 4항). 쟁점이 되는 부분이므로 아래에 예와 함께
상술해 본다.

  새로운 직원을 채용(배치전환, 조직재편 등의 경우도 마찬가지)하고
자 할 때, 회사는 경영협의회에 적절한 시기에 충분한 자료를 제공(필
요에 따라서는 서류심사에 탈락한 응모자의 서류도 함께)하여 의견을
청취해야 하며, 경영협의회는 **일주일** 동안 심사를 한 후에 동의 여부를
회사 측에 통보해야 한다. 경영협의회가 동의 의사표시를 하거나, 일주
일 경과 후에 아무런 의사통보가 없으면 동의로 간주하여 채용을 하게
된다. 그러나 경영협의회가 거부할 경우에 문제가 되는데, 이때에는 두
가지 경우를 상정해 볼 수 있다. 만약 직원의 채용이 그다지 시급하지
않고 2－3개월 후에 계획되어 있다면, 사용자는 시간적인 여유를 갖고,
노동법원에 대체동의절차를 신청하면 된다. 하지만 만약 인원보강이 시
급한 경우에는, 경영협의회에 그 시급한 사유를 적어 동의해 줄 것을
서면으로 통지하여 동의를 촉구하게 된다(경영협의회는 다른 사안과 연
계하여 이 문제에 관해 협상을 원하기도 한다). 재차 경영협의회가 이
를 거부할 경우, 회사는 경영협의회의 동의 거부 의사 후 **3일 이내**에
노동법원에 상기 동의대체절차를 신청하고, 해당 직원을 채용하면 된다
(법원의 결정이 내려질 때까지 그 채용은 유효하게 된다). 즉 인원보강
이 시급한 경우 또한 경영협의회가 반대를 하고 있는 경우에 채용을
할 수 있는 방법인 것이다.

경영협의회가 거부를 하는 주된 이유는 해당 고용이 법규정, 단체협약상의 규정, 노사 간 맺은 사업장협약을 위반한 경우 및 해당 고용으로 인해 타 직원의 고용유지가 위협을 받을 경우이며, 특히 한국계 현지법인의 경우, 공석인 자리를 채우기 위해 채용을 하기 전에 사내에 그 내용을 공고 Stellenausschreibung 해야 하는 의무가 있는데, 이 규정을 간과하기 때문에 경영협의회로부터 동의를 거부당하는 경우가 간혹 있다. 공석에 대해 채용 전에 공고를 하지 않고, 채용을 했다면 경영협의회는 공동결정권에 따라 그 채용에 대해 동의를 거부할 수 있고, 이 경우 사용자는 독자적으로 신규직원을 채용할 수 없다.

이전까지 개별 인력관리와 관련된 사안에 주어진 권한은 **상시 근로자 21인 이상 사업장**의 경영협의회에 주어졌으나, 2001년에 새로이 개정된 경영조직법에 따르면 상시 근로자 21인 이상 **회사**의 경영협의회에 주어지도록 규정되었다. 예를 들어 ABC GmbH(유한회사)는 만하임 본사에 15명의 근로자가 있고, 프랑크푸르트에 40명의 근로자가 고용된 공장을 갖고 있다. 각각의 사업장에는 경영협의회가 조직되어 있다. 이전까지 이 회사는 만하임 본사의 경우(하나의 사업장)에는 상시 근로자 수가 20인 이하이기 때문에 직원의 채용과 관련하여 경영협의회의 공동결정권이 부인되었으나, 새 개정안에서는 만하임 본사의 경영협의회도 이 권한을 갖게 된다(회사의 근로자 수는 55명으로 규정상 최소 인원인 21명 이상이므로).

동일 회사 내의 한 사업장에서 다른 사업장으로의 배치전환 시에도 원칙적으로 각각의 사업장의 경영협의회와 협의하여야 하며, 이때에도 경우에 따라서는 법원에 대하여 상기 동의대체절차 신청이 필요하게 된다.

개별 인력관리와 관련해서 비록 경영협의회가 공동결정권을 가지고 있으나, 그렇다고 해서 아무 제한 없이 동의거부권을 행사할 수 있는 것은 아니다. 같은 법 제99조 2항에 열거되어 있는 **이유에 해당할 경우에 한해서** 경영협의회는 동의거부권을 행사할 수 있다.

- 개별 인력관리가 법규, 시행령, 산업재해방지법, 단체협약의 규정, 사업장협약, 법원의 판결 혹은 행정명령에 반할 경우,
- 개별 인력관리가 같은 법 제95조(채용, 배치전환, 직무군 재편성 및 해고 시의 대상 근로자 선정에 관한 지침은 경영협의회의 동의를 받아야 한다)에 따른 지침을 위반한 경우,
- 개별 인력관리의 시행으로 인하여, 기업 내 **다른 근로자**가 경영상 또는 일신상의 이유로 인한 해고가 정당화될 수 없는데도 불구하고, 해고되거나 혹은 불이익을 받을 것이라는 우려가 객관적인 사실로 증명될 경우. 이때 불이익이라 함은 신규로 기간을 정하지 않은 고용을 할 경우, 동일한 자격요건을 갖춘 근로자로서 이미 기간을 정한 근로계약을 맺고 있는 근로자가 사내에 있는데도 불구하고, 기존의 기간을 정한 근로계약을 기간을 정하지 않은 근로계약으로 갱신하지 않고, 신규로 기간을 정하지 않은 근로계약을 통한 채용을 함으로써 기존 근로자가 배려되지 않는 것 등을 말한다.
- 개별 인력관리의 대상 근로자가 다른 정당한 경영상 또는 일신상의 이유 없이 불이익을 입을 경우,
- 사용자가 같은 법 제93조에 규정된 의무를 이행하지 않은 경우. 제93조는 사용자가 향후 채용 예정인 공석(일자리)에 대해 그 사실을 직무 내용 등과 함께 사내에 공고를 해야 할 의무를 규정한 것이다.
- 개별 인력관리의 대상이 되는 신규 채용대상자 혹은 근로자가 법

규에 반하는 행동을 통하여 혹은 같은 법 제75조 1항에 명시된 규정을 심각하게 위반함으로써 회사 내 평화를 침해할 우려가 객관적인 사실로 증명될 경우. 제75조 1항은, 사업장 내 모든 구성원은 출신, 종교, 국적, 인종, 정치적 활동 및 성향, 성, 연령을 이유로 차별적 처우를 받아서는 안 된다는 원칙에 대해 규정하고 있다.

경영협의회는 개별 인력관리의 시행에 대해 동의거부권을 행사할 경우, 거부의 이유를 서면으로 작성하여, 일주일 이내에 이를 사용자에게 통보해야 한다.

개별 근로계약의 해지에 관해서도 마찬가지로 경영협의회의 동의가 필요하다(같은 법 제102조 1항). 사용자는 경영협의회에 개별 근로계약의 해지 사유에 관하여 충분한 내용을 담아서 통지해야 한다(정보권). 이를 준수하지 않을 경우, 그 해고는 효력이 없게 된다. 경영협의회는 일반해고의 경우 1주일 이내에 그리고 즉시해고의 경우 3일 이내에 서면으로 사용자에게 의견을 표명할 수 있다. 이 기간 내에 의견 표명이 없을 경우, 동의한 것으로 간주된다.

경영협의회가 동의를 거부할 경우, 그와 상관없이 사용자는 해고통지를 할 수 있는데, 다만 이때 회사가 경영협의회로부터 받은 거부 의견서 사본을 해고통지서에 첨부하지 않으면, 그 해고통지는 유효하지 않게 된다(경영조직법 제102조 4항). 같은 법 제102조 5항에 따르면, 경영협의회가 동의를 거부한 상태에서 해고가 단행되었고 또한 이에 대해 근로자가 소송을 제기하였다면, 사용자는 동 근로자의 고용을 해고예고기간 종료 후부터 법적 분쟁이 종료될 때까지 계속해서 유지해야 한다. 다만, 사용자는 다음의 3가지 조건에 해당하면, 법원에 신청을

함으로써 이러한 계속 고용의 의무를 부담하지 않을 수 있다:

- 근로자의 소 제기가 승소할 가능성이 충분하다고 보이지 않거나 혹은 소 제기 자체가 악의적으로 보일 경우,
- 계속 고용을 사용자가 부담하는 것이 경제적으로 감당하기 어려운 경우,
- 경영협의회의 동의 거부의 이유가 논리적으로 명백하게 설명되지 않은 경우.

결론적으로, 경영협의회에 대하여 해고 사안에 관해 충분히 알리고 소견 표시를 할 시간을 주었다면, 그것으로 형식상의 요건은 충분히 갖추었고, 경영협의회가 동의를 하든 혹은 하지 않든 상관없이 해고통지를 할 수 있다. 즉 동의 거부를 했다고 하여 사용자가 해고통지를 독자적으로 하지 못하는 것은 아니다.

(3) 경영조직법 제90조 및 제91조에 규정된 경영협의회의 정보권 및 협의권

새로운 기자재(기계설비, IT 설비 등)를 도입할 계획이 있다면, 사용자는 이 계획에 대하여 사전에 경영협의회에 그 내용을 **통보**하고, 계획하고 있는 조치들이 향후 근로자에 미칠 영향 등에 관해 경영협의회와 **협의**해야 한다.

① 사용자는 아래의 계획에 관하여 사전에 그리고 필요한 자료와 함께 경영협의회에 통지해야 한다.

- 공장부지, 사무실 공간 및 기타 회사의 공간(휴게실, 화장실 등)

을 신축, 개축 및 확장할 경우
- 기자재의 도입에 관한 계획(생산기자재, 조명시설, 냉방시설 등)
- 작업 방법 및 작업 절차에 관한 계획(기술과 관련된 것)
- 작업장 환경의 변경에 관한 계획(작업장의 조명도, 소음, 온도, 먼지 등)

② 사용자는 계획 중인 조치들과 그 조치들이 근로자에게 미칠 영향, 특히 작업의 방법 및 그로 인해 근로자에게 요구될(근로자가 갖춰야 할) 직능 등에 관해 경영협의회에 사전에 통지하고, 계획의 입안 시에 경영협의회의 제안과 우려 사항을 반영할 수 있도록 경영협의회와 협의를 해야 한다.

기본적으로 사용자의 이러한 조치는 경영협의회에 통보하고 협의하는 절차를 거친다면, 그 시행에 있어 경영협의회의 동의를 받을 필요 없이 시행할 수 있다. 하지만 전술한 4가지 변경사항이, 작업은 작업자에게 친화적인 방법으로 구성되어야 한다는 노동과학적인 지식에 명백히 반하거나, 그러한 변경사항으로 인해 근로자의 부담이 특별히 가중될 경우에는 경영협의회에게 공동결정권이 부여되며(같은 법 제91조), 경영협의회는 상기 문제를 회피할 수 있는 적절한 조치를 취하게 된다. 만약 사용자와 경영협의회 간에 합의가 도출되지 않는다면, 중재기구 Einigungsstelle가 노사 일방의 요구에 의해 개입하며, 중재기구의 중재안은 전술한 사회적 사안에 있어서와 마찬가지로 구속력이 있다.

(4) 회사의 경영과 관련된 경제적 사안

상시 근로자 수가 101인 이상인 경우, 사용자는 회사의 경제적 사안에 관하여 요청받은 자료의 제출과 함께 미리(충분한 시간을 두고) **경**

제위원회(후술 참조)에 통보해야 한다. 같은 법 제106조 3항에 열거된 경제적 사안은 아래와 같다:

- 회사의 경제적 및 재무적 상황
- 생산 및 판매현황
- 생산 및 투자 계획
- 경영합리화 정책의 도입(새로운 IT 시스템의 도입, 비용절감정책의 도입)
- 생산공정의 합리화
- 환경보호에 관한 사항
- 조업제한 및 조업중단
- 사업장 혹은 일부 사업장의 이전
- 회사 및 사업장의 통합 및 분리
- 회사 조직의 변경 및 사업목적 변경
- 기타 근로자의 이익과 직결이 되는 사항들

상시 근로자가 101인 이상인 회사의 경우, 경영협의회는 산하에 경제위원회 Wirtschaftsausschuss를 둘 수 있다. 회사의 회계 및 재무 자료를 이해할 수 있는 전문적인 지식이 있는 근로자를 경제위원회 위원으로 위촉함으로써, 규모가 큰 회사의 재무상황을 경영협의회가 제대로 이해할 수 있도록 하기 위한 제도이다. 경제위원회는 위의 자료에 관해 사용자와 협의하며, 경영협의회에 그 내용을 알려주는 역할을 하게 된다. 경제위원회의 위원은 경영협의회에서 임명하며, 임기는 경영협의회의 임기와 동일하고, 경영협의회에 의해 언제든지 면직될 수 있으며, 최소 3인에서 최대 7인까지 위원을 둘 수 있다. 경제위원회에는 최소 1인의 경영협의회 위원이 포함되어야 한다(같은 법 제107조 1항).

(5) 경영변동

같은 법 제111조에 따르면, 상시 근로자가 21인 이상인 회사의 경우, 사용자는 **계획 중인 경영변동** Betriebsänderung에 대해 경영협의회에 미리, 충분한 자료와 함께 통보하고, 협의해야 한다. 이때의 경영변동이란, 그 변동의 결과로써 전체 근로자 또는 현저하게 많은 수의 근로자에게 심대한 불이익을 주게 되는 것을 말한다. 여기서 말하는 경영변동이란 아래의 각 호를 말한다.

- 전체 공정 또는 주요 공정의 조업 제한 및 조업 중단
- 전체 사업장의 이전 혹은 일부 주요 사업장의 이전
- 사업장의 통합 또는 사업장의 분할
- 경영조직 또는 사업목적 또는 설비의 대대적인 변경
- 작업방식 및 생산방식의 획기적 변경

사용자는 위에 열거된 경영변동에 대해 경영협의회와 후술할 이해조정을 위한 협정을 맺어 상호 이해관계를 조정해 나간다(같은 법 제112조).

4) 분쟁의 조정절차: 중재기구

같은 법 제76조에 따르면, 경영협의회의 경영참여권과 관련하여 사용자와 경영협의회가 합의를 도출하지 못할 경우, 중재기구가 개입하여 구속력 있는 결정(중재안)을 내리거나 혹은 단순한 중재를 하게 된다.

사용자와 경영협의회는 사업장협약의 체결을 통해 상설 중재기구를 둘 수도 있다. 중재기구는 사용자와 경영협의회가 추천한 같은 수의 위

원으로 구성되며, 의장은 양측의 합의에 따른 중립적인 인사로 하는데, 대개의 경우 노동법원의 판사가 위촉된다.

사회적 사안 및 같은 법 제91조에 따라 공동결정권이 부여된 사안에 대해 사용자와 경영협의회가 합의를 도출하지 못할 경우, 중재기구가 **일방의 요구에 따라** 개입하여 중재를 하게 되는데, 이 경우 중재기구의 중재안은 양 당사자가 상호 합의하여 내린 결정과 같이 **구속력**이 있다 (같은 법 제76조 5항).

그 밖의 경우에 있어서는, 양 당사자가 공동으로 중재기구에 중재를 요청하게 되는데, 이 경우 중재기구의 결정은 단지 중재안에 지나지 않는다. 다만 양 당사자가 사전에 중재기구의 결정에 승복하겠다고 합의한 경우 또는 사후에 양 당사자가 중재기구의 중재안을 받아들이기로 한 경우에는, 중재기구의 중재안이 양 당사자의 합의를 대신할 수 있다. 즉 그 중재안은 구속력이 있게 된다(같은 법 제76조 6항).

●●●● *55*

노동조합과 경영협의회

개별 기업에 노조가 결성되어 있는 우리나라와는 달리, 독일의 노조는 산업별 노조이며, 각 산업별로 하나의 노조가 조직되어 있다(산업별조합 원칙 Industrieverbandsprinzip). 우리가 익히 들어서 알고 있는 금속노조 IG Metall, 화학노조 IG Chemie, 광산노조 IG Bergbau, 에너지노조 IG Energie 그리고 통합 서비스-공공노조 Vereinte Dienstleistungsgewerkschaft(Ver.di) 등이 그것이다.

거의 대부분의 산별 노조는 독일노조연맹 Deutscher Gewerkschaftsbund (DGB)이라는 연합체에 속해 있다. 독일노조연맹은 말하자면 개별 산별 노조의 상급단체이다. 2006년 말 현재 독일노조연맹의 조합원은 6,585,774 명에 이르고 있다. 독일노조연맹 이외의 전국 규모의 노동조합 연합체로는 공무원노조연맹, 기독교노조연맹, 사무직근로자노조연맹 등이 있다.

노사 간 단체교섭은 이 산별노조 차원에서 행해지는 것이다. 부연하자면, 산별노조와 사용자단체가 직접 교섭할 수도 있고 또는 산별노조와 개별 기업의 사용자가 교섭(대각선 교섭)할 수도 있다.

독일노조연맹은 산하의 산별노조를 지원, 조정하는 역할만 할 뿐, 직접 단체교섭에 임하지는 않는다. 반면에 산별노조는 직접 노사 간 교섭을 하는 창구이며 또한 경영협의회의 요청에 따라 개별 기업(근로자)의 노사문제에 관하여 법률적 조언, 조정 및 교육을 제공하는 역할도 수행한다.

노사 간 단체협약 및 쟁의행위의 다른 한 당사자로서 노동조합의 반대편에는 사용자단체 Arbeitgeberverbände가 있다. 사용자단체는 노동법상의 분쟁과 관련하여 회원 기업들을 대변한다.

즉 독일 노동법에 따른 노사 간 단체교섭의 당사자는 노동조합과 사용자단체(또는 경우에 따라서는 개별 기업의 사용자)이며, 쟁의행위의 당사자 또한 이들이다.

반면에 경영협의회는 개별 사업장 단위로 조직되어 있는데, 경영협의회는 경영조직법에 따라 개별 사업장에 속하는 근로자의 근로조건 등에 관한 사회, 경제적 이해관계를 대변하는 기구로서, 노동쟁의 등에 참가하는 것이 허용되지 않는다. 그러나 경영협의회의 이름만 내걸지 않는다면, 비록 경영협의회의 위원이라 하더라도 개별 조합원 신분으로서 노동쟁의에 참여할 수 있다. 노동쟁의 등 노사 간 단체교섭은 오직 산별노조 차원에서만 행하는 것이다.

정리해 보면, **노동조합**은 공동결정법에 따라 상시 근로자 2,001인 이상의 물적회사의 감사회 위원에 최소 2인 이상의 대리인을 위촉할 수 있으며, 이를 통해 회사의 경영에 관해 공동결정을 하게 되며, **경영협의회**는 경영조직법에 따라 선거권 있는 상시 근로자 5인 이상의 사업장 혹은 회사에 설립되며, 경영조직법이 보장하는 경영참여권에 따라 회사의 경영에 관해 사용자와 공동결정을 하게 된다.

따라서 독일의 유명한 공동(의사)결정은 이렇게 두 기구, 즉 산별노동조합과 경영협의회를 통해 또한 대표적으로 두 법률, 즉 공동결정법과 경영조직법을 통해 실현되는 것이다.

•••• *56*

단체교섭과 단체협약의 체결 및 적용

1) 단체협약의 당사자

근로자의 근로조건을 유지, 개선하고, 근로자의 사회, 경제적인 지위를 향상시키기 위한 직접적 수단으로서의 단체협약 Tarifvertrag의 체결은 집단적 노사관계의 핵심적인 부분이다. 단체협약을 체결할 수 있는 법률상의 능력을 협약체결능력 Tariffähigkeit이라고 하는데, 이러한 협약체결능력을 가진 단체교섭 Tarifverhandlung의 **당사자**는 산별노조와 사용자이다. 이때 사용자는 사용자단체(경영자연합회)가 될 수도 있고 또는 개별 기업의 사용자가 직접 당사자로서 단체협약을 체결할 수 있다(단체협약법 제2조 1항). 산별노조와 사용자단체 간의 교섭을 통일교섭이라고 하는데, 일반적인 단체교섭의 양태이다. 경우에 따라서는 기업의 특수한 사정을 고려하여 교섭을 해야 할 필요성이 생기는데, 이와 같이 산별노조와 개별기업의 사용자가 직접 교섭하는 것을 대각선교섭이라고 하며, 이는 특수한 경우에 해당한다.

단체협약은 산업별조합 원칙에 따라 일정 지역별 및 산업별로 교섭/체결된다. 예를 들어 헤센 주 금속노조와 헤센 주 금속산업 사용자단체가 헤센 주의 금속산업에서의 단체협약 체결의 당사자가 된다. 경우에 따라서는 지역적으로 인근 여러 주의 산별노조와 사용자단체가 공동으로 단체협약을 체결하기도 한다. 참고로 2003년의 경우 독일 전체에서 체결된 단체협약의 수는 자그마치 59,636개였다.

여기서 문제되는 것은, 개별 기업에 고용되어 있는 근로자의 직종이 여러 산업별 직종으로 분산되어 있을 경우, 이 기업이 어느 산별노조에 속하는지 여부를 판단하는 것이다. 판단 기준은 어떤 직종에 **근로자의 다수**가 종사하고 있느냐이다. 이 기준에 따라 예를 들어 금속노조에 속하는 것으로 확정이 되면, 그 기업의 사내식당에서 일하는 요리사는 비록 서비스 업종에 속하지만 단체교섭 및 협약상의 소속은 금속노조인 것이다.

2) 단체협약의 내용 구성과 효력범위

단체협약법 Tarifvertragsgesetz(TVG) 제1조 1항에 따르면, 단체협약은 내용상 두 부분으로 구성되는데, 협약의 양 당사자 간의 권리, 의무관계를 규정하고 있는 **채권법적 부분 Schuldrechtlicher Teil**과 근로관계와 관련된 규정(근로관계의 체결, 내용 및 종료), 경영상 및 경영조직법상의 문제 및 양 당사자의 공동기구 설치에 관한 문제를 규정하고 있는 **규범적 부분 Normativer Teil**으로 나누어져 있다. 전자를 집단적 노사관계에 적용되는 조항 그리고 후자를 개별적 노사관계에 적용되는 조항이라고 구분할 수도 있겠다.

단체협약의 규범적 부분은 개별적 노사관계에 대하여 직접적 unmittelbar, 강행적 zwingend 효력을 갖는다(단체협약법 제4조 1항 및 2항). 직접적 효력이란 구속력 있는 당사자에게 비록 개별 근로계약에 단체협약의 규정이 적용된다는 약정이 없더라도, 법률과 같이 직접적으로 효력을 미치는 것을 말한다(개별 근로계약에 새 규정을 만들어서 시행할 필요 없이 그 자체로서 법률과 같이 효력을 발휘함). 강행적 효력이란 단체협약의 약정에 반하는 개별 근로계약의 조항을 무효로 하는 효력을 말한다. 같은 법 제4조 4항에 따라, 이미 성립한 단체협약상의 권리는 양 당사자 간 합의된 조정(예: 노동법원에서의 조정)에 의해서만 취소 가능할 뿐이며 또한 근로자가 단체협약상의 권리를 포기하는 것은 인정되지 않는다.

단체협약의 체결에 앞서 양 당사자는 개별 법규상의 관련 규정들을 자세히 살펴보아야 한다. 개별 근로계약에서는 약정하지 못하는 많은 사항들을 단체협약에서는 약정할 수 있도록 되어 있기 때문이다. 달리 말하면, 개별 근로계약으로 규정하지 못하는 많은 부분들을 단체협약의 체결을 통해 해당 지역 및 업종 내 모든 근로자를 대상으로 **일률적으로** 규정할 수 있는 것이다. 몇 가지 예를 들어보면, 연방휴가법 제13조, 민법 제622조 4항 및 임금계속지급법 제4조 4항에는 단체협약에서 법규정과 다르게 관련 사항을 약정할 수 있도록 하고 있다.

단체협약의 적용범위 Geltungsbereich와 관련하여, 아래의 4가지 사항에 대하여 명확히 규정하여야 한다.

• 지역별(지역적 범위: 예, 헤센 주)
• 업종별(생산 및 서비스 분야: 예, 건설업)
• 대상 근로자별(예: 생산직 근로자)
• 시간별(협약의 존속기간 및 효력의 발효 시점)

3) 단체협약의 구속력 범위와 효력 확장선언

단체협약의 효력은 **원칙적으로** 협약 체결의 당사자인 사용자단체에 가입한 사용자와 노동조합에 가입된 근로자에게만 미친다(단체협약법 제3조 구속력범위 Tarifgebundenheit). 하지만 실무에서는 노동조합에 가입하지 아니한 근로자에게도 적용하는 것이 일반적이다. 즉 사용자는 체결된 단체협약을 회사 전체의 근로자에게 적용시키는 것이다. 실무적으로 노동조합에 가입된 근로자만을 별도로 파악하여 적용시키기 어렵기 때문이다. 알다시피 채용 시 노동조합에의 가입여부를 질문하는 것은 허용되지 않는다. 또한 이렇게 모든 근로자에게 적용시킴으로써, 단지 단체협약의 유리한 조건만을 적용받을 목적으로 노동조합에 가입하는 것을 방지하는 간접적인 효과도 있다. 같은 법 제3조 2항에 따르면, 단체협약의 경영상(예, 사내에서의 흡연금지 규정) 및 경영조직법상의 문제에 관한 법규범은 협약의 당사자인 사용자의 모든 사업장에 적용된다고 하여, 그 사업장에 속한 근로자가 협약의 한 당사자인 노동조합에 가입되어 있는지의 여부와 상관없이, 다만 사용자가 구속력범위에 속하는 것만으로도 근로자 또한 구속력범위에 속하는 것으로 규정하고 있다.

일반적으로 아래의 경우에 그 회사는 해당 단체협약의 적용을 받는다.

- 사용자와 근로자가 단체협약을 체결한 사용자단체와 노동조합에 가입한 경우
- 개별 사용자가 노동조합과 개별적으로 단체협약을 체결한 경우 (기업별 교섭)
- 사용자와 근로자가 개별 근로계약을 통해 단체협약의 적용을 약

정했을 경우
- 연방 혹은 주 경제사회장관에 의해 일반적 구속력의 확장이 결정된 경우

근로계약상의 최저 기준을 설정한 단체협약의 내용으로 인하여, 동일한 지역 혹은 산업 내에서 단체협약의 적용을 받지 않는 사용자는 적용을 받는 사용자에 비해 인건비 등 비용적인 측면에서 유리한 입장에 놓이게 되는 경우가 생기게 된다. 단체협약의 적용을 받지 않는 사용자는 채용 시 단체협약상의 최저 기준 이하로 고용하는 것이 가능하기 때문이다. 이러한 사용자 간의 공평하지 않은 경쟁을 방지하고, 나아가 그로 인하여 최저 조건 이하로 고용됨으로써 생기는 근로자의 불이익을 사전에 예방하기 위하여, 일반적 구속력의 확장(선언) Allgemeinverbindlichkeitserklärung이라는 제도가 도입되었다.

같은 법 제5조에 보면, 일반적 구속력의 확장은 단체협약의 한 당사자의 신청(직권에 의한 것이 아님)에 의해 연방 경제사회부 장관(같은 법 제5조 6항에 따라 주 경제장관에게 위임 가능)이 그 적용을 결정한다. 이를 위한 전제 조건은,

- 효력범위 내의(적용될 지역의) 전체 근로자의 최소 50%가 단체협약의 구속력의 범위에 속하는 회사들(단체협약의 적용을 받는 회사들)에 고용되어 있을 것 그리고
- 일반적 구속력 확장선언이 일반 공중의 이익에 부합하리라고 판단될 것.

일반적 구속력 확장선언의 결과로, 이제는 단체협약의 법규범이 직접적, 강행적으로 지역적 효력범위 내의 모든 근로자에게 적용된다.

단체협약의 일반적 구속력 확장은 아래의 경우에 종료된다:

- 해당 관청의 판단에 의해 선언이 취소될 때(공중의 이익에 반한다고 판단될 때)
- 기간을 두고 구속력 확장이 선언되었을 경우, 그 기간이 종료되었을 때
- 단체협약이 종료되었을 때

단체협약이 체결되었을 경우, 같은 법 제6조에 따라 연방 경제사회부 혹은 각 주 경제부에 비치된 단체협약등록부 Tarifregister에 등재해야 한다. 이 등록부에는 단체협약의 체결, 취소 및 일반적 구속력 확장의 시작과 종료에 대한 사항이 기재되어 있고, 그 내용은 인터넷으로 열람이 가능하다.

4) 단체협약과 개별 근로계약

단체협약은 근로자들을 보호하기 위하여 근로조건의 최저 기준을(강행적으로) 정한 것이기 때문에(통설), 만약 개별 근로계약이 단체협약의 기준보다 더 유리한 조건을 규정하고 있다면, 이 경우에는 단체협약은 강행적 효력을 갖지 않는 것으로 해석한다. 유리한 조건 우선의 원칙 Günstigkeitsprinzip은 이 경우에도 적용되는 일반원칙인 것이다.

그러나 예외적으로 근로자에게 불리한 근로조건에 관해 약정하는 것이 허용되는 경우도 있는데, 이는 단체협약에 이에 관해 구체적으로 명시해 놓은 경우에 한한다(소위 유보조항 Öffnungsklausel). 참고로 경영

조직법 제77조 3항의 규정을 살펴보면, 단체협약에서 약정되어 있거나, 약정이 될 임금 및 근로조건은 사업장협약(근로계약이 아님!)의 대상이 될 수 없다고 되어 있으며, 다만 단체협약에서 이에 관해 명시적으로 허용할 경우에는 그렇지 아니하다고 규정하고 있다.

단체협약의 구속력 범위에 속하지 않는(사용자단체에 속하지도 않고 또한 개별적으로 산별노조와 단체협약을 체결하지도 않은) 사용자가 개별 근로계약의 규정을 단체협약의 규정과 연계시킬 수 있는가? 두 가지 방법으로 가능한데, 단체협약 전체와 연계시키거나(예: 어느 업종의 임금단체협약의 규정을 적용한다) 또는 단체협약의 개별 조항을 연계시킬 수 있다(예: 임금과 연계된 직무군의 설정은 어느 임금단체협약의 직무군 설정 규정에 따른다). 이 경우 주의할 것은 단체협약 전체와 연계시킬 경우, 자칫하면 이 근로계약은 향후 체결될 모든 단체협약의 적용을 받게 된다는 점이다.

개별 근로계약에의 연계 시 유의할 것은, 사용자(또는 근로자)가 자신의 구미에 맞춰, 하나의 규정을 구성하고 있는 부분만을 곶감 빼 먹듯이 빼어 와서 적용시키는 것은 인정되지 않는다는 것이다. 예를 들어 설명하면, 개별 근로계약에는 상대적으로 짧은 근로시간과 낮은 급여를 규정하고 있고, 단체협약에는 상대적으로 긴 근로시간과 높은 급여를 규정하고 있을 경우, 임의로 개별 근로계약에서 짧은 근로시간의 규정과 단체협약에서 높은 급여의 규정만을 따로 따로 떼어서 적용하는 것은 인정이 되지 않는다.

5) 단체협약으로부터의 탈퇴

단체협약에 가입된 경우, 소위 평화의무 Friedenspflicht에 따라 단체협약의 유효기간 중에는 노사 양측은 노동쟁의 또는 직장폐쇄 등의 쟁의수단으로부터 자유롭다는 이점이 있다. 물론 단체협약에 규정되어 있지 않은 사안에 대해서는 노동쟁의라는 수단의 선택이 금지되어 있지는 않기 때문에 100% 자유롭다고 할 수는 없을 것이다. 평화의무란 단체협약이 유효한 기간 동안에는 노동쟁의를 해서는 안 된다는 의무를 말한다. 이러한 이점에도 불구하고, 중소기업의 경우, 단체협약상의 임금수준 및 근로기준을 감당하지 못하여 기존에 체결된 단체협약으로부터 탈퇴를 하고자 하는 경우를 상정해 볼 수 있다. 아래의 두 가지 경우에 단체협약으로부터 탈퇴가 가능하다. 단 일반적 구속력 확장선언이 내려진 경우에는 여하한 경우에도 단체협약의 구속력이 존재한다.

- 사용자의 사용자단체로부터 탈퇴
- 개별기업 단체협약의 해지

사용자단체로부터의 탈퇴를 위해서는 사용자단체의 정관에 명시된 회원 자격의 해지예고기간을 준수해야 한다. 해지예고기간은 연말로부터 기산해서 6개월이 통상적이며, 6개월을 초과하는 예고기간은 무효이다. 일반해지의 경우, 예고기간을 준수하는 것으로 족하며, 즉시해지의 경우는 중요한 사유가 있을 경우에만 허용이 된다. 해지예고기간이 종료하기 이전에 새로운 단체협약이 맺어졌다면, 그 사용자는 여전히 새로운 단체협약의 적용을 받는다(같은 법 제3조 3항).

개별기업 단체협약(산별노조와 개별 사용자 간의 단체협약)의 해지는 당해 단체협약에 해지에 관한 유보조항이 존재할 경우에 가능하다. 그러나 사용자가 위의 두 가지 경우에 따라 단체협약의 적용으로부터 탈퇴를 하더라도, 당해 단체협약이 유효한 기간 동안에는 여전히 단체협약의 적용을 받는다는 것을 잊어서는 안 된다(같은 법 제3조 3항).

단체협약의 소위 여후효과 Nachwirkung에 관해 살펴볼 필요가 있다. 단체협약의 기간이 종료되었으나, 그 이후 새로운 단체협약이 체결되지 않았을 경우에, 근로조건에 관한 약정은 어떻게 적용이 되는가의 문제이다. 이 경우에는 비록 단체협약이 종료되었다고는 하나, 근로조건에 관한 조항은 기간의 제한이 없이 여전히 유효하게 적용된다고 본다.

또한 같은 법 제4조 5항에 따라, 단체협약이 종료되더라도, 다른 협약(단체협약, 개별 계약 및 사업장협약)이 이를 대체하지 않는 한, 그 단체협약의 법규범은 여전히 유효하다. 그러므로 비록 사용자단체로부터 탈퇴하고, 개별기업 단체협약을 해지한 후에라도, 기존의 단체협약의 규정을 적용받는 근로자(원칙적으로 노조 가입자만 해당)는 개별 근로계약의 개정을 통해 단체협약의 관련 조항이 대체되지 않았다면, 종료된 단체협약의 관련 조항은 여전히 그 근로자에게 유효하게 된다(예를 들어 단체협약이 연말보너스 지급을 약정했을 경우, 단체협약의 종료 후에는, 사용자가 사용자단체를 탈퇴했기 때문에, 단체협약의 규정과 다르게 개별 근로계약을 체결할 수 있는데, 이때 만약 해당 근로자와 근로계약의 관련 조항을 합의, 개정하지 않았다면, 같은 법 제4조 5항에 따라 사용자는 해당 근로자에게 계속해서 연말보너스를 지급해야 한다).

회사를 인수할 경우, 피인수회사의 사용자단체에의 회원 자격은 그대로 인수회사에게 승계되고 또한 기존에 체결되어 있던 단체협약의 구속을 받게 되는가? 피인수회사의 권리, 의무관계는 인수회사에 의해 포괄승계될 것이나, 사용자단체의 회원 자격은 양도 가능한 것이 아니기 때문에, 피인수회사에 적용되는 단체협약은 인수회사에는 적용되지 않는다고 본다. 그러나 민법 제613a조 2항에 따라 해당 근로자(원칙적으로 노조 가입자만 해당)가 누리고 있던 기존 단체협약상의 규정들은 개별 근로계약의 내용으로 전환되며, 이 조항들은 회사의 양도일로부터 일 년 이내에는 근로자에게 불리한 방향으로 개정하는 것이 금지된다.

●●●● *57*

사업장협약

사업장협약 Betriebsvereinbarung은 경영조직법상 경영협의회에게 부여된 공동결정권을 개별기업 내에서 구체적으로 실현하는 수단이다. 사업장협약은 사용자와 경영협의회 간에 서면으로 합의하여, 상호 서명함으로써 체결된다(경영조직법 제77조 2항).

> * Betriebsvereinbarung의 번역은 사업장협약으로 하였다. 이 협약의 주체는 경영협의회로서, 경영협의회는 사업장마다 조직되어 있기 때문에 사업장 단위로 사용자와 협약을 맺는 측면이 강하기 때문이다.

사업장협약은 두 가지로 대별될 수 있는데, 사회적, 인사적 및 경제적 사안에 있어서 경영협의회에게 공동결정권이 부여된 사안에 대해 맺은 강행적 사업장협약 Erzwingbare Betriebsvereinbarung(법률과 같이 강행적, 직접적인 효력을 갖는다)과 그렇지 않은 임의적 사업장협약 Freiwillige Betriebsvereinbarung으로 나눌 수 있다.

강행적 사업장협약은 경영협의회에 부여된 공동결정권을 실현하는 수단이기 때문에, 사용자와 협상하여 체결하거나 혹은 사용자와 합의에 도달하지 못하더라도, 일방의 요청에 따른 중재기구의 개입을 통해 체결이 될 수밖에 없다.

임의적 사업장협약에 관해서는 같은 법 제88조에 규정이 있는데, 아래의 경우에 특별히 체결이 된다.

- 업무상 재해 및 질병을 예방하기 위한 추가적인 조치들
- 사업장 내 환경보호를 위한 조치들
- 회사 내 근로자 복지시설의 설립(설치)
- 근로자 재산형성의 촉진을 위한 조치들
- 외국인 근로자의 통합을 위한 조치와 인종 차별주의 및 외국인 배척주의의 퇴치를 위한 조치들

임의적 사업장협약의 체결 시 사용자와 경영협의회가 합의에 이르지 못할 경우, 양 당사자가 공히 이의 체결을 원하거나 또는 양방이 중재를 신청할 경우에만 중재기구가 개입하며, 이때의 중재안은 양 당사자의 합의를 대체한다.

사업장협약의 개별 규정이 개별 근로계약의 관련 규정과 다를 경우는 어떻게 하는가? 같은 법 제77조 4항은 사업장협약의 직접적, 강행적 효력에 관해 규정하고 있다. 즉 경영협의회에 공동결정권이 부여된 사안에 대한 사업장협약은 법률과 같이 자동적으로 그리고 강행적으로 적용이 되는 것이기 때문에, 사업장협약의 규정은 개별 근로계약의 규정보다 우선한다. 그러나 개별 근로계약이 사업장협약보다 근로자에게 더 유리한 규정이라면, 유리한 조건 우선의 원칙에 따라 유리한 규정이 우선 적용된다. 단 이 경우 근로계약상의 권리를 포기하는 것은 경영협의회의 동의가 없이는 허용되지 않는다(같은 법 제77조 4항 2호).

사업장협약은 사용자 혹은 경영협의회에 의해 해지예고기간(3개월)을 준수함으로써 해지될 수 있다(같은 법 제77조 5항). 사용자의 입장에서 볼 때 사업장협약의 체결이 유리할 수 있는 부분인데, 만약 개별 근로계약으로 근로조건 등을 규율할 경우, 이의 변경이 사업장협약의 해지 및 변경보다 훨씬 어렵기 때문이다.

강행적 사업장협약의 경우, 약정된 기간이 종료되거나 혹은 해지될 경우, 다른 사업장협약, 단체협약 또는 개별 근로계약으로 대체되지 않는 한, 그 사업장협약은 여전히 유효하다고 하여 여후효과 Nachwirkung를 인정하고 있다(같은 법 제77조 6항). 임의적 사업장협약의 여후효과는 사업장협약에서 다르게 약정하지 않는 한, 일반적으로 인정되지 않는다.

참고로 같은 법 제77조 3항의 규정을 살펴보면, 단체협약에서 약정되어 있거나, 약정이 될 임금 및 근로조건은 사업장협약의 대상이 될 수 없다고 되어 있으며, 다만 단체협약에서 이에 관하여 사업장협약의 체결을 명시적으로 허용할 경우는 그렇지 아니하다고 규정하고 있다(유보조항).

●●●● *58*

이해조정 Interessenausgleich과 사회계획 Sozialplan

경영조직법 제111조에 따르면, 상시 근로자 21인 이상을 고용하고 있는 사용자는 계획 중인 회사의 경영상의 주요 변화인 경영변동에 대하여, 경영협의회에 미리 그리고 자세하게 알리고(정보권 또는 청문권), 이의 파급효과에 대해 경영협의회와 협의해야 한다(협의권 및 제안권). 만약 그 당시에 경영협의회가 존재하지 않았다면, 이러한 의무로부터 면제된다. 여기서 **경영변동**이란, 그 변화의 결과가 전체 근로자 또는 현저하게 많은 수의 근로자에게 심대한 불이익을 주게 되는 변동을 말한다. 현저히 많은 수의 근로자의 기준에 관해서는 해고보호법 제17조를 준용한다. 이에 따르면, 일정한 규모 이상의 근로자를 해고(대량해고)하는 사용자는 이를 노동사무소에 신고해야 하는데, 대량해고 Massenentlassung의 기준이 되는 근로자의 수는 아래와 같다.

- 근로자 수 21인~60인 미만: 해고 근로자가 최소 6인 이상일 경우
- 근로자 수 61인~500인 미만: 해고 근로자가 전체 근로자의 10% 이상이거나 또는 최소 26인 이상일 경우
- 근로자 수 500인 이상: 해고 근로자가 최소 30인일 경우

즉 해고의 경우는 아니지만, 어떤 경영상의 주요 변화가 위 세 가지

항목에 해당하는 범위의 근로자(현저히 많은 수의 근로자)에게 불이익을 가져온다면, 이는 위에서 말하는 경영변동에 해당된다.

아래의 각 호가 경영조직법 제111조상의 경영변동에 해당하는데, 실제로 실무에서는 아래 각 호와 같이 개별적인 형태로 나타나는 것이 아니라, 각 호 간의 다양한 결합의 형태로서 나타날 것이다:

- 전체 공정 또는 주요 공정의 조업 제한 및 조업 중단
- 전체 사업장의 이전 혹은 일부 주요 사업장의 이전
- 사업장의 통합 또는 사업장의 분할
- 경영조직 또는 사업목적 또는 설비의 대대적인 변경
- 작업방식 및 생산방식의 획기적 변경

사용자는 위의 각 호에 해당하는 계획 중인 경영변동에 대해 경영협의회와 **이해조정** 및 **사회계획**에 관한 합의를 도출하여, 경영변동이 초래할 근로자의 불이익을 보상해 주게 된다(같은 법 제112조).

경영변동과 관련하여 최근에 이슈가 되는 문제가 소위 공장의 해외이전 Betriebsverlagerung ins Ausland의 문제이다. 지금까지 사용자는 오직 경영협의회와의 합의(사회계획 Sozialplan과 이해조정 Interessenausgleich)만으로 사업장을 정리할 수 있었다. 경영협의회는 경영조직법상의 평화의무에 따라 쟁의행위를 할 수 없다. 따라서 사용자에 대한 압력의 수단은 그리 크지 않은 편이기 때문에, 사용자는 이제껏 용이하게 사업장을 해외로 이전할 수 있었다. 그러나 2007년 4월 연방노동법원의 새로운 판례에 따라, 해외로 공장을 이전하고자 하는 기업은 사회계획(주로 보상금과 직업 재교육에 관한 내용)에 관해 단체협약 Sozialtarifvertrag을 맺어야 한다. 이제는 노동조합이 노동쟁의 Arbeitskampf를 무기로 전면에 나설 수

있게 된 것이다. 이로써 해외로 공장을 이전하고자 하는 기업은 근로자 측과의 합의를 위해 이전보다 훨씬 더 어려운 과정을 거쳐야 할 것으로 보인다.

1) 이해조정 Interessenausgleich

사용자는 계획 중인 경영상의 주요 변동사항에 관하여, 경영협의회에 사전에 그리고 자세한 내용을 통지하고 이에 관해 협의를 진행하여, 상호 간의 이해관계를 조정하는 아래의 사항에 관해 **확정**을 하도록 한다:

- 계획 중인 경영변동 내용의 확정
- 시행 시점(시간적 범위), 인적(퇴사자 리스트) 및 물적 해당 범위의 지정
- 구조조정에 대한 사용자 측의 논거 제시
- 가능한 개별 구조조정안의 제시
- 경영변동이 근로자에게 미칠 영향: 언제, 몇 명이 퇴사를 요구받을 것인가?
- 퇴사 근로자에 대한 재교육, 재취업에 관한 계획안
- 회사에 잔류할 직원에 대한 특별지원책(재교육 등)
- 구상 중인 사회계획 Sozialplan에 대한 개략적 설명

이해조정은 강행 규정이 아니나, 사용자는 이에 관한 합의를 도출하기 위한 노력(중재기구를 통한 시도까지 포함하여)을 반드시 경주해야 한다(같은 법 제112조 2항 및 3항). 사용자가 이러한 노력을 하지 않았다면, 같은 법 제113조 3항에 따라, 해고된 근로자 또는 경제적인 불이

익을 입은 근로자는 노동법원에 소송을 제기하여 사용자에게 해고보호법 제10조에 규정된 (해고)보상금 Abfindung을 청구할 수 있다.

2) 사회계획 Sozialplan

이해조정과 달리 사회계획(근로자가 입을 경제적 불이익을 보상하기 위하여, 근로자 간의 사회적 형평성을 고려하여 작성한 **보상 계획**으로서 **강행적 사업장협약**에 해당한다)에 대한 합의는 강행적 규정 사항이기 때문에, 반드시 합의를 도출해야 하며(상시 근로자 21인 이상의 회사에 적용), 양 당사자 간에 합의가 도출되지 않으면, 중재기구가 개입하여, 그 중재안으로서 양 당사자 간의 합의를 대체한다(이때 고려해야 할 주요 내용은 같은 법 제112조 5항에 규정되어 있다). 합의된 사회계획은 서면으로 작성하여, 사용자와 경영협의회 의장이 서명한 후에야 효력이 있다.

사회계획은 일종의 사업장협약으로서(같은 법 제112조 1항), 강행적 사업장협약에 해당한다(같은 법 제112조 4항). 그러나 단체협약에서 약정되어 있거나 혹은 약정이 될 임금 및 근로조건은 사업장협약의 대상이 될 수 없다고 규정한 같은 법 제77조 3항의 규정은 사회계획에는 적용되지 않는다(같은 법 제112조 1항 4문).

같은 법 제112a조에 따르면, 전체 공정 또는 주요 공정의 조업 제한 및 조업 중단(같은 법 제111조 1호)의 이유로 **정리해고**를 할 경우, 반드시 사회계획에 관한 협정을 체결하여야 하는데, 이 경우 정리해고의 범위에 대해서는 전술한 '현저히 많은 수의 근로자' 기준과는 다소 다른 기준이 적용된다.

- 근로자 수 60인 미만: 해고 근로자가 평균 재직 근로자 수의 20% 이상일 경우. 단 최소 6인 이상일 것,
- 근로자 수 60인~250인 미만: 해고 근로자가 평균 재직 근로자 수의 20% 이상 혹은 37인 이상일 경우,
- 근로자 수 250인~500인 미만: 해고 근로자가 평균 재직 근로자 수의 15% 이상 혹은 60인 이상일 경우,
- 근로자 수 500인 이상: 해고 근로자가 평균 재직 근로자 수의 10% 이상일 경우. 단 최소 60인 이상일 것.

실무적으로 기업의 **구조조정**을 이유로 한 정리해고가 여기에 해당된다. 이 경우 합의, 체결될 사회계획에는 일반적으로 다음의 내용이 포함된다.

- 대상 인원 및 사업장, 해고예고기간을 고려한 time table
- 해고보상금의 산정 방법, 한도액 및 지급 시기
- 해고 대상 인원의 선정 방법 Sozialauswahl
- 기업연금, 직원에 대한 대여금, 미사용 휴가 등의 처리 방법
- 해고 직원에 대한 재취업을 위한 제반 사항 Outplacement 등

정리해고 대상 근로자의 선정 Sozialauswahl은 일반적으로 아래의 선정기준에 따른다:

- 연 령
- 근속기간
- 부양가족의 수(자녀 수)

- 맞벌이의 여부
- 혼인 여부
- 직무능력
- 학 력
- 경력 등

위 선정기준을 확정한 후, 이에 적정한 가중치에 따른 점수를 배정하고, 각 근로자별로 각각의 기준에 부여된 점수를 모두 합산하여, 모든 근로자의 점수 리스트를 작성한 후 대상 근로자를 심사, 선정한다.

●●●●

맺음말

공자는 말하기를, 아는 것은 안다고 하고, 모르는 것은 모른다고 하는 것이 아는 것이라고 했다. 그래도 아는 축에 끼고자, 그동안 나는 내가 모르는 것이 무엇인지 알려고 나름 노력해 왔다. 그리고 그 과정에서 많은 사람들로부터 지식의 빚을 졌다. 누가 쓴 책을 통해서, 누가 쓴 잡지와 신문의 기사를 통해서, 누가 설명해 준 얘기를 통해서, 누가 작성한 인터넷 속의 그 많은 정보를 통해서……이 책 내용의 거의 대부분이, 아니 모두가 그러한 빚짐의 결과라고 할 수 있다. 그 빚을 조금이나마 갚고자 이 책을 썼다. 내 것이 아니니, 나름대로 정리해서 돌려주는 것이다. 다는 아니더라도 원금의 일부라도 갚고 싶은 마음이다. 그래서 누군가 이 책을 통해 내가 그랬던 것처럼 지식을 얻을 수 있다면, 내 빚은 그만큼 더 탕감되는 셈이 될 테니까.

직원을 채용하기로 한 때로부터 기존의 근로관계를 종료하기까지 그리고 그에 더하여 집단적 노사관계에 관한 법규정을 순서대로 살펴보았다. 우선 실무와 관련하여 전반적인 노동법의 전체 테두리를 일람해 보는 것이 필요하겠기 때문이다.

약 70여 개의 관련 법률로 구성된 노동소법전 『Arbeitsgesetze』(Beck

-Texte im dtv 간행)은 70판(2007년 1월 간행)까지 반영하였다. 기타 시사적인 내용은 2007년 5월 초까지의 시점이 반영되었다. 이 책을 마무리하던 시점에도 건강보험개혁안, 해외공장 이전과 관련된 연방노동법원 판례, 기간제 근로계약에 대한 일부 규정, 육아휴직수당의 도입과 육아휴직 등에 관한 법개정이 계속 이어졌고, 그때마다 그 내용을 반영하고, 해당 내용을 고쳐 쓰느라 애를 먹었다. 책을 출간하지 못하고, 계속 업데이트만 하는 게 아닌가 하는 걱정도 많이 들었다. 그래서인지 맺음말을 쓰는 지금 감회가 새롭다.

이 책이 출간됨으로써, 실무 차원에서의 독일 노동법에 대한 보다 깊이 있는 조사와 연구가 진행될 계기가 마련된다면 더할 나위 없이 기쁠 것이다. 독일 노동법 실무와 관련해서 더욱 풍부하고, 깊이 있는 자료가 앞으로 계속 나와야 할 것이며, 또 그렇게 되리라고 믿는다. 더 나아가 어차피 독일 법이 유럽연합의 법 테두리 내에서 운용될 바에는, 향후 범위를 더 넓혀서 유럽연합 노동법의 전반적인 내용에 관해서도 연구가 진행되어야 할 필요가 있을 것이다. 저자 스스로도 좀 더 연구에 매진하여, 이러한 큰 움직임에 미약한 힘이나마 보탤 것이다.

실무와 관련한 이 소박한 책자가 현지에서 기업을 경영하는 관리자들뿐만 아니라, 국내의 노동법 전문 연구자와 실무자들에게도 좋은 참고자료가 되기를 바라는 마음이다.

2007년 6월
저 자

더 참고할 책 및 인터넷 사이트

Arbeitsgesetze 70판, Beck-Texte im dtv 간행: 약 70여 개의 노동법 관련 법규를 모아 놓은 노동소법전.

Huafe Personal Office, Haufe Mediengruppe 간행: 기업의 인사, 노무와 관련된 각종 법규정 및 해설, 경영이론, 서식 등을 모아 놓은 CD-ROM이다. Haufe Mrdiengruppe는 노동법 및 인사 관련 책자뿐만 아니라, 일반 경영, 회계, 세무, 법무, 영업 등 기업 전 분야에서 수많은 실무 관련 책자를 간행하고 있다.

Lohnsteuer Super-Tabelle 2007, Haufe Mediengrupp 간행: 급여 계산, 사회보험료, 소득세법 등에 관한 풍부한 해설과 일/월/연별 근로소득세율표를 제공한다.

Praxishandbuch Personal, Verlag für die Deutsche Wirtschaft AG 간행: 기업의 경영자와 인사 담당자를 위한 인사 분야의 대표적인 편람(핸드북). 인사 실무와 관련된 노동법에 대한 해설과 각종 서식 및 체크 리스트를 제공하고 있다.

Praxishandbuch für Personalreferenten, M. Lorenz und U. Rohrschneider 저, Campus 간행: 회사 인사부서의 실무자가 알아두어야 할 인사관리와 관련된 사항을 망라한 실무 참고서.

Tabellen und Informationen für den steuerlichen Berater 2007, DATEV eG. 간행: DATEV에서 매년 간행되는 책자로서, 세무사가 고객에게 세무업무에 관한 자문을 제공할 때 참조하기 편리하도록 세무에 관한 모든 사항이 망라된 소책자이다. DATEV eG는 세무사를 회원으로 하는 조합으로서, 재무회계와 급여계산을 위한 전산센터를 운영한다. 거의 대부분의 세무회계사무소가 DATEV가 제공하는 재무회계 프로그램을 사용하여 고객에 대한 자문과 용역서비스를 제공하고 있다.

Wichtige Wirtschaftsgesetze 20판, Verlag Neue Wirtschafts-Briefe 간행(NWB-Textausgaben): 기업 활동과 관련된 법률을 모아 놓은 법규정집.

www.aga.de: 북부 독일에서 무역 도매업을 영위하는 중소기업들의 사용자 단체인 AGA의 홈페이지. AGA는 회원 기업체를 위하여 다수의 노동법 전문 변호사가 실시간으로 법률 자문을 제공하는 업무도 수행한다.

www.boeckler.de: 한스-뵈클러 재단 홈페이지. 한스-뵈클러 재단은 독일 노동조합 총연맹의 산하 단체로서, 공동결정법을 진작시키고, 연구를 장려하기 위해 설립된 재단이다.

www.bmfsfj.de/politikbereiche/familie/familie-und-arbeitswelt.html: 독일 연방 가족-노인-여성-청소년부 홈페이지의

가족과 노동 관련 사이트. 육아휴직 및 육아휴직수당 등에 관한 상세한
자료를 볼 수 있다.

www.bza.de: 근로자파견사업 사용자 협회 홈페이지

www.deutsche-rentenversicherung.de: 독일 연금보험 관리공단 홈페
이지.

www.dgb.de: 독일 노동조합 총연맹 홈페이지.

www.die-gesundheitsreform.de: 독일 연방 보건복지부 홈페이지의
건강개혁 2007 관련 사이트.

www.eurofound.europa.eu/emire/germany.html: 유럽 각국의 노사관
계에 관한 뉴스와 각국 노동법 관련 용어사전이 실린 영문 사이트.

www.gesetze-im-internet.de/aktuell.html: 독일 연방 법무부 홈페
이지의 법령 현황 사이트.

www.personal-office.de: Haufe Mediengruppe 간행 Haufe Personal
Office 홈페이지.

www.personalverlag.de: Praxishandbuch Personal을 간행하는 Verlag
für die Deutsche Wirtschaft AG의 홈페이지. 편람의 정기구독자만이
홈페이지의 정기구독자 사이트에 접속할 수 있다.

●●●● 부록 2

주요 용어 대비표(국문 / 독문 / 영문)

가장자영업	Scheinselbständigkeit	disguised employment
간병보험	Pflegeversicherung	nursing care insurance
감사회	Aufsichtsrat	supervisory board
강제집행	Zwangsvollstreckung	compulsory execution
게시의무	Aushangspflicht	notice duty for employers
경고장	Abmahnung	warning letter
경업금지조항	Wettbewerbsklausel	non‐compete clause
경영관행	Betriebliche Übung	custom
경영변동	Betriebsänderung	substantial alteration to the establishment
경영조직법	Betriebsverfassungsgesetz	industrial constitution law
경영참여권	Beteiligungsrechte	particiration rights of the works council
경영협의회	Betriebsrat	works council
고용보험	Arbeitslosenversicherung	unemployment insurance
공동결정법	Mitbestimmungsgesetz	law on co‐determination
교육휴가	Bildungsurlaub	educational leave
교회세	Kirchensteuer	church rate
근로계약	Arbeitsvertrag	employment contract
근로소득세	Lohnsteuer	wage tax
근무면제	Freistellung	release

급여계산	Gehaltsabrechnung	payroll
급여계속지급보험	Entgeltfortzahlungs – versicherung	Insurance for continued sick – pay
급여계속지급	Entlgeltfortzahlung	continued payment of remuneration
급여의 압류	Gehaltspfändung	attachment of salary
기간제근로계약	Befristeter Arbeitsvertrag	temporary employment contract
기업연금	Betriebliche Altersversorgung	company pension scheme
노동법원	Arbeitsgericht	labour court
노동사무소	Agentur für Arbeit	job center
노동쟁의	Arbeitskampf	labour dispute
노동조합	Gewerkschaft	trade union
누진유보제도	Progressionsvorbehalt	exemption with progression rule
단시간 근로	Geringfügige Beschäftigung	part – time job
단체교섭	Tarifverhandlung	collective bargaining
단체협약	Tarifvertrag	collective agreement
대량해고	Massenentlassung	mass dissmissal
면 접	Vorstellungsgespräch	interview
모성보호법	Mutterschutzgesetz	maternity protection law
모집 광고	Stellenanzeige	job advertisement
무기근로계약	Unbefristeter Arbeitsvertrag	open – ended employment contract
법 인	Juristische Person	legal person
법인세	Körperschaftsteuer	corporate tax
변경해지 (근로계약)	Änderungskündigung	dismissal for variation of contract
병가(근로불능)	Krankenstand; (Arbeitsunfähigkeit: AU)	sick leave; (unfitness for work)

병가 통지	Krankenmeldung	notification of illness
보 수	Entlohnung; Vergütung	reward
복장규정	Kleiderordnung	dress code
부가가치세	Mehrwertssteuer	value added tax
부부합산과세	Ehegattensplitting	joint taxation of spouses
부 업	Nebenbeschäftigung	side job; second job
불법노동	Schwarzarbeit	undeclared employment
사내 규정	Betriebsordnung	works rule
사내 행사	Betriebsveranstaltung	corporate events
사무직 근로자	Angestellte(r)	white – colour workers
사업장협약	Betriebsvereinbarung	agreement between works councill and management
사회계획	Sozialplan	social plan
사회보험	Sozialversicherung	social security
사회보험료	Sozialversicherungsbeitrag	social insurance premium
사업장	Betrieb	establishment
산별(노동) 조합 원칙	Industrieverbandsprinzip	principle of industrial organization
산별노조	Industriegewerkschaft	industrial union
산전후휴가급여	Mutterschaftsgeld	maternity allowance
상병급여	Krankengeld	sickness benefit
성희롱	Sexuelle Belästigung	sexual harassment
성탄절보너스	Weihnachtsgeld	christmas bonus
소득세 과세등급	Steuerklasse	tax category
소득세카드	Steuerkarte	tax card
수습기간	Probezeit	probationary period
실업급여	Arbeitslosengeld(I , II)	unemployment benefit
업무용 차량	Dienstwagen	company car
연금보험	Rentenversicherung	statutory pension scheme
연대세	Solidaritätssteuer	German solidarity tax

연방노동법원	Bundesarbeitsgericht	German fedral labour court
연차유급휴가	Erholungsurlaub	annual leave
연차휴가 대체제도	Betriebsurlaub	fixed works holidays
영업세	Gewerbesteuer	communal business tax
위약금	Vertragsstrafe	contractual penalty
위임장	Bevollmächtigung	power of attorney
유리한 조건 우선 적용의 원칙	Günstigkeitsprinzip	favourability principle
육아휴직	Elternzeit	child rearing vacation
육아휴직수당	Elterngeld	child rearing allowance
의료보험	Krankenversicherung	health insurance
의료보험조합	Krankenkasse	statutory health insurance fund
이사회	Vorstand	board of directors
이해조정	Interessenausgleich	reconciliation of interests
인사철	Personalakte	personal file
일반균등대우법	Allgemeine Gleichbehandlungsgesetz	law on equality of treatment
일반해고	Ordentlicher Kündigung	termination with notice
임산부보호기간	Mutterschutzfrist	maternity protection period
입사지원	Bewerbung	job application
입사지원 서류	Bewerbungsunterlagen	application documents
입증책임	Beweislast	onus of proof
재판권	Gerichtsbarkeit	jurisdiction
재해보험	Unfallversicherung	accident insurance
전보(발령)	Versetzung	transfer of personnel
점심 쿠폰	Essenbon	lunch voucher
정보권(경영협의회)	Anhöhrungsrecht des Betriebsrats	Information right of the works council
조기은퇴제도	Altersteilzeit	pre-retirement with part-time working
종업원(집합개념)	Belegschaft	workforce
종업원지주제도	Aktienoptionsprogramm	employee stock ownership plan

주5일제 근무	Fünf-Tag-Woche	five-day week
중식보조비	Essenszuschuss	meal allowance
중재기구	Einigungsstelle	arbitration committee
중증장애인	Schwerbehinderte(r)	disabled person
지시권	Direktionsrecht	employer's right to issue instruction
즉시해고	Außerordentliche Kündigung	summary termination
직무교차	Arbeitsplatzwechsel	job rotation
직무충실	Aufgabenbereicherung	job enrichment
직무확대	Aufgabenerweiterung	job enlargement
직무기술서	Stellenbeschreibung	job description
직무명세서	Anforderungsprofil	job profile
직무분석	Aufgabenanalyse	job analysis
직무설계	Aufgabengestaltung	job design
직업학교	Berufsschule	vocational training school
직업훈련생	Auszubildende(r); Azubi	trainee
직원에 대한 대여금	Arbeitgeberdarlehen	loan to employee
차별대우	Diskriminierung	discrimination
초과근무	Überstunde; Mehrarbeit	overtime
통근보조비	Fahrtkostenzuschuss	commuting allowance
특별휴가	Sonderurlaub	special vacation
파견사업주	Leiharbeitgeber	temporary worker's employer
파트타임	Teilzeitarbeit	part-time work
평화의무	Friedenspflicht	peace obligation
프리랜서	Freie(r) Mitarbeiter(in)	freelance
한도금액(보험산정)	Beitragsbemessungsgrenze	income limit
해 고	Kündigung	termination
해고무효소송	Kündigungsschutzklage	application for protection against dismissal

해고보상금	Abfindung	compensation for job loss
해고예고기간	Kündigungsfrist	notice period of termination
해고제한법	Kündigungsschutzgesetz	law of protection against unlawful termination
현물급여	Sachbezüge	payment in kind
현장직 근로자	Arbeiter(in)	manual workers
협의권 (경영협의회)	Beratungsrecht des Betriebsrats	consultation right of the works council
화 해	Vergleich	settlement out of court
화해심리	Güterverhandlung	conciliation hearing
효력확장 (단체협약)	Allgemeinverbindlichkeit	extension of collective agreement
휴가(보조)비	Urlaubsgeld	vacation allowance
휴가신청서	Urlaubsantrag	application for vacation

색 인

ㅊ

ㅋ

ㅌ

ㅍ

하 성 식

동아대학교 경영학과를 졸업하고, 독일 만하임 대학교에서 경영조직론, 인사
관리 및 심리학으로 경영학 석사학위(Dipl.-Kfm.)를 받았다. 이후 독일
Coopers & Lybrand에서 경영 컨설턴트로 근무했으며, 오스트리아 Kre-
tztechnik, 독일 메디슨, 한진해운 구주본부 등지에서 주로 기획 및 인사파
트를 담당했다.

독일 노동법 실무

· 초판 인쇄   2007년 10월 10일
· 초판 발행   2007년 10월 10일

· 지 은 이   하성식
· 펴 낸 이   채종준
· 펴 낸 곳   한국학술정보㈜
            경기도 파주시 교하읍 문발리 526-2
            파주출판문화정보산업단지
            전화 031) 908-3181(대표)·팩스 031) 908-3189
            홈페이지 http://www.kstudy.com
            e-mail(출판사업팀사업부) publish@kstudy.com
· 등   록   제일산-115호(2000. 6. 19)
· 가   격   33,000원

ISBN   978-89-534-7563-2 93360 (Paper Book)
        978-89-534-7564-9 98360 (e-Book)